U0794590

老年公共服务概论

主　编　王盈盈　彭光灿
副主编　裴圣军　李　燕　王汇闽　汶　希

西南交通大学出版社
·成　都·

图书在版编目（CIP）数据

老年公共服务概论 / 王盈盈，彭光灿主编. —成都：西南交通大学出版社，2022.2（2026.1 重印）
ISBN 978-7-5643-8581-1

Ⅰ. ①老… Ⅱ. ①王… ②彭… Ⅲ. ①老年人－社会服务 Ⅳ. ①C913.6

中国版本图书馆 CIP 数据核字（2022）第 004505 号

Laonian Gonggong Fuwu Gailun
老年公共服务概论

主编　王盈盈　彭光灿

责任编辑　吴启威
封面设计　阎冰洁

出版发行　西南交通大学出版社
（四川省成都市金牛区二环路北一段 111 号
西南交通大学创新大厦 21 楼）
邮政编码　610031
营销部电话　028-87600564　028-87600533
网址　https://www.xnjdcbs.com
印刷　四川永先数码印刷有限公司

成品尺寸　185 mm×260 mm
印张　13
字数　293 千
版次　2022 年 2 月第 1 版
印次　2026 年 1 月第 3 次
定价　35.00 元
书号　ISBN 978-7-5643-8581-1

课件咨询电话：028-81435775
图书如有印装质量问题　本社负责退换
版权所有　盗版必究　举报电话：028-87600562

大健康系列教材

建设委员会

主　　任　曾　渝　王建琼

委　　员　（按姓氏笔画排列）

王相平　兰　玛　刘明理

许必芳　李春梅　辛松林

张雪永　陈　煜　陈　瑶

欧阳海平　罗永兵　夏丽娜

章　荣　隋国辉　蒙　军

《老年公共服务概论》

编 委 会

主　编　王盈盈（贵州中医药大学）

彭光灿（贵州中医药大学）

副主编　裴圣军（贵州中医药大学）

李　燕（贵州中医药大学）

王汇闽（贵州中医药大学）

汶　希（西安工业大学）

编　委　（排名不分先后）

李　粲　（贵州中医药大学）

李悦鸣　（贵州中医药大学）

秘　书　彭晓梅（贵州中医药大学）

帅兴琴（贵州中医药大学）

序

FOREWORD

党的十八大以来，以习近平同志为核心的党中央把维护人民健康摆在更加突出的位置。为推进健康中国建设，提高人民健康水平，2016年，中共中央、国务院印发并实施《"健康中国 2030"规划纲要》。2017年，党的十九大作出实施健康中国战略的重大决策部署。2019年6月，国务院相继印发《国务院关于实施健康中国行动的意见》及《关于促进健康服务业发展的若干意见》，指出人民健康是民族昌盛和国家富强的重要标志，为健康中国行动明确了具体目标，也为全民的健康服务事业发展提供了行动指南。

健康中国的内涵，不仅是确保人民身体健康，更涵盖全体人民健康环境、健康经济、健康社会在内的"大健康"。习近平总书记强调，"要倡导健康文明的生活方式，树立大卫生、大健康的观念，把以治病为中心转变为以人民健康为中心"。所谓大健康，就是围绕人的衣食住行、生老病死，对生命实施全程、全面、全要素呵护，不仅追求个体身体健康，也追求心理健康、精神健康。构建大健康体系、推进健康中国建设，需要在各个领域深化改革、守正创新。

2020年上半年，新冠疫情在全球范围暴发，使"健康"成为全球性议题，也使人们的健康理念发生深刻变化。这场疫情对健康管理服务体系和健康管理学科提出更多、更深层次的要求，也暴露出我们在很多问题上认识的不足，以及相关领域人才的匮乏。

面对疫情提出的新挑战、实施"健康中国"战略的新任务、世界医学发展的新要求，我国医学人才培养结构亟须优化，人才培养质量亟待提高。因此，高校医学类专业如何加快专业教育变革，立足学科体系建设，形成更高水平的人才培养体系，推动相关专业规范化、高质量发展，提升专业人才培养和精准服务能力，成为一个突出的、紧迫的课题。这也对健康教育教材的编写理念，内容的更新速度、全面性和生活性等方面提出了新的更高要求。

在此背景下，西南交通大学出版社立足西南高校，重点针对应用型本科高校学生的特点，以培养应用型、技术技能型人才为目标，适时组织策划了这套“大健康”系列教材。本套教材的编写适应时代要求，以推进“健康中国”建设为使命，符合我国高等医学教育改革和健康服务业发展趋势，突出内容上的两个特点：一是坚持“三基五性三特定”的基本原则，力求体现专业学科特点和“以学生为中心”的编撰理念。二是展现大健康体系建设的开创性与实用性，并按照“课程思政”教学体系改革的要求，体现了教材的“思政内涵”；丰富了教材的呈现方式，实现了数字技术与教材的深度融合，也体现了本套教材侧重应用型的编写初衷。

无论是常态化疫情防控，还是推进“健康中国”建设，都需要党和政府强力推进，更需要全社会普遍参与。把健康融入所有政策之中，将卫生健康事业从少数部门的业务工作变成全党全社会的大事，才能为提高人民健康奠定更广泛的社会基础。本套教材的出版，对推动建设具有中国特色的健康管理学科，培养复合应用型公共卫生与健康人才，构建大健康体系，助力“健康中国”战略实施，具有一定的推动作用。同时，本套教材可作为各地培养大健康产业发展急需专业人才的通用性系列教学用书，还可以满足广大读者对大健康产业发展知识与技能的自学之需，填补了目前国内这方面教材的短板与不足，实现了编写者们辛勤努力的共同愿景。

为此，特以作序。

海南医学院管理学院
海南南海健康产业研究院 曾渝
2021年5月于海口

前言

PREFACE

《老年公共服务概论》是适合高等学校公共事业管理、健康服务与管理、养老服务管理等专业的教材。西南交通大学出版社为满足上述专业的教学需要，组织具有较高理论造诣和丰富教学经验的教师编写本教材。

改革开放后，随着我国经济的快速发展，人民的生活水平不断提高，人的平均寿命越来越长，我国快速进入老龄化社会。人口老龄化给社会带来了较大压力，涉及就业、医疗卫生、社会保障和社会福利等方方面面。对此，“十三五”规划纲要明确提出：“积极开展应对人口老龄化行动，弘扬敬老、养老、助老社会风尚，建设以居家为基础、社区为依托、机构为补充的多层次养老服务体系，推动医疗卫生和养老服务相结合，探索建立长期护理保险制度。”2018 年 7 月，中共中央办公厅、国务院办公厅印发《关于建立健全基本公共服务标准体系的指导意见》(简称《指导意见》),《指导意见》强调，确保基本公共服务覆盖全民、兜住底线、均等享有，使人民获得感、幸福感、安全感更加充实、更有保障、更可持续。并进一步明确了国家基本公共服务质量要求，提出幼有所育、学有所教、劳有所得、病有所医、老有所养、住有所居、弱有所扶以及优军服务保障、文体服务保障等 9 个方面的具体保障范围和质量要求。力争到 2025 年，基本公共服务标准化理念融入政府治理，标准化手段得到普及应用，系统完善、层次分明、衔接配套、科学适用的基本公共服务标准体系全面建立。其中针对老年人等特殊人群的公共服务政策体系、筹资机制、人才培养和供给方式等成为重中之重，有利于不断提高老年人口的健康水平和生活质量，让这一特殊人群拥有更好的获得感和幸福感，满足“老有所养、老有所医、老有所为、老有所学、老有所教、老有所乐”的老年人服务需求，实现中华民族复兴的中国梦。

本书在公共管理和公共服务理论的指导下，贯穿公共管理学的核心理论，突出老年公共服务的特点和需求，内容编排上注重理论与实践的结合。全书共分九章。第一章阐述了公共服务的基本概念和基本理论，国外和我国公共服务体系的发展历程。第二章重点论述了老年公共服务的概念、运行机制和运行模式。第三章至第八章分别对老年公共服务政策、心理健康服务、养老服务、医疗卫生服务、教育和就业服务的运行机制和模式进行了论述。第九章重点论述了新时代老年公共服务的发展状况、发展趋势，智慧养老产业的发展前景。本书各章节后附有数字资源，为补充阅读材料、案例等内容，以供师生课后阅读使用。我们在本书编写中重视课程思政建设，秉持“寓价值观引导于知识传授和技能培养之中，帮助学生树立世界观、人生观、价值观”，将之作为人才培养的应有之义和必备内容。同时，注重引导学生自我完善、培养学生爱国主义情怀和公共服务精神，帮助学生树立正确的价值观，为国家培育“根正苗红”的社会主义建设者和接班人。

本书的编委们来自贵州中医药大学和西安工业大学，均是长期在教学一线从事公共管理类专业教学和科研工作的教师。在本书编写过程中，各位编者本着高度的责任感和认真治学的精神，遵循西南交通大学出版社的编写要求，保证教材编写的质量。具体编写分工如下：第一章由王盈盈老师编写，第二章和第九章由彭光灿老师编写，第三章由李悦鸣老师编写，第四章由李燕老师编写，第五章由裴圣军老师编写，第六章由王汇闽老师编写，第七章由李粲老师编写，第八章由汶希老师编写。

由于目前我国正处于老龄社会的初期，老年公共服务的实践还处在探索阶段，老年公共服务体系的建设还在不断完善中。同时，国内外有关老年公共服务的参考文献也比较少，能够收集到的资料有限，理论和实践还有待进一步完善。限于编者的能力和水平，难免存在不当和疏漏之处，恳请使用本书的师生和读者提出宝贵建议，以便我们不断改进和完善。

最后，向所有参与和帮助本书编写工作的人员致以诚挚谢意。

王盈盈　彭光灿

2021 年 7 月

目录
CONTENTS

老年公共服务概论

第一章

公共服务的基本概念

本章要点

1. 掌握：公共服务的内涵和价值属性；基本公共服务的特征；公共服务的供给模式。

2. 熟悉：国外公共服务的发展阶段；我国公共服务供给模式和公共服务体系运行机制。

3. 了解：我国公共服务的发展历程。

本章课程思政目标

通过学习公共服务的内涵和价值属性，以及我国公共服务供给模式和公共服务运行机制等内容，培养学生的公共服务精神，树立学生的公共价值理念和社会主义核心价值观，做新时代中国特色社会主义的合格建设者。

导入案例

武汉市鼓励社会力量举办社区卫生服务机构

我国自2000年迈入老龄化社会后，人口老龄化的程度持续加深。中国发展基金会发布预测报告：到2022年，我国65岁以上人口将占总人口的14%，由老龄化社会正式进入老龄社会。该报告称，若以60岁及以上作为划定老年人口的标准，到2050年，中国将有近5亿老年人。随着人口老龄化加剧，老年人医疗卫生服务需求持续增长，为了更好地解决老年人“看病难，看病贵”的问题，国家出台了一系列政策，逐步建立以社区卫生服务为基础、大中型医院为医疗中心的城市卫生服务体系，提高公共卫生服务的可及性，使社区居民，尤其是儿童、妇女、老年人等特殊人群能够得到优质价廉、适用便捷的基本公共卫生服务。

为补充社区卫生服务资源不足，武汉市鼓励社会力量举办社区卫生服务机构。湖北省地质职工医院投资创办了武昌区×街×社区卫生服务站，该站被评为2019年“武昌区示范社区卫生服务站”。该站负责人介绍，按照国家政策，服务站药价可允许15%的加成，但他们平均只加5%。一位在卫生服务站看病的73岁的老年人是低保户，患有严重的类风湿病，卫生服务站的药价大都较低，加上离家近，就基本在卫生服务站看病。该社区卫生服务站的工作人员每年定期给辖区内331名65岁以上老年人进行免费体检，并按照预留的联系方式及时将检查结果和复查信息通知到位。该站负责人表示：与政府办的社区医疗机构相比，有职工医院作后盾，站里7名医护人员远多于其他社区卫生服务站的工作人员数量，业务素质也比较好。但主要问题还是经费不足，站里曾向政府申请补贴，希望今后政府能在政策和资金方面增加支持力度。

第一节　公共服务概述

一、政府与市场

（一）市场失灵

古典主义经济学派认为，在自由竞争条件下，市场通过供求机制和价格机制，即“看不见的手”，配置社会资源，实现私人利益，同时实现公共利益，带来社会福利。然而，市场虽然是一个推动工业化国家经济发展的巨大发动机，但现实经济与理想竞争模型的不完全相符，市场在资源配置的某些方面是无效或缺乏效率的，无法实现帕累托最优，我们称之为市场失灵。市场失灵为政府干预提供了机会和理由。市场失灵具体表现在以下几个方面：

1. 市场的垄断性

在完全竞争情况下，市场能够有效配置资源。但现实经济活动中，市场存在一定程度的不完全竞争，即买者或卖者能够左右商品的价格，不完全竞争的极端情况便是垄断，即某一行业中唯一的卖者独自决定商品或劳务的价格，使价格高于其边际成本，获得额外利润。政府要采取一定措施来反对垄断，由政府规定价格或收益率，也可以建立公共生产，从效率或社会福利角度规定价格。

2. 外部性

外部性可以分为正外部性和负外部性。负外部性是指企业在生产产品或提供劳务时，对市场之外的主体带来强加的损失的现象。如钢铁厂排放废气造成环境的污染。正外部性是某个体的经济活动使他人或社会受益，而受益者无须花费成本。出现正外部效应时，生产者的成本得不到补偿。私人部门生产公共物品的收益非常分散，不会有经济动力去提供这些服务并试图从中获利，如公路、治安、义务教育等。公共物品或服务依靠市场机制提供会出现不足，政府可以采取财政手段来保证公共物品的提供。

3. 信息不充分

信息本身具有公共物品的一些属性，即一个人对信息的消费不会影响其他人对该信息的消费。对于市场中交易商品的信息，买方和卖方所掌握的信息是不同的，消费者可能无法观察或触碰商品，不能对商品质量做出较全面的评价，双方对有关商品质量的信息是不对等的。在这里需要政府为市场或消费者提供信息，弥补市场的缺陷，也属于公共服务的范围。

（二）政府的经济作用

市场失灵成为政府介入市场活动的基本理由和原动力，提供了政府介入和干预市场的经济学基础。政府的经济作用表现在三个方面：① 政府通过转移性支付等财政手段提供公共产品和服务。政府以税收、发行国债等形式筹集资金，又通过投资、公共支出、补贴等形式形成支出，满足社会公众在生产、生活和工作中的各种需要，如教育、医疗、环境、公共交通、城镇规划等。② 政府利用行政、法律手段对经济活动进行控制。政府提供经济正常运转的体制、规则和制度安排，政府的政治系统和提供的法律框架保证国家的经济体系正常运行。③ 政府制定公共政策对市场失灵进行引导、矫正和补充。在市场失灵的领域内，政府能够发挥更好的作用，利用政策工具弥补市场机制无法有效提供的商品或服务，包括环境的保护、法律与秩序、福利服务、医疗保健等。1997 年，世界银行《世界发展报告》中提出了政府的五项基本职能，分别是：确立法律基础、维持稳定的政治环境、投资于基本的社会服务和社会基础设施、保护弱势群体和保护环境。上述职能中有些是纠正市场失灵的表现，如提供公共物品和保护环境，其他职能则与市场失灵无关。

政府如何合理干预经济的问题一直争议不断。在不同时期，人们对政府干预经济的期望和要求不同。在某些时期，人们希望政府能够提供更多的社会保障和财政补贴，而另一个阶段，人们又要求政府致力于减少公共支出的规模，缩小政府干预的范围。实践证明，政府职能的过度扩张，会带来种种弊端，导致政府失灵。

（三）政府与市场的关系

纵观西方国家的政府与市场的关系，大致经历了以下几个阶段。18世纪末，自由资本主义时期，亚当·斯密提倡政府应该远离经济生活，市场机制才能够产生更好的整体效果。政府对经济活动的有限干预，体现在政府的主要职责是保护国家安全，提供市场机制运行的法律制度，保障合同的履行和财产权，向社会公众提供道路、桥梁、稳定的社会秩序等。随后，19世纪暴露的一系列社会问题，如住房紧缺、对工人的剥削、社会整体医疗水平低下等，一定程度上是放任自由资本主义的结果。从19世纪80年代起，作为对自由放任资本主义的反思，德国俾斯麦政权提出建立福利国家，之后欧洲国家陆续实施全面的福利计划，政府在促进经济稳定发展、解决社会矛盾、提供社会福利等方面发挥了重要作用，教育、医疗、失业救济、养老保障等福利政策在使公众受益的同时，政府的规模也在不断增长，政府机构过于庞大，政府职能扩张和财政赤字饱受公众诟病。20世纪80年代的新公共管理改革，管理主义和新制度经济学兴起，提倡市场力量最大化和政府角色最小化，英美等国实行“小政府”政策，政府职能由“划桨”（具体服务性工作）转变为“掌舵”（做好决策工作），大多数公共企业私有化，激励结构引入公共服务的供给，政府积极缩减财政支出、追求绩效和鼓励民营化。即使如此，有数据显示，1980—2010年，在经济合作与发展组织成员国中，政府公共支出占国内生产总值的比重仍不断增加。20世纪90年代，美国克林顿政府的执政，一定程度上象征着政府力量的回归，政府加强对企业的管制，建立对金融等行业的管制体系，同时又致力于削减政府规模，目的是建立一个高效率、对公众负责任的和更具回应性的政府。

政府和市场作为两种资源配置方式，它们的运行机制不同，但目标是相同的，都是利用有限资源来满足社会公众的需求。要正确看待市场的作用，市场是配置社会资源的有效手段，但市场不是万能的。市场依赖政府提供基础设施和法律制度，尤其是对产权的保护和法律的执行，这些对市场的运行至关重要。政府依赖市场生产商品和提供服务，并缴纳税赋。由于在许多方面政府与市场能够发挥不同的作用，也可以起到互为补充的作用，政府能够对市场经济和个人活动起到催化和促进作用，因此，在很多领域，可以发挥政府和市场各自的优势。

二、公共服务的概念

（一）公共物品

人类需要食物、水、房屋等维持生存，也有拥有教育、医疗、养老和其他社会服务的愿望。我们将人类没有得到某些基本满足的感受状态称为需要。它们的存在是基于人类的基本生理要求，而不是社会或生产者所创造的，是人们感到某种缺乏而力求获得满足的心理倾向。需求则是对有能力购买并且愿意购买的某个具体产品的欲望，人们在愿意付出一定的代价或拥有购买能力来满足其需要时，就形成了需求。私人需求是公民个人内在产生的、不依赖他人而独立存在并得以满足的需要，具有分散性和差异性，主要由市场提供的产品或服务满足。公共需求不是普通意义上个体需求或个别需求的数学加总，需求主体可以是单个个体，也可以是具有某些共同需求的个体形成的群体。公共需求具有多样性，供给主体是政府为主的公共组织。

1. 公共物品的含义

人类生活离不开各种各样的物品和服务，除了食物、衣服、住房等生存必需品外，还需要国防、教育、医疗、消防、交通等一系列物品或服务，上述物品和服务的特征和提供方式不尽相同。有关公共物品的定义，最早可以追溯至 18 世纪的亚当·斯密，在其政府职能的理论中，就包含了公共物品的思想。1954 年，萨缪尔森在《公共支出的纯理论》一书中对公共物品的定义和特征进行了界定。在该书中，萨缪尔森将人类所需的各种物品区分为私人物品和公共物品。公共物品是“必须由集团中的所有成员均等消费的产品。如果集体中的任何一个成员可以得到一个单位，那么根据定义，该集团的每一个其他成员也必须可以得到一个单位”,提出公共物品具有非排他性和非竞争性两个基本特征。西方学者认为大多数私人物品能够满足个体的私人需求，由买者和卖者的自愿交易获得，供给的主渠道是市场。公共物品从需求主体的角度，有的是满足社会成员的个体需求，更多的是满足一种社会性的共同需求，市场不能提供或不适合由市场提供，必须由政府通过自身的运行机制来供给。随后詹姆斯·布坎南提出了准公共产品理论,认为准公共产品的主要特征是不能同时满足非排他性和非竞争性，对以上理论进行了补充和发展。

有关公共物品的定义，研究者对公共物品认识的角度不同，所给出的定义也不尽相同。有的侧重于公共物品具有的特征，将公共物品定义为具有非排他性和消费上不可分割性的物品。有的从公共物品提供主体的角度，定义为以政府为主的公共部门供给用来满足社会公共需求的商品。

2. 公共物品的特点

（1）非竞争性：指一人对物品的消费不会影响其他人对该物品的消费，物品的受益对象之间不存在利益冲突，增加一个消费者给供给者带来的边际成本为零，如国防、灯塔等。

（2）非排他性：指某人在消费某一物品时，并不剥夺其他人对该物品的使用权或控制权。将该物品的效用扩展于其他人享用的成本为零，因此无法排除他人共享。从技术上无法阻止其他人对某项产品的消费或使用，或者说阻止他人消费所耗费的成本无限大。

（3）不可分割性：公共物品是向所有社会成员共同提供的，全体成员共同享用其效用，而不能将其分割为若干部分，分别归属于不同个体享用。

（4）自然垄断性：某些商品提供给某个消费者的同时又提供给另一个消费者，该商品的成本会变得更低。有些商品或服务具有边际成本不断降低的特性，该商品的供给会趋向于只有一个单一的供应者，如电力、自来水等，可以由政府直接提供，也可以由私人部门提供，但需要政府进行管制。

（二）公共服务

公共服务的实践早于概念和理论的产生。在古希腊城邦时期，“公共福利”就作为维护城邦整体利益的福利行为受到推崇，公共服务的观念可以追溯到柏拉图、亚里士多德等关于国家起源及其公共性问题的讨论中。公共服务的概念最初于1912年由法国公法学派代表人物莱昂·狄骥提出，他将公共服务定义为“必须由政府加以规范和控制的活动”，认为其具有除非通过政府干预，否则便得不到保障的特征，政府保障公共服务的提供成为法国公法的基本立场。20世纪30年代，世界性经济危机爆发，凯恩斯提出的政府干预理论使公共服务的内涵更加丰富，逐步使公共服务成为现代福利国家政府不断扩大需求、拉动经济发展的政策工具，成为第二次世界大战后福利国家政府职能的重心。始于20世纪70年代末的新公共管理改革，伴随着管理主义盛行于公共部门，倡导企业家精神和公共服务市场化改革实践，强调提高公共服务效率和改进服务质量，在取得成效的同时，也出现负面的社会效应，如社会不公加剧、公共利益流失等。基于对新公共管理的批评和反思，新公共服务理论试图提供一个充分重视民主、公民权和公共利益的公共服务理论框架。

1. 公共服务的含义

人们从不同的角度来界定公共服务，对公共服务的内涵及其外延还没有统一的认识。随着公共物品概念的提出，主要从经济学、管理学、财政学等视域来研究公共服务。从经济学的角度，将公共服务界定为由政府、非政府公共组织以及工商企业在公共物品、特殊私人物品的生产和供给中所承担的职责。从管理学的角度看，公共服务是政府利用公共权力筹集和调动公共资源而进行的一系列公共行为，这种行为旨在促进居民基本消费的平等，满足社会公共需要。我国知名学者陈振明将公共服务界定为：政府运用其权威资源，根据特定的公共价值，如权利、慈善、正义等，通过公共政策回应社会需求，使最大多数的人得到最大的福利。

长期以来，研究者对公共服务的概念从狭义和广义两方面进行界定。狭义的定义认为，公共服务属于公共物品的范畴，是以服务形式存在的公共物品，具有非竞争性、非排他性、不可分割性等特征，是政府为满足社会公共需求而提供的、供全社会所有公民共同消费、平等享受的社会产品。广义的定义认为，公共服务是公共物品和服务的总称，不仅包括满足公民衣食住行、生产和发展需要的各类公共产品，还包括政府的经济调节、市场监管、社会管理等职能活动，以及那些市场供应不足的产品和服务，如公共基础设施、完善的社会保障体系和社会福利系统，教育、科技、医疗、文化、卫生、体育等公共事业。

综上所述，本书将公共服务定义为：为实现公共利益和满足社会公共需求，由政府等公共组织提供或主导的，全体或部分公民共同消费和平等享有的公共物品和服务。公共服务是政府为了满足社会公共需求，而向居民提供公共产品的服务行为的总称，具有以下内涵：

（1）享有公共服务是公民的基本权利。现代社会，公共服务不仅是人们维持生存的基本需求，还是保障公民尊严所不可或缺的权利。德国等国家的宪法都不同程度地规定了公民享有公共服务的权利，我国宪法也表明公民获得公共服务是其基本权利。公共服务权利是对公民内在需求的积极回应，也是对公民尊严的关怀。

（2）提供公共服务是政府的职责。提供公共服务是政府弥补市场机制缺陷而履行的社会责任和管理职能。《中华人民共和国宪法》明确规定了政府提供基本公共服务的义务。2012 年，国务院颁布的《国家基本公共服务体系“十二五”规划》中明确了“政府主导、坚持公益”的指导思想，指出要明确政府的主体责任，健全地方政府为主、统一与分级相结合的公共服务管理体制。

（3）公众无差别地共同享有的服务。一个或一部分社会成员享有某项服务，并不会排斥其他社会成员享有该项服务，我国的义务教育、公共安全、基本医疗服务等，都是全体国民共同享有。我国“十二五”规划中提及的基本公共服务均等化，就是强调全体公民都能机会均等地获得基本公共服务，但不是简单的平均化和无差异化。

（4）享有公共服务要付出一定经济代价。公众获取公共服务不是基于等价交换的原则，各社会成员的付出和获得不是对等关系，不是多付出就多获取、少付出少获得，不付出就不享有。经济代价主要是公民依法缴纳的税负，需要消费者付费的服务收费，如社区卫生服务机构向社区居民提供的健康咨询和健康教育是免费的，基本医疗服务则是收费的，居民去看病要交纳门诊费、药品费等。

2. 公共服务的范畴

2017 年 1 月，国务院印发《“十三五”推进基本公共服务均等化规划》，提出我国基本公共服务是由政府主导、保障全体公民生存和发展基本需要、与经济社会发展水平相适应的公共服务。我国公共服务的范围包括保障基本民生需求的教育、就业、社会保障、医疗卫生、计划生育、住房保障、文化体育等领域；与公众生活环境紧密关联的交通、通信、公用设施、环境保护等；保障公民安全需要的国防安全、消费安全和公共安全等。根据《“十三五”国家基本公共服务清单》，公共服务包括公共教育、劳动就业创业、社会保险、医疗卫生、社会服务、住房保障、公共文化体育等领域。本书的内容也依据该清单进行设置。

3. 公共服务的价值属性

公共服务的价值属性是政府在主导公共服务供给中所持的价值立场和价值态度，是一种行动准则和追求的目标。

（1）公共服务的公共性。

公共服务的主体是行使公共权力、掌握公共资源和实施公共管理的公共组织，政府是公共组织的一员，履行经济调节、市场监管、社会管理和公共服务等职能。公共服务的对象是广大社会公众，包括工商企业、社会机构和公民，公共服务是为满足社会公众的公共需求，涉及生存、教育、劳动、医疗、养老等基本需求。公共服务是以实现和提升公共利益为目的，不是满足个体偏好形成的特殊利益，公共利益是超越个体特殊利益的共同体利益，是共同体内成员共同具有的利益。

（2）公共服务的公平性。

公平是公共服务所要实现的基本价值目标，也是实现社会公平的应有之义。经济学理论认为，市场机制是创造社会财富的有效体系和制度安排，但市场经济不会带来公平的收入分配，人们的收入水平或消费水平会有较大差异，甚至会产生极大的社会不公平等。政府通过社会财富再分配的手段，如加强税收调节，使公民收入维持在合理的差距范围内，利用转移性支出，如社会保障支出、救济支出等，使老年人、低收入人群等得以维持起码的生活水平和福利待遇。

提供公共服务是政府存在的逻辑起点，是政府对社会财富再分配来弱化或消除收入差距等带来的社会不平等，纠正社会不公和改善最差者的处境，实现经济发展与社会公平的协调和均衡，缩短贫富之间、城乡之间、区域之间的差距，增进全社会福祉，让大多数公众都能够获得安全感和幸福感。

（3）公共服务的效率。

资源的稀缺性，让人们思考如何最有效地使用社会资源以满足人类的愿望和需求。政府的政治系统将社会资源转化成满足全体公民生存和发展需要的产品和服务，公共服务的投入是基于国家制度安排进行的资金筹集，生产或提供公共服务所投入资源的成本能够用货币形式进行计量，但公共服务的产出往往难以准确度量，甚至并不存在与投入相互对应的配比关系。相比公共服务产出的准确计量方法，人们更加关注公共服务产生的社会效益，关注以有限的资源满足更多社会群体生存发展的基本需要。

公共服务的效率观有利于政府提供服务时充分考量社会资源的有效利用，充分发挥市场对资源的配置作用，利用激励机制，根据经济社会发展状况，改革和创新服务供给方式，不断提高公共服务的效率。

三、基本公共服务

（一）基本公共服务的概念

2012 年 5 月 18 日，国务院常务会议通过的《国家基本公共服务体系“十二五”规划》（以下简称《规划》），阐明了我国基本公共服务的制度安排和引导公共资源的配置，是“十二五”期间构建国家基本公共服务体系的指导性文件。《规划》中将基本公共服务明确界定为：建立在一定社会共识基础上，由政府主导提供的，与经济社会发展水平和阶段相适应，旨在保障全体公民生存和发展基本需求的公共服务。强调享有基本公共服务属于公民的权利，提供基本公共服务是政府的职责，国家基本公共服务范围为基本公共教育、劳动就业服务、社会保险、基本社会服务、基本医疗卫生、人口和计划生育、基本住房保障、公共文化体育和残疾人基本公共服务等领域。“十二五”期间，我国基本公共服务体系建设日臻完善、体制机制不断健全，在学有所教、劳有所得、病有所医、老有所养、住有所居等方面持续取得新进展的基础上，2017 年 1 月 23 日，国务院出台了《“十三五”推进基本公共服务均等化规划》，提出实现基本公共服务均等化的总目标。

（二）基本公共服务的特征

国内学者认为我国基本公共服务均等化主要是指公民都有平等享受基本公共服务

的权利，全体公民享有基本公共服务的机会均等和结果均等，同时在提供大体均等的基本公共服务过程中，尊重社会成员的自由选择权。我国基本公共服务均等化对于促进社会公平正义、增进群众福祉、增强全体民众在共建共享发展中的获得感，具有十分重要的意义。

根据现阶段经济社会发展状况，我国基本公共服务具有以下特征：

1. 供给主体的多元化

政府是基本公共服务的供给主体，承担公共服务体系设计和制度安排的职责。政府在公共服务供给中的自然垄断性，可能会导致公共资源的浪费和服务效率不高，通过签约外包、特许经营等方式，鼓励其他社会组织如非营利组织、私营企业参与公共服务的供给，形成竞争机制，提高基本公共服务的效率和质量。

2. 服务对象的可及性

基本公共服务的服务对象是全体公民和组织，人人共享是推进基本公共服务的目标和原则，尤其关注老年人、城市贫困人口、低收入阶层和农村居民接受公共服务的能力，精准把握基本公共服务的范围、数量、时限、距离、内容和质量，打通基本公共服务供给的“最后一公里”，提高广大民众的公共服务获得感。

3. 服务内容的多样化

推进基本公共服务是切实保障和改善民生的重要着力点，能够充分发挥底线民生的兜底作用，覆盖全部民生保障领域，不仅保障民众基本生活需要、生存尊严和就业发展，更为困难人群提供必需的生活保障、失业保险、大病救济和社会福利等必需的保障。

4. 公平公正的价值追求

基本公共服务的价值追求是公平优先、兼顾效率，政府对社会财富再分配实现全社会的公平正义，缩短贫富之间、城乡之间、区域之间的差距，实现全社会的福祉。

我国基本公共服务均等化进程还有要克服的困难和障碍，如由于地方政府公共服务职能“缺位”“错位”导致的供给和需求不均等，经济发达地区的基本公共服务整体优于经济欠发达地区的水平，还存在明显的城乡差别。十八届三中全会提出了国家治理体系与治理能力现代化的新目标，政府必须将完善公共服务体系作为保障改善民生，促进社会治理体系和治理能力现代化的重要内容。

第二节　公共服务发展历程

现代社会公共服务的实践和制度建立与社会经济的发展相适应，随着经济社会的不断进步，公共服务的发展经历了不同的历史阶段，公共服务制度逐渐建立和完善。

一、国外公共服务的发展阶段概述

西方国家公共服务的发展历程，大致经历了自由放任的社会、福利国家阶段和新公共管理运动的发展轨迹，每个阶段公共服务的内涵、供给方式和内容不尽相同，都蕴含了政府应对外部环境变化的管理创新和职能转变。

（一）自由资本主义时期的公共服务

在资本主义发展早期，欧洲国家就已出现社会救济思想。17 世纪初，英国为维护社会稳定，为资本主义的发展提供尽可能多的廉价劳动力，颁布了《伊丽莎白济贫法》，该法提出政府有责任缓解贫困，保障穷人的最低生活水平。但该法对待失业人群采取的是歧视性的政策，与现代社会对公民权利的保障有较大差别，该法总体上对西方国家社会保障制度的推进影响巨大。

18 世纪，为了摆脱封建制度及其重商主义对市场经济发展的束缚，亚当·斯密倡导自由放任和自我负责的经济学思想，提倡政府发挥有限的职能。政府的首要职责是国防，这是政府存在的主要理由。第二项职责是提供法律制度，市场机制需要一套法律制度以保障合同的实施和保护产权；此外，政府出于社会整体利益的考虑向社会提供如道路、桥梁等商品。这些思想在西方国家得到广泛推崇，奉行“最好的政府，就是最廉价的、最无为而治的政府”理念，政府对经济领域很少进行干预，让位于市场这只“看不见的手”，政府从事社会公共事务管理职能，但不能逾越“守夜人”的角色定位，以不破坏市场的自由运行为限度。在 19 世纪中叶的英国，政府职能主要是从事外交和维持社会治安。同时期的美国，政府主要提供国家安全与公共秩序、基础设施等服务。在资本主义经济发展水平相对较低时期，产业规模小和结构单一，市场机制的缺陷和外部性还未完全显现，最低限度的政府职能还未对经济社会发展造成较大影响。

工业化早期的西方国家，政府和社会所能提供的公共服务主要还是局限于救助与济贫领域，依靠社会慈善机构或个人提供社会救助，其中机构救助是济贫的基本方式，公众救助也有一定规模。整体来看，这一时期公众的服务诉求是消极的，以自身权利不被干涉作为目标，整个社会对政府心存戒备，抱有敌视态度。亚当·斯密的经济理论中虽然包含了公共物品理论的起源思想，但认为个人的贫困或富有是自然权利，政府无权干涉，反对向富人征税用于穷人，使已有的济贫法不得不做出调整和改变，这也是 19 世纪末工人阶层低工资、低生活水平的直接原因。

（二）福利国家阶段的公共服务

19 世纪，西方国家的社会整体生活水平有了较大提高，但放任的自由资本主义的负面影响逐步显现，对工人阶层的剥削、社会不公、市场垄断、公共产品供给不足、医疗水平低下等，都使欧洲国家的社会、经济、政治危机日益尖锐。为缓和社会矛盾和选举获胜，德国俾斯麦政府在 19 世纪 80 年代提出了福利计划。20 世纪初，面对工业化、城市化所带来的贫富两极分化、高犯罪率、剥削童工等社会问题，美国政府制定了保障儿童权利的法律和福利政策。20 世纪早期爆发了席卷资本主义世界的经济大危机，巨大的公共服务供需矛盾暴露无遗，社会救助、失业保障和医疗卫生服务等均不能满足公众的服务需求。在此背景下，20 世纪 30 年代，凯恩斯经济理论盛行和美国的罗斯福新政，成为公共服务制度建立的转折点，强调政府在稳定宏观经济运行和缓解社会矛盾方面扮演重要角色，自由放任的资本主义让位于“强调社会保障和集体行动”的政府。

第二次世界大战后，美国的社会保障制度不断发展完善，美国多次修改社会保障法，社会保障覆盖面扩大到全体社会成员，并制定一系列全国性的公共服务制度，从法律层面上监管公共服务的准入、融资、施工、定价、分配等过程和规范政府的审批、许可、收费和处罚等行为，基本建立起了较为健全的公共服务体系。虽然美国没有类似欧洲国家的全民健康保险计划，但也制订了专门针对穷人的医疗保险和医疗援助计划，全国大多数州实行了 11 ~ 12 年制的义务教育，政府负责对贫困人群发放现金或实物予以救助，以维持其基本的生活。瑞典在第二次世界大战结束后，通过了《失业保险法》等一系列法律制度，完善了国家基本公共服务体制，不仅确立了“公民权利、普遍性和统一性”三个原则，增加了大量新的基本公共服务项目，逐步完善基本公共服务的标准，如提高保险金水平、增加补贴金、制定科学的分类标准等。20 世纪 50 年代，政府不断加强在公共服务方面的责任和作用，建立了庞大的公共服务部门，逐步建立了福利型国家的现代公共服务体制。同时期大多数欧洲国家也实施了详尽周到的福利政策，向社会公众提供失业救济、医疗计划、教育资助和社会救助计划，提供“从摇篮到坟墓”的社会保障。

综上所述，西方国家公共服务体系建立是一个不断推进的动态过程，这一阶段公共服务制度建设呈现出以下特点：

1. 奠定公共服务体系建设至关重要的法律基础

美国自 1935 年实施《社会保障法》等一系列法律法规，规定政府作为公共服务制度的建立者和责任主体，正式建立以法制化、常规化、社会化为特征的社会保障制度，标志着以社会保障为主体的公共服务制度建立。英国 1948 年实施《国家健康服务法》，宗旨是根据病人的需求提供免费的医疗服务，规定由政府财政支付初级卫生服务、社区卫生服务和医院专科医疗服务，建立了国家卫生服务体系，随后在公共服务制度建立和完善的过程中都会有相应的法律诞生，以规范政府和各利益主体的行为。

2. 社会性公共支出占政府支出的比重稳步增加

政府强化公共服务职能，不断增加对公共服务领域的投入力度，健全的公共财政体系为社会性公共支出提供了有力保障，形成政府财政支出中社会性公共支出占据主体的基本格局。以美国为例，1968 年以前，用于教育、就业、医疗卫生、社会保障、收入保障等社会性公共支出的比重基本在 35%以下，1971 年以后均超过 40%，呈现出稳步增长的态势，1979 年上升到占政府财政支出的 52%。

3. 充分发挥社会组织的积极作用

西方国家的社会组织或机构有参与提供公共服务的传统，长期以来，非营利组织和私人自发为贫困人群提供社会救助。政府对非营利组织参与公共服务除了给予政策支持外，还对非营利组织提供多种形式的财政资助，帮助非营利组织开展慈善募捐、招募志愿者和组织公益活动，促进非营利组织的发展和壮大，激发非营利组织提供公共服务的积极性。

（三）新公共管理运动阶段的公共服务

20 世纪 70 年代，西方发达国家经过第二次世界大战后数十年的发展，经济逐渐陷入滞胀状态，政府财政公共支出不断增加，政府机构和人员膨胀，各国政府支出占 GDP 的比重持续上涨，政府规模和增长问题成为人们关注的焦点。石油危机导致生产成本上涨，企业竞争力下降、失业率上升，公众对政府愈加不满。凯恩斯经济理论主张的政府干预手段无法更好地解决新出现的一系列问题，在各级政府以及政府的主要部门，新古典主义经济学逐渐占据了主导地位。新古典主义经济学主张市场是有效和能自我调节的机制，能够由市场提供的商品或服务就应该由市场提供，政府对市场机制的干预将导致低效率，因此，政府的干预应该最小化。

1979 年，英国的撒切尔政府奉行“小政府”政策，大力推行以市场化为取向的行政改革，在公共部门引入私营企业的管理原则、方法和技术，缩减政府开支，削减政府工作人员，实行公共企业民营化，国有化产业在同年占 GDP 的 9%，1991 年下降到所占 GDP 不足 5%。1991 年，梅杰接任首相职务，发动了声势浩大的“公民宪章”运动，核心目标是提高公共服务的质量和产出更好的经济效益，《公民宪章》白皮书为服务对象提供了审视公共服务的机会。英国政府要求所有公共服务机构制定各自部门的宪章，宪章的内容要体现六项原则：明确的服务标准、全面准确的服务运行信息、为服务使用者提供选择、礼貌的服务、有效的纠正办法和高效经济的服务供给，以满足公民对公共服务的合法需求。尤其针对自然垄断性质的公共服务行业，如铁路、邮政、水电等，要对服务内容和标准进行明确承诺。1996 年，政府官方报告显示，公民宪章运动在提高公共服务质量和顾客满意度方面起到了积极作用，有数据显示在医疗服务系统、铁路客运系统、邮政系统等顾客满意度都有明显提升。英国的公民宪章运动在国际上引起较大反响，法国、比利时等国家相继开展了“公共服务宪章”运动。

美国自 20 世纪 80 年代起，逐步推行以市场化、放松管制和分权化为取向的行政改革，公共服务改革的主要方向是厘清政府、市场、社会在公共服务提供上的责任边界，促进公共服务市场化、社会化和多元化，提高公共服务的绩效，满足公民的公共服务需求。政府通过合同外包、公私合作等方式改革公共服务供给，从联邦政府的国防部、国家航空航天总局，到地方政府的公立学校，都有大量的公共服务交给市场来提供。外包的公共服务种类也很繁杂，包括国防、能源、航空航天、环境、农业、医疗卫生、社会服务、道路修建、图书馆运营、治安消防、垃圾清理、污水处理等。1993 年，克林顿政府推行“重塑政府”的行政改革，副总统戈尔提交的国家绩效评审报告，目的是创建一个“花钱少、效率高”的政府。该报告的第二部分，特别强调公共服务“顾客至上”的原则，为此提出四条建议：倾听顾客建议，让顾客选择；服务组织展开竞争；创造市场动力；利用市场机制解决问题。1993 年，克林顿签署行政令，要求联邦政府部门制定顾客服务标准来贯彻报告中的顾客至上原则。1994 年，有 100 多个联邦政府公共服务部门公布了服务标准。

20 世纪八九十年代，英美等国公共服务活动体现在政府试图缩小规模、提高绩效的实践中，受到新制度经济学、重塑政府等理论影响，推崇市场理性和竞争逻辑，认为政府“试图提供每一项服务的做法不仅会消耗公共资源，而且会导致公共组织能力过分扩张，进而会降低服务的质量和有效性”[①]。为能够更好满足顾客的服务需求，提高服务质量和效率，具有以下特点：

（1）将竞争机制引入服务的供给之中，鼓励和促进政府公共服务部门、私营部门和非政府的服务提供者之间开展竞争。英国政府的《下一步行动方案》和《为质量而竞争》白皮书，都致力于引入代理机构和市场检验来确定上述哪个机构才是提供公共服务的最佳选择。政府的传统公共服务项目，如交通、电信、邮政、水电等推向市场，打破政府垄断格局，采用合同外包、公私合作、特许经营、使用者付费等多种方式，形成竞争态势，提高公共服务的效率。

（2）强调公共服务的顾客导向。顾客导向就是“顾客驱动的政府，满足顾客的需要，而不是满足官僚机构的需要”。公共服务供给不是按照公共部门工作的优先顺序来进行，关注的焦点是顾客的需求，从实质上提高服务质量，让公众感到幸福快乐。英国的公民宪章运动就是公共服务的承诺制，从服务的透明度、政府的回应性和顾客的选择权等多方面入手，不断改进服务质量和完善服务体制。

以竞争为主导的新公共管理运动很大程度上促进了西方国家公共服务的发展，随着 21 世纪信息化、全球化和工业化对世界经济和社会发展的深远影响，公共服务提供中竞争机制带来的弊端也日益显现，强调组织合作、公共利益、公民参与和公民权成为公共服务的新标签。

二、我国公共服务的发展历程

（一）公共服务制度初步建设阶段

新中国成立后，我国在公有制基础上建立起一个相对简单、国家配给制的公共服务体系，以适应当时的制度安排和社会经济发展水平。这一公共服务体系建立在户籍制度和城乡二元结构之上，以城市“单位制福利”和农村“集体福利制度”为主体，主要面向城市单位职工提供公共服务，农村人口未享受到同等的服务。

1978 年改革开放后，我国的公共服务主要涉及教育和医疗两大公共领域，推行全国中小学义务教育，保持计划经济时期的医疗服务模式，全部由政府负担，但为缓解国家医疗卫生资源不足的困境，允许个体医生执业行医。1984 年，实行城市经济体制改革。1992 年，十四届三中全会通过《中共中央关于建立社会主义市场经济体制若干问题的决定》，明确指出中国经济体制改革的目标是建立社会主义市场经济体制，机构

---

① （英）R.A.W 罗兹. 理解治理——政策网络、治理、反思与问责[M]. 丁煌，丁方达，译. 北京：中国人民大学出版社，2020：1.

改革、政府职能调整均以促进社会主义市场经济建设为核心。政府职能的调整，主要包括统筹规划、组织协调、提供服务和检查监督，强调政府要为企业和社会服务。1998年，政府机构改革旨在进一步优化政府职能结构，以适应市场经济发展的需要，政府职能定位于宏观经济调控、社会管理、公共服务和完善服务市场的能力，政府机构改革不再局限于经济管理部门，也涉及社会管理部门，建立适合社会主义市场经济的社会保障体制。社会保障制度改革的目标是由个人、企业和政府按比例共同承担筹资责任，实现社会保险的社会化融资、社会化管理服务。

21世纪初，城市已基本建立起包括养老保险、医疗保险、失业保险、工伤保险、生育保险在内的社会保险体系。2001年12月，我国正式加入世界贸易组织后，政府进行了一系列行政改革，在权力下放、行政审批改革、政务公开、廉政建设、民主参与等方面取得较好成效。2003年10月，十六届三中全会通过了《中共中央关于完善社会主义市场经济体制若干问题的决定》，标志着社会主义市场经济体制基本建立，经济体制进入完善阶段，继续深化行政体制改革，明确提出公共服务是政府的主要职能之一。

此阶段，我国公共服务体系建设逐渐摆脱计划经济时期的传统模式，伴随着建立社会主义市场经济制度和政府职能的逐步转变，各级政府更加重视公共服务职能和社会建设投入。

（二）公共服务制度全面建设阶段

改革开放以来，我国地方政府的财政资源大多用于搞好经济建设和发展基础产业，在社会公共事业如社会保障、教育、生态环境和医疗卫生等领域则相对投入不足，形成了经济社会发展的要求与政府提供的公共产品和服务之间存在较大差距的局面。2006年10月，十六届六中全会通过《关于构建社会主义和谐社会若干重大问题的决定》，进一步明确要求“建设服务型政府，强化公共服务和社会管理职能”，对建设服务型政府提出了明确要求，对构建社会主义和谐社会做出了全面部署，各级政府不断强化社会管理和公共服务职能，纷纷致力于建设服务型政府。服务型政府是指在公民本位、社会本位理念指导下，在整个社会民主秩序的框架下，通过法定程序，按照公民意志组建起来，以为人民服务为宗旨，实现服务职能并承担服务责任的政府。建设服务型政府成为政府转型与行政管理体制改革的目标：通过创新政府管理和服务方式，扩大公众参与公共事务管理，构建覆盖全民的公共服务体系，以及建设廉洁、公正、透明、责任政府，全面增强公共服务能力，有效回应公共服务需求，为人民群众提供良好的公共服务。

2006年制定出台的《中华人民共和国国民经济和社会发展第十一个五年规划纲要》和十六届六中全会通过的《中共中央关于构建社会主义和谐社会若干重大问题的决定》，先后将“基本公共服务均等化”作为推动科学发展、促进社会和谐的核心目标提上了政府工作日程。近几年来，地方政府通过高标准的基础设施建设、有序透明的市场环境来吸引投资，以促进区域经济发展。2007 年，党的十七大提出加快我国行政管理体制改革，形成权责一致、分工合理、决策科学、执行顺畅、监督有力的行政管理体制，强调以提高社会管理和公共服务效能为目标来调整政府职能，具体措施包括健全政府职责体系、完善公共服务体系、推行电子政务等方面。2008 年，十七届二中全会通过《关于深化行政管理体制改革的意见》，指出要建设人民满意的政府，就要实现政府职能向创造良好发展环境、提供优质公共服务、维护社会公平正义的根本转变。同年，新一轮政府机构改革方案主要围绕政府转变职能，探索实行政府职能有机统一的大部门体制，改变政府部门之间普遍存在的职能交叉和多头管理，降低制度运行成本和公共服务的供给成本，保证服务质量。2011 年，民政部公布了《民政事业发展第十二个五年规划》，提出切实履行政府公共服务职责，提升社区基本公共服务水平，推进社区基本公共服务均等化，满足社区居民多层次多样化需求。确定了发展社区服务职能的新改革方向，在依托综合服务设施的基础上，社区向辖区居民提供劳动就业、医疗卫生、计划生育、文体教育、社区安全、法制宣传、流动人口服务管理等公共服务。2015 年 11 月，李克强总理主持召开"十三五"《规划纲要》编制工作会议时明确要求，增加公共服务供给，从解决人民最关心最直接最现实的利益问题入手，增强政府职责，提高公共服务共建能力和共享水平，确定了 2020 年构建和谐社会的目标和主要任务，其中包括"基本公共服务体系更加完备，政府管理和服务水平有较大提高"，提出逐步形成惠及全民的基本公共服务体系。

综上所述，随着服务型政府建设、构建和谐社会等理念和目标的提出，公共服务成为政府工作的重要内容。为保障和改善民生、促进社会公平正义，政府在就业保障、义务教育、医疗卫生、养老保障、保障性住房、基本生活保障等领域陆续出台实施了一系列社会政策。2012 年以来，我国政府逐步推动以"基本公共服务均等化"为目标的公共服务体系建设，旨在通过社会政策体系构建、公共财政体制改革和公共服务供给机制创新，提高基本公共服务的普遍性、可及性、公平性和均等化水平。

第三节　公共服务供给模式和运行机制

2015 年 11 月 10 日召开的中央财经小组第十一次工作会议上，提出了"供给侧结构性改革"，强调"在适度扩大总需求的同时，着力加强供给侧结构性改革，着力提高供给体系质量和效率"，供给侧结构性改革成为政府公共服务创新的核心、公共服务改革的必由之路。

公共服务供给要解决提供公共服务的主体是谁、如何提供公共服务和提供什么样的服务等问题，对公共服务的效率和质量都会产生影响。政府在提供公共服务领域必然要发挥主导作用，但政府提供并不是政府直接生产或直接提供，政府可以选择多种方式来提供公共服务。

一、公共服务供给模式

按照公共服务供给的主体，可划分为传统模式、市场化模式和多主体整合模式。

（一）公共服务供给传统模式

传统的公共服务供给模式中，政府作为直接生产者主导了公共服务供给的所有环节，建立在政府行政制度基础上的政务程序，是公共服务供给的驱动机制。政府集中关注公共服务领域的特定目标来设计和执行社会政策，根据政府职能设置或分工来提供服务。由于现实中公众的需求远远超过了能满足其需要的公共资源，按照政府的职能设置来提供公共服务，不能满足公众的全部实际需求，导致全社会公共服务的相对短缺。政府作为唯一主体的传统供给模式，实际运行具有以下弊端：单一的供给主体造成政府机构臃肿和低效率；缺乏竞争，不能有效发挥其他社会组织如私人企业、非政府组织的积极作用，会使服务质量下降；服务的提供注重过程而非结果，会导致公共资源的浪费；缺乏对民众偏好的及时回应，公众参与的缺乏也会导致难以对服务成效问责。

（二）公共服务供给市场化模式

20 世纪 80 年代，新公共管理运动兴起，公共服务供给出现市场化趋势，旨在用市场竞争驱动策略为基础的服务供给取代以规则为基础的传统服务供给，尽量依靠市场机制提供公共服务。1992 年，奥斯本和盖布勒的重塑政府理论将公共服务市场化推向顶峰，提出将竞争机制引入公共服务的供给之中，提倡政府应鼓励和促进公共机构、私人机构和非政府机构通过竞争来提高公共服务的质量和有效性，认为“其结果就是效率的提高、回应性的增强和创造一种以创新作为报偿的环境”。公共服务供给市场化具有以下特征：

（1）公共服务的决策和执行相分离。政府的职责是确定公共目标、制定社会政策，公共服务的提供则由公共部门、私营部门或非营利部门来承担。

（2）公共服务的供给者多元并存，竞争发展。强调以竞争取代政府的垄断，公共服务的供给者之间形成竞争关系，是提高公共服务生产效率的关键。

（3）消费者拥有在多元的公共服务供给者中进行选择的权利。

公共服务市场化模式弥补了传统模式的不足，具体表现在以下方面：第一，政府作为服务的购买者而不是直接提供者，通过签约外包、补贴、消费者付费等方式，能够减少公共开支，有利于减轻政府财政压力。第二，能够促成政府重置服务系统，推崇顾客至上的服务理念，从顾客视角设计服务项目，强调消费者的选择权。

但在现实中，该模式的弊端也在不断涌现，具体表现在：第一，由于过于强调效率和工具理性，让人质疑公共服务的公平和平等，很大程度上剔除了传统模式用于保证公共服务诚实、公平和中立的制度设定，导致公共服务的传统价值受到侵蚀。第二，主张建立顾客驱动的政府、倡导具有企业家精神的公共管理者，会导致公众集中关注个体利益和自身获得的交换价值，而不是更多地关注公共利益，最终造成全社会公共利益的缺失。第三，从成本一收益角度来进行考察，在这一过程中，涉及行政性和技术性的诸多问题，涉及政府制定合同实施规范、监测合同履行等交易成本的发生，有时候交易成本可能会大于政府得到的回报。

理论上公共服务竞争机制能带来服务效率和质量的提高，然而在实践中则出现了各主体之间竞争不足、政府的监督成本增大、服务质量并未真正提高的弊端。实际上，市场化模式的成功与否取决于政府发挥的作用，除了行使政策制定、签订合同和监督合同执行等控制权，还必须营造适合竞争机制的政治、法律和制度环境，才能有效应对公共服务市场化对政府的组织和管理工作提出的要求。

（三）公共服务供给多主体模式

进入 21 世纪，公共治理成为大数据时代应对“世界大变局”环境变迁，迎接全球科技革命、新工业革命挑战的新理念和新实践，公众对获得高效、快捷的公共服务和参与公共事务的期望，都对公共服务供给模式的改革和创新提出新要求。2017 年，我国《“十三五”推进基本公共服务均等化规划》中提出了“政府主责，共享发展”的指导思想，指出为扩大公共服务供给合力，要充分发挥市场机制作用，支持各类主体平等参与并提供服务。

公共服务供给多主体模式是在政府主导下，以公共部门、企业、社会团体、公众之间的信息共享和共同商议为平台，信任、协商和合作为基础的公共服务供给模式。公共服务供给多主体模式的内涵如下：

（1）以政府为主导，更加有利于政府从组织结构、预算管理、政务流程、决策机制等多方面顺应公共服务要求，进行改革和创新，寻求能够更好地满足公众需求的治理工具。

（2）大数据技术为政府与其他主体的合作提供了数字平台和高维空间，有利于以政府为主导追求成员之间共同利益的协调和推动，其成效不是根据既有的行政规则进行强制的结果，而是政府和其他成员相互合作的结果。

（3）政府更加关注公众的需求和不断改进自身的回应性，关注与公民建立信任和合作关系，公众不仅仅是信息和服务的接受者，更是服务质量的监督者，公众还能够通过社区、社会团体投身到公共服务供给中，成为公共服务的参与者。

（4）政府利用信息技术，在服务前台以公众满意度作为公共服务质量的测评标准，在服务后台不断整合政府数据资源，有利于找准公共服务的难点和公众需求的痛点，真正做到公共服务供给中的以公众需求为导向，实现公共服务供需平衡。

治理机制驱动的公共服务供给多主体模式不是传统模式和市场化模式的简单混合，而是多个治理主体之间的合作，公共服务供给多主体模式有利于弥补传统模式的不足。多主体模式和市场化模式的不同还体现在对公民参与的态度上，市场化模式提倡将公众视为理性的顾客，削弱了公共服务的公平性，仅认同公众的消费选择权，而忽视其服务参与权。多主体模式重视公众在公共服务供给中的积极作用，鼓励公众作为公共服务的参与者、推进者和监督者。

二、我国公共服务供给模式

（一）改革开放前的公共服务供给模式

计划经济时期，在社会资源比较匮乏的情况下，我国建立了基本由政府包办的公共服务体系。在城市以“单位办社会”或“企业办社会”为公共服务供给的主要方式，企事业单位兼具生产经营和公共服务供给的双重功能，向职工提供诸如养老、医疗卫生、中小学教育、福利服务、住房分配等多种公共服务。农村乡镇政府是公共服务的供给主体，农村的小学教育、养老、医疗服务、公共交通等公共事业未纳入政府公共支出的范畴，依靠当地政府在全乡统筹。这种以城乡二元结构和城市居民户籍制为基础的公共服务供给模式，基本实现了公共服务在城市居民中的可及性，但仍存在一些问题，如农村的公共服务供给明显不足，单一的供给主体和供给方式导致公共资源的浪费和服务效率不高，基层政府提供服务实行的是自上而下的供给决策机制，忽略了公众的实际需求。

（二）改革开放后的公共服务供给模式

改革开放以来，我国经济保持了 40 多年的高速增长，经济建设成效显著，地方政府的财政收入规模也在不断增大。政府对计划经济时期的公共服务体系进行了改革，公共服务供给从单一主体的传统模式转变为社会化和市场化的供给模式。

公共服务供给的市场化改革，主要体现在我国的公共基础设施、医疗卫生、教育和住房等领域。2004 年，政府出台了《关于投资体制改革的决定》，明确提出放宽社会资本的投资范围，允许社会资本进入法律法规未禁止的基础设施和公用事业领域，改变过去由政府作为唯一供给主体的局面，引入市场机制，形成政府、市场和社会的多元化供给模式。在住房供给上实现了从福利分房过渡到住房商品化，在医疗卫生和教育事业发展领域，逐步取消了计划经济时期的公费医疗和免费教育制度，公立教育机构和医疗机构自主经营、自负盈亏，公众必须支付一定费用才能享受相关公共服务。

我国公共服务供给的社会化改革，体现在建立城市社会保障制度和社会福利服务。1992 年，十四大报告首次提出建立与社会主义市场经济体制相适应的社会保障制度，社会保障制度改革的目标从原来的“企业保险”转向“社会保险”，实现社会保险的社会化融资、社会化管理服务。到 21 世纪初，城市已基本建立起包括养老保险、医疗保险、失业保险、工伤保险、生育保险在内的社会保险体系。20 世纪 80 年代中后期，民政部提出了“社会福利社会办”的改革思路，希望通过社会组织、社会机构的参与，解决传统模式下融资渠道单一、由国家包办带来的效率低下和服务质量差等问题，探索社会化的机构养老服务模式。

目前，我国公共服务体系建设还存在公共服务供给总量不足、供给结构性失衡等问题。随着教育、卫生事业发展的产业化和商业化，服务的市场价格不断上涨，出现了“上学难，看病难”等社会问题。政府还要增加公共服务支出比例，尤其要向农村、欠发达地区和弱势群体增大公共服务投入力度，以缩小城乡间、区域间和群体间的公共服务水平差距，不断平衡公共服务供给的公益性与效率目标。

三、我国公共服务体系运行机制

（一）建立科学合理的社会政策体系

新时代建设中国特色社会主义，要求扩大政府的公共服务职能和建设服务型政府，改变传统政府的自上而下的公共服务决策机制，形成相对健全完善、公众需求导向的决策机制，将公共利益作为首要价值，建立体现社会公平正义的社会政策体系。十六大以来，政府的公共政策重心实现了“从经济政策到社会政策的历史性跨越”，主要围绕就业、义务教育、医疗卫生、养老保障、保障性住房、基本生活保障等方面出台实施了一系列社会政策，政策重心不断向农民工、城乡居民和弱势群体倾斜，以保障和改善民生、促进社会公平正义。例如在养老保障方面，主要是完善城镇职工基本养老保险制度，扩大正规就业人员的参保覆盖率，但大部分的灵活就业人员、农民工和城乡居民仍游离于基本养老保障体系之外。2009 年 9 月，试点建立“新型农村社会养老保险”，实行个人缴费、集体补助、政府补贴相结合的筹资机制，实行基础养老金与个人账户相结合的养老金模式，年满 60 周岁的农村居民都可以领取到由政府提供的每月 55 元的基础养老金。“新农保”明确了各级政府的筹资责任，是社会养老保障制度建设的重要进展，但基础养老金水平严重偏低。2006 年，中央政府出台《关于加快发展养老服务业的意见》，指出要逐步建立以居家养老为基础、社区服务为依托、机构养老为补充的养老服务体系，改变了过去以机构养老为主的服务供给模式。此后，北京、上海、浙江等地也在积极探索和推进城镇居民养老保险制度，各地的居家养老服务开始迅速发展。

（二）政府为主导，鼓励社会力量参与

政府是公共服务的主导者、协调者和监督者，承担财政支持、制定规范和监督管理的责任。中央政府制定宏观政策，地方政府结合当地的具体情况，制定和落实针对当地公共服务体系建设的具体政策措施。政府履行资源配置和规划职能，进行协调指导和监督管理。同时，按照平等、竞争、择优的原则，统筹公共事业发展，鼓励社会力量参与公共服务提供，充分发挥社会机构在公共服务中的作用。政府要建立科学合理的公共服务与管理体系，打破部门之间的分割，进行资源的统筹规划，明确各级政府部门在公共服务中的相关职责，形成由政府、非政府组织、企业、媒体和公民共同组成的合作伙伴关系，将市场机制、评估机制和问责机制引入政府公共管理系统中来，实现公共服务的效益最大化。有效的制度安排可以降低生产和供给成本，降低多主体

之间经济行为的不确定性。

（三）健全公共财政体制建设

近年来，政府不断加大对公共服务领域的财政投入，特别是在教育、医疗卫生、社会保障、文化建设、公共基础设施等领域的公共财政投入，逐渐形成有效的公共财政体制。但我国公共服务投入总量仍然处于较低水平，存在着中央与地方、各地区之间财政投入失衡现象，二元经济结构、社会地理环境、经济发展水平等因素造成了城乡之间、区域之间公共服务投入的较大差距。2002 年以来，中央政府增加了就业、教育、医疗卫生和社会保障等专项转移支付的力度，特别是针对农村义务教育经费的转移支付。随后又进一步完善了转移支付制度，改进了一般财力性转移支付，中央财政的专项转移支付和一般财力性转移支付都有明显提高。

为建立基本公共服务均等化的财政保障体制，缩小城乡间、区域间公共服务差距，政府逐步推动了“民生导向”的公共财政体制改革，采取推动中央和地方的事权和财权划分、不断完善财政转移支付制度、推动省管县财政体制改革等措施，积极探索建立公共服务的财政投入增长机制，增大公共服务支出占全国财政支出的比重，解决制约实现区域间基本公共服务均等化的不利因素。

思考题

1. 公共服务的内涵是什么？如何正确理解公共服务的价值属性？
2. 基本公共服务的特征是什么？如何理解基本公共服务的均等化？
3. 国外公共服务各发展阶段的特征是什么？
4. 公共服务有哪些供给模式，每种模式的特点分别是什么？
5. 如何进一步健全我国公共服务体系运行机制？

第一章阅读材料

第二章

老年公共服务体系概论

本章要点

1. 掌握：老年公共服务体系的概念；老年公共服务的功能。
2. 熟悉：老年公共服务体系运行模式。
3. 了解：老年公共服务的运行机制。

本章课程思政目标

通过学习“老年公共服务的运行模式”一节，让学生了解资本主义社会老年公共服务存在的缺陷，对比中国的老年公共服务优势和优点，培养学生的爱国热情和民族自豪感。通过学习“老年公共服务体系的运行机制”一节，让学生了解国家在老年公共服务方面发挥的主导性作用，激发学生为祖国奋斗终生的职业精神。

导入案例

南京市江宁区谷里街道地处南京市城乡接合部，属涉农街道。为解决建设美丽乡村、推进城镇化的进程中，农村人口老龄化带来的养老问题，谷里街道确定了“全面抓好托底养老、全面完善社区居家养老、全面发展社会化养老、全面推进城乡融合养老”的工作思路，在养老服务主体、对象、方式、产品等方面进行多元化探索，努力构建政府主导、社区响应、社会运作、家庭参与的“城乡一体”养老服务模式。通过不断完善制度设计，强化资金保障，积极改善街道养老设施条件，完善社区养老服务阵地，加强专业养老机构融入，利用社会各方力量，推进养老服务智能化、专业化发展，取得了明显成效。

谷里街道目前 60 岁以上老人有 9 348 人，老年化率达 23%，大部分老人社会保障水平低，并且由于街道养老服务存在短板，老年化社会带来的挑战便成了当下急需解决的难题，那么，如何发挥政府引导作用，做好养老工作呢？针对问题，谷里街道积极探寻解决思路。对此，谷里街道先后投入 1 000 多万元对原敬老院进行适老化升级改造，投入 300 多万元打造“康养谷”，为老人们建造了整洁、干净、舒适的养老场所。养老服务的建设与运营需要较大的资金支持，对此，街道将养老服务经费纳入了财政预算，对养老机构运营按季度发放运营补贴，并且上级部门还对敬老院改造给予了一定补助。这样一来，不仅为自费老人减轻了负担，也为五保老人的晚年生活提供了政府保障。

老龄化问题是当今世界普遍存在的一个重大社会问题，它不仅仅是为了改善老年人的生活环境，更重要的是有利于促进社会的发展和稳定。人口结构的变化与经济、社会发展进步之间关系密切，人口老龄化涉及就业、社会保障和社会福利等方面，它所引发的最直接、最重要的影响就是老年人口比重增加对社会、经济发展产生的一系列影响。应该为老年人提供什么样的生活环境？如何制定协助老年人的公共政策？世界各国都在为此而努力探索和研究。

中国自 20 世纪 90 年代以来，人口老龄化进程加快。65 岁及以上老年人口从 1990 年的 6 299 万增加到 2000 年的 8 811 万，占总人口的比例由 5.57%上升为 6.96%，目前中国人口已经进入老年型。性别间的死亡差异使女性老年人成为老年人口中的绝大多数。预计到 2040 年，65 岁及以上老年人口占总人口的比例将超过 20%。同时，老年人口高龄化趋势日益明显：80 岁及以上高龄老人正以每年 5%的速度增加，到 2040 年将增加到 7 400 多万人。老龄化社会对社会公共服务和社区公共服务提出了强烈而又迫切的呼唤。对此，本章对老年公共服务的内涵、供给模式以及运行机制进行介绍。

第一节　老年公共服务概述

随着中国经济改革的深入和经济的迅速发展，人民的生活水平不断提高，人的寿命越来越长。中国人口老龄化给社会经济带来了巨大的压力，也给家庭带来了沉重的负担。原来传统的大家庭也随着社会经济的发展被核心家庭结构所代替，家庭结构的小型化削弱了家庭在社会化、成员养老和互助救助等方面的服务功能。不断加剧的人口老龄化程度，计划经济时期的“全能型”老年服务、家庭养老等为老年人提供公共服务的传统模式，不能满足当前老年人的多方面需求。老年公共服务的供需矛盾日益凸显，加快政府职能转变，建立并完善老年公共服务体系对政府提出了新的挑战，成为政府适应社会经济发展的迫切要求。

一、老年公共服务的内涵

理解老年公共服务的含义，首先必须理解什么是老年以及如何界定老年。从生理角度出发，老年首先是指年龄达到或超过一定界限的人。因此，年龄理所当然地成为界定老年的主要标准。然而，人不仅具有自然属性，更具有社会属性。由于生活水平、社会环境及社会成员自身素质的差异，相同年龄的人可能在生理、心理甚至经济社会地位方面有着明显的差别。因此，我们判定一个人是否步入老年，除了要考察其年龄外，还需要考察其生理、心理及社会特征。一般来说，主要标准还是年龄。因此，社会福利中的老年，是指达到或超过法定退休年龄或法定领取养老金年龄标准的群体。

基于以上理解，我们将老年公共服务界定为：政府、有关社会组织或个人为满足老年人在养老、日常生活、健康与医疗卫生保健、精神与文化娱乐休闲、合法权益保护、社会参与意愿等方面的基本需求，在老有所养、老有所医、老有所教、老有所学、老有所为、老有所乐等方面向老年人提供的各种支持性、发展性的服务或项目。换言之，老年公共服务是指国家和社会建立的一种旨在满足老年人服务需要，提高老年人生活质量的制度安排和政策设计。老年公共服务的内容，主要包括养老护理、社会保障、医疗保健、生活照料、娱乐文化、心理健康、权益保护、临终关怀等，其目的是能够让老年人老有所养、老有所医、老有所为、老有所乐。老年公共服务的实施有利于保障老年人的权益，提升他们的幸福感，共享改革发展的成果；有利于解决老年人因养老、医疗等需求形成的预防性储蓄所引发的消费不足，拉动消费；发展老年公共服务还可以创造就业岗位，促进社会和谐。提升老年公共服务水平也是转变政府职能，建设服务型政府的重要体现。

要完整、准确地理解老年公共服务，还需要把握以下内涵：

第一，老年公共服务不仅仅是指老年人的社会养老服务，在纵向上，老年公共服务还包括老年人的生活照护、身心发展与社会参与三个层面。本书所述老年公共服务是指以老年人的生活照护为侧重点，兼顾老年人的身心发展与社会参与服务。

第二，老年公共服务是人类社会进入工业社会以后，社会结构和家庭结构转变带来的老年公共服务需要满足方式。包括家庭（家族）提供的服务以及政府、非营利性组织、市场企业等多元主体提供的帮助与支持行为的总和。前者一般是依据自发原则为老年人提供的帮助与扶持行为，后者则是以现代社会多元主体为中心，为老年人提供服务与满足基本需要的行为。

第三，老年公共服务是一个具有时空意义的概念。不同国家和地区，或者同一国家和地区在不同的社会发展阶段对老年公共服务的认识和理解不同，老年公共服务的内容与供给方式也有所不同。

第四，老年公共服务的核心内容是服务供给，主要包括政府、市场、社会组织等供给主体之间的供给关系、供给内容、供给方式等方面。

二、老年公共服务的特征

面对人口老龄化急剧加速的时代背景，建立和健全完善的老年公共服务体系是中国政府应对人口老龄化、缓解家庭养老压力、提高老年人生活质量的现实回应。老年公共服务体系作为满足老年人在生活中全方位需要的复杂系统，以制度化为保障、社会化为路径、多元化为依托的公共服务发展为导向，满足老年人在生活照护、身心发展与社会参与等方面的需求。因此，老年公共服务应该具有以下特征：

1. 制度化

尽管政府不是提供老年公共服务的唯一主体，但仍是老年公共服务体系发展的主导力量，担当着领导、组织、协调、监督等职责，因此，老年公共服务体系的建设具有制度化的特点。《社会养老服务体系建设规划（2011—2015）》首次将老年公共服务体系建设纳入专项规划范围，全面规划了“十二五”时期我国老年公共服务体系建设的指导思想、基本原则、功能定位和具体保障措施。十八大报告第一次以党的纲领性文件的形式明确：必须加快完善与老年人息息相关的老年公共服务制度。2013 年，我国开始实施修订后的《中华人民共和国老年人权益保障法》。2017 年，国务院发布“十三五”基本公共服务均等化规划。同年 6 月，印发《关于制定和实施老年人照顾服务项目的意见》，从我国国情出发，立足老年人法定权益保障和服务需求，推动实现老有所养、老有所医、老有所为、老有所学、老有所乐的老年公共服务目标。据统计，2010 年至 2020 年，中央和各部委层面出台加强老年公共服务相关政策文件 30 多个。可见，党和政府已经开始从国家战略高度，审视老年公共服务体系的制度化建设。党和政府已经开始从和谐社会、以人为本、依法治国、经济结构转型等国家战略高度审视老年公共服务体系的创新问题。

2. 社会化

社会性是老年公共服务的重要特征之一。它主要体现在以下四个方面。第一，老年公共服务所需资源来自社会各方，其实施主体呈现多元化发展趋势，政府并非老年公共服务的唯一提供者。第二，老年公共服务的客体也具有社会化特性。老年公共服务的发展目标是满足老年人的需要、提升全体老年人的安全感、获得感和幸福感。第三，老年公共服务的资金筹措方式也具有社会化性质，主要包括财政拨款、社会集资、慈善募捐等多种方式。第四，老年公共服务的人才队伍也是社会化的，直接影响养老服务的发展水平。

3. 专业化

经济发展和社会分工是老年公共服务体系得以全面发展的先决条件，老年公共服务的健康发展离不开具备一定水平的专业化工作人员和相应的管理制度。不同于传统老年公共服务，现代老年公共服务要求服务人员具备较高的专业知识与技能。目前，老年公共服务专业人才的缺乏是制约老年公共服务体系发展的关键问题。比如社会养老机构的医疗护理人员缺少专业培训和职业资质，应鼓励卫生专科学校和职业学校培养老年医疗护理专业人才，加大对该类学校的财政补贴和政策倾斜。

4. 多元化

伴随着中国经济、社会、文化等领域的高速发展，面对中国人口老龄化进入加速发展期，老年公共服务的参与主体呈现多元化特点。由政府主导实施的福利性公共服务致力于向特殊困难老年群体提供帮助，确保底线公平和老年基本需求的服务；非营利性公共服务由政府和非营利组织提供，旨在增加老年公共服务供给，扩大受益人群；营利性养老服务主要由市场提供，是对老年人生活所需的具有一定幸福指数的享受型公共服务，它充分发挥了市场在资源配置中的基础性作用，提供丰富的非基本老年公共服务。由于政府、企业、非营利组织、社区等多元主体都可以共同向老年人提供公共服务，因此，老年公共服务体系可以在最大范围内调动社会资源，在最大限度上满足老年人的服务需求。

5. 公益性和市场性

老年公共服务还具有公益性和市场性的双重性特点。一方面，政府为满足全体老年人的需要，向他们提供满足其基本生活需要的公共服务，并重点向老年特殊群体、弱势群体做出政策倾斜；另一方面，通过引入民营化公共服务机构，同时顾及其服务的社会效益和经济效益，使面向老年人的民营化公共组织不仅能生存，而且能有所盈利并得到更好的发展，从而满足老年人的多样化服务需求。因此，老年公共服务发展的出路是公益性与市场性的有机结合。

由于老年公共服务具有制度化、社会化、多元化、专业化等显著特点，政府、企业、非营利性组织、社区等多元主体可以根据自己所掌握的社会资源，向老年人提供服务，满足老年人的基本需求。同时，老年公共服务属于复合型公共服务产品，兼具公益性和市场性的特点。这不仅要求政府向老年公共服务领域的政策倾斜，而且需要社会服务机构的参与，充分考量老年服务的社会效益和经济效益，以更好地满足老年人日趋多样化的服务需求。因此，公益性与市场性的有机结合是老年公共服务发展的必然出路。

美国、英国及日本等发达国家的老年公共服务体系发展建设历程表明，政府在现代老年公共服务体系的完善过程中承担着主导角色，其主要职能包括：

（1）正确处理政府与市场的关系，发挥市场在老年服务资源配置中的基础性作用，政府加强制度的顶层设计，健全法律监管体系，出台服务评估标准，加大人才培养力度。

（2）制定推动老年服务产业发展的优惠政策，提前布局老年服务产业，充分发挥老龄产业集群推动作用。虽然老年公共服务不可能全部是免费服务，也存在着由市场直接提供的商业性的老年服务和产品，但政府可以通过补贴或调整税收政策等方式，扶持老龄产业发展，稳定市场价格，追求社会效益和经济效益的统一。

三、老年公共服务的功能

老年公共服务作为一个综合性的体系，理顺政府、市场和社会之间的关系至关重要，政府在发展老年服务中起到主导和引领作用，承担老年服务体系的规划、“兜底型”服务、老年公共服务设施的建设、老年服务机构改革的职责。政府转变职能，引入市场机制，采用承包、租赁等方式经营老年公共服务项目，提高服务效率和质量，突出老年公共服务体系的兜底作用。老年公共服务是对老年人基本生活的保障，它向老年人提供一种安全保护，对社会经济发展过程中产生的各种矛盾起到一定缓冲、缓解的作用，从而有利于经济的顺利发展和社会的和谐稳定。老年公共服务体系具有多种多样的功能，其基本的功能有如下几个方面：

1. 恢复与维系老年人的生存能力，提升生存质量

由于自然、社会等多方面原因，在任何国度里总有一定数量的老年人会部分或全部地丧失基本的生存能力，他们需要政府、社会的帮助才能维持基本的生存。老年公共服务体系以保障老年人生存、维护老年人尊严为基础，以老年人自立为基点，帮助老年人抵御可能遭遇的风险和给予其必要的援助。对年老而丧失劳动能力者提供维持最低生活水平的物质援助，重新建立和增强他们的生存能力。换言之，它不仅是对老年人生存权的认可并提供积极的救济，更是对全体社会成员生存能力的一种积极的修复和重建。政府只有积极地帮助老年人获取必要的生存能力，才能使整个社会在真正意义上摆脱贫困和生存危机，重新确立社会成员的主体地位和信心，使老年人在修复和维持生存能力的同时，成为具有实践精神和实践能力的真正意义上的个体。

2. 重建与扩展老年人的发展能力，塑造安全生存环境

人的发展能力是体力、智力和教育程度等方面的综合。社会的政治制度、经济体制、文化传统、道德基础等对人的发展都起着重要的作用。老年公共服务体系可以通过对老年人提供的卫生保健服务给予资助，以此来有效改善国民健康。由于穷人比富人有更高的健康保健需求，通过老年公共服务体系能够使穷人获得更多的资源用于提高健康水平。老年公共服务体系为老年人素质的提升、发展能力习得奠定基础。老年公共服务在满足老年人对生活服务、保健、教育、心理等需求的同时，提高了老年人的身体素质与能力素质，这是老年人发展能力形成的途径和过程。此外，老年公共服务可以促进迁徙自由，为老年人选择自由的生活、发展空间提供了可能。老年公共服务对收入分配的调节，促进了社会公平与和谐，为老年人的发展

提供了现实的保障。

3. 崇尚与追求人的本质价值，保障平等的发展权

人的本质在实践中产生，人的价值在实践中实现。在社会关系领域，老年公共服务体系积极推进并帮助老年人完成再社会化，极大地提高他们处理社会关系的能力。在科学、艺术、教育领域，老年公共服务体系推动老年人精神文化创造实践的深化。在促进老年人的实践活动深化的同时，老年公共服务不断解放人、释放人的潜质与能量，帮助老年人实现自身的价值。在这个意义上，老年公共服务体系以增强人的实践特质为介质，促成人的本质的不断生成和价值的日益丰富。基于人的生存权与发展权的平等性，老年公共服务以社会公平为目标，通过自身的改革，赋予老年人迁徙自由及平等的发展权。这是现代社会人的发展视野下老年服务平等价值观的必然选择。

4. 以人的发展为中心，增强老年人的发展能力

随着社会生产力的进步，生存已不再是社会的主要矛盾，人的发展便成了社会生活的主题。老年公共服务通过对国民收入的再分配来缩小社会阶层之间的收入差距，解决老年贫困人员的基本生存问题，关注老年人的生存，更加注重人的发展。这是老年公共服务最基本的功能。从本质上来看，老年服务既是为了保障老年人的生存质量，又是为了促进老年人的发展。只有在实质上提升发展能力，才能有效维护社会个体的生存与发展。改革开放以来，中国的经济发展水平显著提升，国民收入有了明显改善，实现更高层次的发展，成为大多数社会成员的迫切需要，老年公共服务的发展只有顺应这种现实需求，才具有鲜明的时代特征与活力。增进老年人的发展能力，是老年公共服务体系发展的长期目标与主要功能。

四、老年公共服务体系的构成

老年公共服务体系是指与经济社会发展水平相适应，以满足老年人服务需求、提升老年人生活质量为目标，向所有老年人提供康复护理、精神慰藉、养老救济、继续教育和社会参与等服务，由政府、社会、市场以及个体家庭多元主体所形成的工作网络和运行机制，以及配套的服务标准和监管制度。在现实的运行中，老年公共服务体系是政府、社会组织、企业等多元服务主体构成的行动者网络，在这个网络中，多元主体共同参与有关老年人的公共服务和公共产品提供。“针对基本需求的补缺型供给，政府作为各阶层社会成员利益的最终保障者，要通过政府投资使弱势老年群体公平地享受养老服务；针对普遍性需求的大众型供给，政府作为调节者要提供良好的政策环境，给予合理的资金支持，引导市场充分发挥作用；针对奢侈性需求的高端供给，在政府必要的指导下，市场起主导作用。通过分类管理，在政府与市场合作的框架下实现资源的合理配置和照顾社会弱者的理想。”[①]在老年社会化公共服务体系中，其基本

① 付诚. 民建中央台湾地区老龄福祉学术交流考察报告[EB/OL]. [2011-10-08]. https://www.cndca. rg.cn/mjzy/lxzn/shfw/dwll/650590/index.html.

要求是产品或服务的输出是否符合老年群体的初始期望，提供基本服务和制度安排等基础保障要素是否满足老年人的基本需求。这就要求老年公共服务体系必须由关注组织自身需求转变为以被服务者的利益为核心，由追求局部效率目标转向追求社会的终极目标，重新关注政府及社会组织存在的社会价值。因此，从现实和长远来看，老年公共服务体系主要由老年公共服务的供给主体、服务的层次、服务的提供方式、服务的接受者以及服务的内容五个方面所构成。

1. 老年公共服务的供给主体

养老服务体系供给主体主要包括政府组织和非政府组织。受经济发展水平的限制，我国政府的财力物力有限，还不能够实现国家统包统揽的高福利，在政府提供老年公共服务时，还需要社会力量的广泛参与。另外，国家统包统揽地提供老年服务和产品的方式由于排斥了竞争性，会导致服务供给的低效率。老年公共服务体系的服务对象面向全体老年群体，要求适度普惠，应该是高效率的。政府作为老年人基本服务需求的主要提供者，可以通过补贴、购买服务等方式为有需求的老年人提供基础性的服务。在市场机制的作用下，非政府组织主要提供可供选择的服务，同时也提供部分基础性的服务。在这里，非政府组织主要包括社区、企业、家庭、个人、各类社会组织等。政府和非政府组织同时作为老年人服务的提供者，实际上所体现的是政府与社会、市场之间的分工，这在一定程度上可以避免单纯由政府提供服务的高成本和低效率，也能够使非政府组织在参与老年公共服务提供的过程中培养高度的社会责任感，达到政府与市场相互补充、相互促进的目的。

2. 老年公共服务的层次

老年公共服务的层次主要分为基础性的老年服务和可供选择的多样化的老年服务。基础性的老年服务以“老有所养”和“老有所医”为目标，确保每个老年人都能够获得养老保障，它是由政府提供的基础性保障。由于老年人的健康状况不同，每个老年人所需要的老年服务存在差异。根据老年人个体身体状况的差异，向老年人提供可供选择的多样化服务，以满足老年人不同层次和质量的服务需求，从而使他们过上更加体面的、丰富多彩的老年生活。

3. 老年公共服务的提供方式

老年公共服务的提供方式主要包括居家服务、社区服务、社会组织服务以及政府服务。居家服务主要是老年人的居家养老，由社区服务人员提供上门服务。居家服务涵盖生活照料、家政服务、康复护理、医疗保健、精神慰藉等。社区服务是居家服务的重要支撑，具有社区日间照料和居家服务支持两类功能，主要面向家庭日间暂时无人或者无力照护的社区老年人提供服务。

社会组织服务是指老年人入住养老机构或专门的护理机构，接受专业的老年服务，主要包括老年护理院、敬老院、老年人福利院、老年公寓等。社会组织服务应以设施建设为重点，通过设施建设，实现其基本老年服务功能。老年服务设施建设重点包括老年养护机构和其他类型的服务机构。老年养护机构主要为失去养老能力、半失去养老能力的老年人提供专门的服务，实现对老年人的生活照料、康复护理、紧急救援等。通过生活照料满足老年人的吃穿住行等日常生活需求。康复护理应当具备开展康复、护理和应急处置工作的设施条件，并配备相应的康复器材。紧急救援需要具备为老年人提供突发性疾病和其他紧急情况的应急处置救援服务能力，使老年人能够得到及时有效的救援。

4. 老年公共服务的接受者

老年公共服务体系所涵盖的对象是所有有服务需求的老年人。老年人不会因为经济条件、收入水平以及家庭成员等因素而受到区别对待，老年人只要有需求就可以就近接受服务。

5. 老年公共服务的内容

老年公共服务的内容主要包括医疗保健、健康护理、精神慰藉、继续教育、文化娱乐等方面。养老服务内容的多样化可以更好地满足老年人日益增长的个性化和多样化的服务需求。

第二节　老年公共服务的运行模式

按照《现代汉语词典（第7版）》的解释，“模式”指的是“某种事物的标准样式”，是一事物区别于另一事物的相对固定的样态。在社会的发展过程中，“模式”作为一种确定性的思维方式，被广泛应用于各个领域，如商业模式、发展模式、管理模式等。在老年公共服务领域，根据对不同供给主体的认定、客体的选择以及基本价值理念的差异，其运行模式大致可以呈现为以下形态：市场主导型老年服务运行模式、政府主导型老年服务运行模式、公平福利型老年服务运行模式、东亚的政府—家庭二元模式等。不同模式的根本区别在于政府、市场、社会和家庭（传统支持网络）之间形成的责任分配方案的不同。下面对以上几种老年公共服务模式进行简要介绍。

一、市场主导型老年服务运行模式

在自由资本主义时期，西方各主要市场经济国家奉行亚当·斯密的自由主义经济理论，秉持“管得最少的政府是最好的政府”理念，政府职能被严格定位于国土保卫、防范和保护上，即保卫国家的领土主权，防范个人和企业在追求自身利益时发生损害社会的行为，保护私人财产不受侵犯和市场机制免受破坏。除此之外，政府对整个公共事务，尤其是对经济事务基本上采取不干预态度。学术界将这一时期的政府角色形象地比喻为个人和国家财富“守夜人”的角色。政府虽然是保护国家、市场和私有财产安全的不可缺少的因素，但其在公共服务上，尤其是老年公共服务领域发挥的作用极为有限。这一时期形成了市场主导型老年服务运行模式。

市场主导型老年服务运行模式继承了英国《伊丽莎白济贫法》的传统，奉行自由与效率的价值目标，主张低限度、选择性的老年服务供给，强调充分的市场竞争与个人的最大自由，认为个人是福利的主体，市场是获得福利的最有效途径，将增进社会福利的责任交由市场机制自发落实。该模式提倡通过补贴个人福利的方式来鼓励市场机制在福利供给中的作用，认为国家责任仅在于消极地保证老年人的最低生活水准。老年人主要通过工作期间个人与企业缴费形式的养老保险取得经济收入，通过市场途径购买所需要的商品与服务。在西方社会福利体系中，美国是市场主导型老年服务运行模式的典范。对该模式的批评主要来自该模式所具有的分化、排斥、非权利和不公平等缺陷。

二、政府主导型老年服务运行模式

20 世纪二三十年代，西方资本主义国家发生了世界性的经济危机。这场经济危机宣告了“自由放任”“市场调节”信念与实践的破产，为政府干预公共事务、经济事务提供了依据和空间。首先是美国总统罗斯福采纳著名经济学家凯恩斯的学说，实施“新政”，使美国经济迅速好转。第二次世界大战后，许多资本主义国家的政府纷纷效法美国，积极干预经济，在公共服务方面形成了整体上的政府主导（政府干预）模式。政府主导模式强调政府对经济和企业的全面控制，强调公共服务由政府独家供给，市场的作用则大大弱化。

政府主导型老年服务运行模式竭力主张，为弥补市场不足和保障社会公平，政府不仅应当加强对市场运行的干预，担负起更多的政府职能，而且要主导为社会消费者直接生产和提供老年公共服务产品。该种模式强调政府的强力调控和垄断，以及强调政府在老年服务的生产、提供和监管中的强势支配力量，依照政府的计划性和权威性严格遏制老年公共服务市场化所带来的分散性和私立性。只有政府集权对老年公共服务进行权威性供给和生产，才能保证公共服务在全社会范围的覆盖和有效普及。政府在提供各种政策导向等公共服务时必须强化政府的统一权威性，在经济和政治稳定的大前提下提供政府主导的各类公共服务。同时，政府和市场建立一种政府主导下的政府与市场的共生关系，一种特殊的上下分离、两手并用的公共管理方式，管理靠“威严”，服务讲“仁慈”，即宏观管理体现出一种权威性，依法对经济政策、公众社会生活等进行强干预；微观具体服务体现出较强的民主化，亲商、亲民的服务精神。新加坡是政府主导型老年服务运行模式的典范。

这种模式的确在一定时期中克服了“市场依赖”中出现的不少弊端，然而在“矫枉”的过程中，却逐渐出现严重“过正”：西方工业化国家政府一步步由资本主义初期“放任行政”的极端走向“管制行政”的极端，从开始的“守夜警察”变成无所不管、无所不干预、无所不服务的“大管家”，最终形成政府全能主义。

三、公平福利型老年服务运行模式

20 世纪 70 年代以来，西方市场经济国家出现了以低经济增长、通货膨胀、财政赤字和高失业率为特征的“滞胀”现象，促使人们对建立在凯恩斯理论基础上的政府干预模式提出质疑，并开始进行批判性反思。英、美率先导引出新一轮改革政府的浪潮。

随着经济发展水平及技术条件的改良，公共物品生产领域中市场力量的作用开始越来越大，过去只能由政府提供的某些公共物品，会以签约外包的形式由政府出资购买，由私人企业来供给服务。政府在直接生产供给公共物品的过程中，常常会由于缺乏市场竞争，从而导致公共物品供给质量上的低下、浪费和低效率。一些原来由政府提供的准公共物品，甚至纯公共物品也转向由市场提供，从而在一定程度上动摇了旧有市场失灵理论，同时也凸显了政府失灵现象。基于此种背景，公平福利型老年服务运行模式试图协调“公平”和“效率”之间的平衡。它在强调自由经济的“机会平等”的同时，鼓励个人的自助努力，把国家的保障仅限于“平等的最低生活”。换言之，公平福利型老年服务运行模式把“公平”作为首要价值理念。它强调以国家为主体，实行对老年人的普遍保障。国家承担着保障全体国民的义务和责任，每一位老年人都享有社会保障的权利，超出最低生活水平的生活需要则由个人承担。例如，英国公共服务制度主要由国民保险、国民医疗保健、家庭津贴和国民救助等构成。国民保险是对个体进入社会的年龄和退休年龄之间的所有人实行的强制性的保险，它遵循的是普遍性和统一性的原则，社会保障费按定额缴纳，国民在缴纳保险费之后，可以在退休、病残、失业、怀孕、生育等情况下，蒙受损失时享受相应的津贴。英国的国民医疗保健制度是全民公费医疗制度，凡是在英国居住的公民，无须取得保险资格，均可享受各种医疗保健服务，所需费用主要由政府财政拨款支付。家庭津贴主要是发放给从事全日制工作、有未成年子女、收入低于官方规定标准的家庭，费用由国家财政负担。国民救助是国家对享有各种预防性措施情况下，仍然陷于贫困状态的社会成员进行的救助，全部费用来自国家财政收入。此外，还包括儿童补贴、高龄老人补贴、住房补贴等其他社会补助项目，以及被称为公共服务的各种福利和各类服务。也就是说，公平福利型老年服务运行模式是一种对老年基本需要提供有效的政府解决方式的国家制度。该模式限制了市场机制在福利供给中的作用，老年人在很大程度上依靠政府普惠性的养老金给付、免费或低费服务项目获得个人需要的满足，而非市场途径的购买。对该模式的批评集中于对财政的威胁，对自由和效率的限制、垄断以及福利依赖等。

除了以上三种老年公共服务运行模式以外还有政府—家庭二元模式。政府—家庭二元模式是独立于西方社会的老年公共服务模式类型。它是以日本、韩国为代表的东亚新兴工业国家的老年公共服务供给模式——“东亚福利模式”。这些新兴工业国家在福利供给中存在某些共同特征，包括补缺型的目标取向、生产主义、排斥市场自由主义、政府威权主义、儒家文化的深刻影响等。从供给主体的角度分析，东亚国家在福利供给方面具有典型的家庭（传统支持网络）首要责任特征，老年人在产生需要的时候自发地向家庭成员或亲友寻求需要满足的途径。在家庭之外，政府是福利供给的次要主体。同时，由于东亚国家具有强烈的政治中心取向，政府权力能够在很大程度上影响家庭的老年服务能力，因此，家庭与政府共同构成了东亚国家的老年公共服务结构，即所谓的政府—家庭二元福利供给模式。

四、中华人民共和国成立以来老年公共服务模式的转型

新中国成立以来，经过 70 多年的发展，中国在老年公共服务领域发生了翻天覆地

的变化。然而不同时期，老年公共服务模式的构成要件（价值理念、制度设计和技术选择）有其特定时期的特征，形成了不同的老年公共服务运行模式。纵观中国老年公共服务模式发展历程，大致分为如下三种模式：

1. “集权熔合—公平至上”型老年公共服务模式（1949—1978 年）

这一时期在公共行政层面实行的是政治导向型政府管理模式，表现为“以权力单一中心和权力单向度运行为治理机制”，在老年公共服务上建构了“集权熔合—公平至上”型的服务模式。这一模式在价值取向上追求“公平至上”，即追求老年公共服务供给和分配结果上的平等与平均。换言之，在人人都必须劳动的条件下，一切有关人的体力和智力发展所需的资源，都将同等地、充分地交归社会全体成员支配。这与中国儒家文化“不患寡而患不均”的道德观念相一致，在部分领域，甚至出现绝对平均主义的思想。公平至上的理念与高度集权的计划体制相结合，促成老年公共服务模式制度设计上的“集权熔合”。集权表现在全能型的政府集中统筹老年公共服务供给的决策、生产和分配等各个环节，熔合则体现为国家权力对社会、市场领域的高度挤压和涵盖，导致企事业单位熔入行政系统并成为其附属组织，成为政府老年公共服务供给的执行载体。在城市，这突出体现为“单位办社会”，即单位从一个生产职能性组织演变为一个无所不包的“小福利国家”。“集权熔合”还突出体现为老年公共服务筹融资渠道单一，基本都来源于国家财政拨付。如 1963 年颁布的《国务院关于编制管理的暂行规定》明确规定，“凡是为国家创造或者改善生产条件，促进社会福利，满足人民文化、教育、卫生等需要，其经费由国家事业费内开支的单位均为事业编制”。这些政策规范从财政资源的角度将当时的老年公共服务规划、产品提供等权限全部集中于政府部门，作为老年公共服务直接供给者的企事业单位只是政府指令执行者。

应当说，“集权熔合—公平至上”型的服务模式与建国初期生产力水平低下、社会资源总量极度匮乏的现实国情相适应，也推动了当时经济社会的发展，满足了广大人民群众对老年服务的低度需求。然而，以“公平”为至上原则却无法发挥服务差异性在调动人们工作积极性方面的作用，形成了一种老年公共服务满足度普遍偏低的低层次的公平。随着以市场为导向的经济体制改革的到来，这一模式必然走向转型。

2. “解制分立—效率优先”型老年公共服务模式（1978—2003 年）

1978 年开启了中国改革开放的伟大历程，这也是社会主义市场经济体制的起点。之后，伴随着经济体制和政治体制的革新，传统计划经济时期以“公平至上”的“集权熔合—公平至上”型老年公共服务模式开始向以“效率优先，兼顾公平”的“解制分立—效率优先”型老年公共服务模式转变。后一模式在价值追求上体现为对老年公共服务供给的效率关注，在制度设计上，则逐步形成“解制分立”的局面。这种解制分立体现在两个方面：第一，政府与市场、社会开始逐步分离，以前由政府及其附属组织单位垄断供给的公共服务开始部分向市场和社会领域开放，尤其是市场机制在公共服务供给中的地位日益凸显。第二，老年公共服务供给在政府系统内部也开始了以“解制分立”为导向的改革，中央政府逐步将公共服务供给决策权、融资权等分解到各级地方政府。这种模式在现实社会生活中体现为“社会办福利”。

“解制分立—效率优先”型老年公共服务模式极大地激发了各级地方政府以及市场主体和社会主体在老年服务供给方面的能量，推动了老年公共服务总量和质量的迅速提升。然而，随着改革的深入和中国社会利益格局日益多元化，这一模式的弊端日益显现。一方面，政府对老年公共服务市场化的认识不足导致其责任偏失，部分地区出现了政府将老年服务责任向市场和社会“甩包袱”的情况；另一方面，在“解制分立”型老年公共服务模式下，由于不同地区、不同层级政府财力差距悬殊，导致各地对老年服务的投入极不均衡，损害了老年公共服务的公平特质。

3. “多元竞合—均等共享”型老公共服务模式（2003 年至今）

进入 21 世纪，中国经济的持续增长以及长期以来经济社会压力积聚推动了老年公共服务模式的再次转型。2003 年，中共十六届三中全会通过《关于进一步深化经济体制改革若干问题的决定》，提出“科学发展观”和完善社会主义市场经济体制的目标和任务，提出加强政府社会管理和公共服务职能。中共十六届六中全会通过《关于构建社会主义和谐社会的决定》，把逐步实现基本公共服务均等化作为建设社会主义和谐社会的重要目标和基本任务。党的十七大提出“发展为了人民、发展依靠人民、发展成果由人民共享”，并把建设服务型政府和完善公共服务体系作为建设中国特色社会主义民主政治的重要组成部分，最终确立了新时期中国公共服务模式发展的新方向。“基本公共服务均等化”是这一时期老年公共服务模式的典型特征，其基本价值理念体现在以人为本，以社会公平正义为最高准则，在全国范围内实现老年公共服务供给的普遍国民待遇，并将“人人享有基本医疗卫生服务”确立为全面建设小康社会的重要目标之一。在公共服务需求总量巨大且需求日益多样化、复杂化、优质化的形势下，要践行公共服务均等共享的价值理念，必然要求实施多元竞合的制度安排。政府逐步由“全能政府”向有限政府转型，逐步引导企业和社会公益组织参与不同层面、不同领域公共服务的供给。“伙伴关系”成为这一时期老年公共服务多元主体之间的关系特质，政府、市场、社会等多元供给主体之间形成既相互合作，又相互竞争的局面，有效实现多元主体之间的优势互补。

“多元竞合—均等共享”型老年公共服务模式的建构是中国政府建设服务型政府的必然选择。值得指出的是，这一时期公共服务均等的价值理念不是对改革开放前“公平至上”理念的简单复制，两者存在质的不同，体现为一种螺旋形的理念提升，并且已初步形成由政府承担主要责任、基本老年服务均等化和高层次公共服务市场化的共识。

第三节 老年公共服务体系的运行机制

老年公共服务体系是为了满足老年人需求，提升老年人生活质量，形成的基础设施、组织机构、专业人才和技术要素有效组合的工作网络。这一工作网络包含了老年服务供需主体对于公共服务的目的与意义，公共服务供需双方关系，供给过程中政府、市场、社会的角色定位与相互关系等方面的理性认识，进而决定了老年公共服务的制度设计（体制机制构建）和具体运作技术的选择，如老年公共服务供需过程中的体制、机制等的制度安排。老年公共服务体系运行机制是整个公共服务体系的中间构件，它上面承接价值理念层面，下面接续技术选择层面，起到承上启下的作用。它一方面使老年公共服务的价值理念得以具体实现，另一方面则决定着公共服务供需过程中具体技术、方法手段的选择。

一、老年公共服务体系的运行环境

对任何一项制度现实价值的考量，都离不开对其生态环境的考察。对老年公共服务体系来说同样如此。老年公共服务体系作为满足老年人需求，提升老年人生活质量，由设施、组织、人才和技术等要素形成的工作网络，因其供给主体是由国家、家庭、社会与市场多元主体共同构成。因此，它受内外两种生态环境的制约和影响。从外部来说，老年公共服务涉及在一国或一个地方行政区域内的老年需求环境、经济支持环境、政治导向、社会环境等。从内部来说，老年公共服务涉及公共机构内部的管理者、组织机构设置、行政权力规范化、行政考核、行政理念等。

1. 经济环境

经济环境是指一个国家或地区的经济结构、经济发展水平。一般来说，一个国家或地区的经济结构、经济发展总体水平决定该区域的老年公共服务和产品供给的上限。经济发展较好的地区，能够为老年公共服务和产品提供所需的财物支持，为提升老年公共服务体系建设提供一个健康良好的发展环境。因此，良好的经济环境能够增强政府的财政实力，使得政府有能力探索自身的创新机制，有能力加大对老年公共服务领域的公共支出。换言之，老年公共服务标准的提升、公共基础设施的建立都需要经济的支持，只有经济发展了，才能满足老年服务的基本需求。否则，缺少了经济基础这一前提条件，令人满意的老年公共服务是不可能实现的。再者，在老年公共服务体系中引入市场机制不仅能够带来公共服务效率的提高，降低服务成本，而且也能够给老年人带来更多的选择机会。在市场机制发育不健全的社会里，没有足够的服务和产品供给者为老年人提供真正的选择，也就是说，公共服务市场是垄断性的。在这种情况下，即使政府通过契约外包，也只不过是由私人垄断取代政府垄断而已。因此，有效的市场竞争、良好的市场环境是老年公共服务体系有效运行的内在动力，也是实现以老年人基本需求为导向的先决条件。

2. 社会环境

社会环境是指对老年公共服务体系产生影响的社会人文因素，包括公众需求、社会组织的参与程度、社区发展程度等。老年公共服务虽然主要由政府主导，但是如果要实现令人满意的老年公共服务和产品提供，仍然涉及多元相关者。在市场经济中，有效需求的旺盛能够拉动经济的稳定增长。虽然老年公共服务和产品由政府主导，但是随着政府职能转变的加快以及服务型政府的逐渐形成，“需求导向”已经成为政府提供老年公共服务所应遵循的原则之一。在“需求导向”之下，政府要倾听民声，提供公众意见平台，根据公众需求来制定公共服务标准。随着公众生活水平的提高以及公民意识的觉醒，公众对老年公共服务从“量”上的需求上升到“质”的需求。就老年人的基本服务和老年公共服务基础来看，公众需要的是“等量”的服务；就老年公共服务质量来讲，公众需要的是优质并且“同质”的服务。“等量同质”的老年公共服务既保障了老年人平等享受公共服务的权利，也进一步促进了社会的稳定与和谐。再者，社会组织参与老年公共服务及产品的提供，是政府主导模式下的有效补充，能够形成公共服务供给的多元模式。社会组织本身就是老年公共服务的提供者和承担者，是政府在提供老年公共服务过程中的有力合作伙伴。如果社会组织支持并参与老年公共基础设施建设，将能够缓冲政府在这方面的财政压力与负担。在基层老年公共服务方面，社会组织也能够起到协助、沟通的作用。作为政府与市场之间的中介组织，成为老年需求、社会需求与政府行动、政府反馈之间的桥梁。

3. 行政环境

行政环境就是政府管理的环境，是政府对老年公共产品和服务的提供所产生的各种直接或间接影响因素的总和。在中国，行政环境由中央精神、法律制度、方针政策等要素构成。“中央精神”对老年公共服务体系的建构形成一种自上而下的“非正式命令”，老年公共服务供给的内容、产品供给的方式、老年公共服务的运行模式等，都与“中央精神”“红头文件”密不可分。这种“非正式命令”，通过自上而下地学习、细化、部署，形成相关法规政策，自上而下地构成由中央至地方的“任务压力”，形成行政环境外生推力的最终力量。法律制度对老年公共服务体系建设的内容范围、主体对象、标准原则、运作方式等进行的规范与保障，能够推动老年公共服务体系的规范化、制度化与长效化建设，落实公共服务体系建设中的责任归属，保障公共服务体系建设的有序进行。方针政策为公共服务体系的建设提供另一种引导性的行政推力。在推进老年公共服务试点的过程中，由于法律环境的不健全，国家与地方主要通过政策文件对老年公共服务项目工程进行“顶层设计”，对老年公共服务建设产生引导、推动与规范的作用。

4. 技术环境

提升老年公共服务质量，不仅仅是服务的意识问题、态度问题，更多的是服务方法问题、技术问题，需要切实可行的管理工具。老年公共服务项目需要通过特定的实施方案或者可操作性的工具运用到实践中。实施方案的制定需要与家庭、社区、社会组织合作，项目的调研、计划、实施等需要相关专业人才，并投入较大的工作量与成本。政府通过使用有关老年公共服务的标准化工具，可以直接将理论运用到实践，提高了老年公共服务的效率与质量，提升包括老年人在内的社会公众的满意度。

5. 组织环境

组织环境是影响老年公共服务的最直接要素，是推动公共服务有效发展的内生力量，它包括行政人员、组织机构、权责设置，以及行政考核等。在老年公共服务政府主导模式下，领导者在政府改革中的重要作用决定老年公共服务的资源的获取，领导人支持性态度是能否实现公共服务目标的关键性因素。其次，高层领导的支持，还能带动政府部门工作人员的积极性，增强政府部门工作人员的配合程度，以及对公共服务工作的重视程度，降低政府部门的改革惰性。老年公共服务工作人员服务意识也影响着公共服务目标的实现与否。一般来讲，公共服务意识越强烈，就能越积极地参与到老年公共服务工作中。怀抱着为老年人服务的愿景，不断提高自身的公共服务水平。然而，由于传统的官僚制思维对工作人员有着深刻的影响，“官本位”的思想没有从根本上改变，直接影响了工作人员的服务意识和责任意识。因此，不成熟的服务理念将对老年公共服务产生隐性阻力。老年公共服务人员的专业程度，也会影响公共服务的实施。在公共服务过程中，要求服务人员要有一定的专业素养，既要掌握老年公共服务的内容、标准、技能等，又要懂得公共服务部门运行的实际概况。

二、老年公共服务体系的运行主体

在传统社会，老年公共产品和服务主要依靠政府通过行政权力的运作来提供，这是一种源自外在干预的行政权力机制。这种机制突出以政府为主体、以权力运作方式为手段的服务模式，政府扮演着资源配置者、服务安排者和具体的服务生产者合一的角色，直接向社会提供各种类型的公共服务。随着经济领域和社会领域私人组织力量的发展，在公共服务供给领域呈现多主体倾向，通过引进市场机制，改变了政府供给公共服务、市场供给私人服务的二元分离格局。老年公共服务运行主体由政府一元主体转变为国家、家庭、社会与市场多元主体良性互动格局。

（1）国家。国家在概念上指向某一行政区域内的主权代表，它代表的是拥有全体社会成员并具有强制力量的行动者，国家的表现形式是各级政府。老年公共服务这一主体具有的特征在于代表老年利益的公共性和凌驾于社会之上的权威性。政府自国家产生以来一直是公共管理和公共服务的主导者。西方国家早期的政府组织扮演“守夜人”的角色，其职能集中在国家安全不受侵犯、公正司法以及建设并维护某些公共事业和公共设施。随着国家行政力量的扩张，政府提供的公共物品已经扩展到文化、科技、教育、环境保护、社会福利等社会的各个方面。我国在计划经济阶段更是包罗万象，甚至一些私人产品也由政府提供。在当前老年公共服务市场化的过程中，政府组织仍将是公共服务和产品的提供者，只是提供的范围会有所改变。政府应该致力于提供那些非竞争性和非排除性的纯公共产品、非政府力量不愿或难以供给的外部性大的公共物品。这里所讲的政府，不是就整个政府而言，而是一个个政府内部提供公共服务的部门、单位、机构，是老年公共服务及产品供给的参与主体。

（2）社会。公共政策层面的社会也可以称为“公民社会”，是指围绕共同的利益、目的和价值上的非强制性的行为集体。公民社会大致处于国家与市场之间，又独立于国家与市场。随着社会的发展和文明的进步，人们越来越有愿望和能力组织起来做一些事情，这些事情恰恰是政府和企业在提供公共服务时均难以顾及和不易解决的，例如关注弱势群体、自愿捐助和志愿服务、环境保护以及行业自律等方面。美国约翰·霍普金斯大学的莱斯特·萨拉蒙（Leste M. Salamoll）教授认为组织性、民间性、非营利性、自治性、志愿性和公益性是“第三域”的六个关键特征。一般而言，在志愿和社区基础上，为了公众利益和目标而进行的社会行动，以及承载这些行动的组织和机构，都是公民社会的精华要素。在市场化背景下，第三部门作为一个老年公共服务供给的独特参与主体，有着自己的优势，已经越来越受到人们的重视。

（3）市场。市场是以供求关系为基础，以平等交换与自由竞争为原则，通过个人消费选择而满足需求的场所，其基本功能是满足效益和效率的最大化，其表现形式是营利性的私企业（雇主）和个人（雇员）。西方的一些学者称之为私人部门。从我国的现状来看，企业组织并非都是纯私人的组织。由于所有制和产权的不同，我国的企业有国有、私营、股份、外资等多种类别和形式，不能一概而论。但它们共同的特征在于营利性，这是与其他组织不同的根本点，也因此决定了企业最完全的竞争性。老年公共服务及产品由企业组织来提供，正是利用其竞争性和活力，来改善老年公共服务质量，促进和激发效率的提高。由于企业的特性所在，提供服务最有效的范围在于部分准公共产品和纯私人产品。

（4）家庭。家庭是指在婚姻、血缘或收养关系基础上产生的，由亲属之间所构成的社会生活单位。家庭是最早，也是最重要的社会组织。在公共政策范畴内，家庭的概念往往被作为传统支持网络的代名词，成为为政策目标提供老年服务的特定单位或部门。

除此之外，还有社区自治组织。社区自治组织通常表示由具有共同价值取向的同质人口组成的关系密切、守望相助、富于人情味的社会共同体。社区的性质是基层群众性的自治组织，在我国，由于行政体制的原因，社区（包括城市中的居委会和农村中村委会）带有浓重的行政色彩，社区成了政府职能部门的延伸，丧失了“自我管理、自我教育，自我服务”的初衷。对于市场化背景下的老年公共服务而言，社区自治组织作为一个独立的参与主体，在便民利民服务、老年文化教育等众多方面，有着其他主体难以替代的作用。

三、老年公共服务体系的运行目标

从中国经济社会与人口老龄化的发展现状和未来发展趋势出发，考虑到中国社会形态和社会结构的变化，老年公共服务的目标应当由“补缺型”向“适度普惠型”转变。也就是说，从现在开始到21世纪中叶，中国应当建立“适度普惠型”老年公共服务体系。这既能够在更大程度上满足老年人的基本需求，有利于经济的发展和社会的稳定，也有利于中国社会主义和谐社会的构建。

所谓“适度普惠”是在综合考虑中国当前的经济发展和社会发展的基础上，将包括养老服务在内的老年公共服务的受益群体逐渐由“三无老人”扩大到所有的老年人，并不断提高公共服务水平。借鉴“底线公平”的发展理念，对“底线”之下的老年服务基本需求，由政府负全责兜底保障；对“底线”之上的老年服务需求可以由市场、企业、社会组织以及个人来承担。具体来说，它包含以下几层含义：

（1）“适度普惠”要求老年公共服务体系与社会经济发展相适应，既不能超前也不能落后。换言之，“适度普惠”既不能脱离经济社会发展的实际情况，一味追求一些发达国家所实行的高福利，也不能忽视社会福利事业的发展，导致老年群体无法享受到社会经济发展的成果。

（2）“适度普惠”以社会的全面发展为前提，只有社会的各个方面都得到了充分的发展，才有可能为老年群体提供充分的物质条件以及相应的发展环境。

（3）“适度普惠”不是要求平均化。平均主义会挫伤人们的积极性与创造性，严重阻碍社会的发展，“适度普惠”是能够充分调动人们的积极性和创造性的新的社会福利理念。

（4）“适度普惠”为老年人提供的不仅是物质上的满足，而且应当使社会成员享有均等的公共服务水准，享有均等的发展机会。

因此，以“适度普惠”为目标的老年服务体系应该保证“不论是谁，无论何时，无论何地都能享受必要的服务”，应该能够确保老年人养老服务的自立性、普遍性、权利性、公平性和选择性，是对有需求的老年人进行自立性援助的一种制度。自立性，即老年人不依赖别人。援助，即帮助、辅助之义。通过社会性的援助，使有老年服务需求的老年人始终保持尊严、保持自立。普遍性是指老年公共服务的对象应该是针对所有具有服务需求的老年人。也就是说，不论是谁，不论其经济条件如何，不论其家庭成员如何，只要有需求就可以就近接受服务。权利性是指老年人享受老年公共服务不是一种恩惠和慈善事业，而是一种权利。这是老年人生存权的体现，生存权是老年人应当享有的、维持正常生活所必需的基本条件的权利，是最基本的人权，也是享受其他人权的前提。随着老年人身体机能的衰退，他们的劳动能力和为社会创造财富的能力也随之下降。但是，老年人的生存权并不会因为这些能力的退化而消失。公平性所体现的是老年公共服务是公平公正的，包括养老的公平、财源负担的公平、个人负担的公平。但在什么水平上公平，或者在财源筹集上如何实现公平，则需要深入研究。这里所强调的公平也只是一种相对的公平，不是提倡平均主义。选择性所体现的是有老年服务需求的老年人对必要的基本服务能有所选择。由于受到经济条件、文化程度、职业类型等多种因素的影响，老年人对公共服务的选择也存在着明显的差别。应当充分尊重老年人对老年公共服务方式和内容的选择，以便为他们提供具有个性化和多元化的服务。为了保证老年人的选择权，提供一定数量的服务项目供其选择是十分必要的。

总之，以“适度普惠”为目标的养老服务体系是以援助个人保持自立为理念，能够真正体现老年公共服务的普遍性、公平性、权利性和选择性，符合老年公共服务体系建设的基本要求。

四、老年公共服务及公共产品的供给方式

老年公共服务是政府以及公共组织运用其权威性资源，根据特定的公共价值，如权利、公平、正义等，通过公共政策回应老年人的社会需求，并履行相应职能，使最多数的老年人得到最大的福利。其中，提供什么类型的服务，如何提供公共服务，是政府及公共组织履行服务职能需要解决的基本问题。满足老年人的基本需求，提升老年公共服务供给质量，履行政府及公共组织服务职能，是老年公共服务体系设置的基

本目的。现实中，受主客观因素、内外环境的变化，以及受资源禀赋、个体偏好、交易成本、受益范围、制度安排、服务特点等因素的影响和约束，老年服务供给方式也不同。纵观老年公共服务和产品的供给方式，依照供给主体、供给理念、供给机制、供给内容、供求矛盾的变化，其供给方式大致可以分为五种形态："行政化供给""市场化供给""社会化供给""混合化供给""网络化供给"等。

（1）行政化供给方式。行政化供给的方式是政府全能主义的体现，它是指政府作为公共责任的承担者，为实现公共利益目标，凭借其权威，投入公共财政及其他公共资源，以权力运作方式向老年人生产或提供所需的公共服务。在这种供给模式下，政府主要扮演政策的制定者、资金的供应者和生产安排者的角色，通过直接提供、委托生产、合同外包、特许经营等方式来提供老年服务和产品。

（2）市场化供给方式。市场化供给方式以追求效率最大化为其价值取向。市场机制作为资源配置的有效方式之一，它不仅能够有效地配置经济资源，而且也能够有效地配置社会资源。市场供给模式是指在老年公共服务和产品的供给中借鉴市场机制，打破政府垄断，引入竞争机制，提高老年服务质量，改善供给效率。在老年服务和产品的市场供给中，政府与市场之间既是管制与被管制的关系，又是以公共利益为核心的合作伙伴关系。市场化供给方式是为了克服行政化供给方式存在的弊端，即政府失灵现象，所实施的替代性的老年公共服务方式。尽管采用的是市场化方式供给老年服务，但它仍具有公共性。因此，承担公共责任，接受政府规制和公众监督是营利性组织市场供给老年公共服务的必要条件。

（3）社会化供给方式。社会化供给方式是社会走向自主治理发展趋向。市民社会（直接民主）的回归，以及市民社会（公民参与和自主治理）承担市场失灵和政府失灵的大多数领域的服务职能，体现了全球化背景下的公共权力转移。公共权力由原来民族国家单一主体实施运行转变为由政治国家、市场经济和市民社会三元主体共同实施。老年公共服务社会化供给方式是在政府无力、无法满足老年公共服务需要，或者政府提供的老年公共服务和产品的成本过高，或企业在市场化运作中有一些事务是本身无力、无法解决的，或者企业解决这类问题成本过高的情况下，市民社会依赖政府的委托和政策优惠、企业组织及个人的资金资助，以自愿性方式，自主提供公共服务，满足老年基本需求，实现公共利益。他们以其专业性和志愿性，针对社会问题广泛开展活动，在解决老年服务供需矛盾、提升老年公共服务和产品的质量与效率、回应老年人的多样化需求方面发挥重要作用。

（4）混合化供给方式。混合化供给方式是工具最优选择的体现。公共池塘资源理论认为，表面上杂乱无章的公共服务领域实际上是有章可循的，就是说公共物品和服务不是完全相同的，不同种类的公共物品和服务应该通过不同的方式提供。国家或市场提供公共产品和服务并不是解决公共事务问题的唯一方案，应当在政府与市场之外寻求新的路径。混合化模式认为政府、营利部门和志愿组织三者作为现代老年服务和公共产品的提供主体，它们共同形成了一种互动的伙伴关系，这种互动的伙伴关系使他们在角色与功能发挥上形成一种互补性。政府在推动社会发展方面的职责主要是制定政策与监控，营利部门的主要职责是提供产品与服务，非政府、非营利的志愿组织的职责是培育焕然一新的人，它创造习俗、视野、认同感与知识。三者之间形成的这种伙伴关系，是一种密切合作，相互有所分工和协调的关系。可以在最大程度上实现对集体行动中机会主义的遏制以及公共利益的持续发展。

（5）网络化供给方式。网络化供给方式体现的是多方协同合作关系。在网络、大数据、物联网和人工智能的技术支持下，对政府、市场、社会等多元供给主体做出相应的制度安排，使其相互协作，扩展公共服务供给主体的范围，共同构成公共服务网络，为老年人提供公共服务。

综观老年公共服务和产品的供给方式，行政化供给方式由于官僚主义作风严重，具有政府供给低效、低质量的风险；市场化供给方式在缺乏强力约束条件下产生道德风险、逆向选择等现象，使得公共服务公平、正义价值缺失；社会化供给方式中社会组织缺乏规制，造成公共服务供给的无序混乱。于是，政府失灵、市场失灵乃至社会失灵相继出现，催生出新型供给方式——老年公共服务网络化供给方式。老年公共服务网络化供给方式是综合政府、市场、社会组织乃至公民个人多方参与的老年公共服务供给体系。它在纵向上建立起政府层级结构的权力线，在横向上建立起各种合作伙伴的行动线。这种新型供给方式，既涉及政府内部整体性的改革，又包含政府与其他社会主体合作伙伴关系的塑造，充分发挥政府、企业、非政府组织、公民等社会组织及行为者各自资源、知识、技术等优势，在老年公共服务供给中体现出更深层次的公私合作及更高水平的网络管理能力，实现老年服务“整体大于部分之和”的治理功效，不断提升老年服务的供给效率和质量，逐步趋向公共服务供求均衡状态。

思考题

1. 简述老年公共服务的概念及其特征。
2. 简述老年公共服务的功能。
3. 老年公共服务有哪些运行模式？
4. 老年公共服务体系的运行主体有哪些？
5. 我国老年公共服务体系的运行目标是什么？
6. 简述老年公共服务及产品的供给方式有哪些？

第二章阅读材料

第三章

老年公共服务政策

本章要点

1. 掌握：老年公共服务政策的生命周期以及评价过程。
2. 熟悉：老年公共服务政策的概念、特征和功能。
3. 了解：老年公共服务政策的主体、客体以及环境。

本章课程思政目标

通过学习老年公共服务政策的内涵，通过分析老年公共服务政策的主体、客体、环境和工具，切实了解老年公共服务政策的生命周期和效应评价，培养学生的规则意识、政策意识和法治意识，树立遵章守纪、依法依规服务的观念，为新时代老年公共服务供给培育有担当、有作为的改革者和创新者。

导入案例

山东省民政厅等 11 部门联合印发《关于发布山东省基本养老公共服务清单的通知》(以下简称《通知》),进一步明确了老年人基本养老公共服务项目,特困老年人兜底保障项目、困难老年人养老服务项目、普惠型老年人服务和优待项目、养老服务优惠扶持项目等 4 大类 15 项具体服务项目。其中,特困老年人兜底保障项目包括特困老年人供养标准、特困老年人供养方式;困难老年人养老服务项目包括经济困难老年人补贴、为困难老年人购买居家养老服务、为特殊困难老年人家庭实施适老化改造、特殊家庭老年人巡访关爱;普惠型老年人服务和优待项目包括百岁老人长寿补贴、老年人健康管理、老年人文体休闲优待、老年人生活服务优待、老年人法律援助;养老服务优惠扶持项目包括养老服务资金安排、养老服务机构奖补、养老服务机构税费减免、社区养老服务设施配建。《通知》要求,2020 年 6 月底前,市、县发布基本养老公共服务清单,在省级服务项目基础上,进一步细化清单项目,明确服务对象、服务标准和支出责任。根据经济发展水平、老年人养老需求和有关政策规定,适时调整清单项目,及时公开发布,鼓励建立基本养老公共服务清单年度发布制度。此外,《通知》还要求,加强对清单落实情况的指导监督,优化服务流程,提高服务效率,确保清单项目落实到位。加快推进老年人需求评估、养老服务设施等级评定等工作,加强评估结果应用,逐步实现评估结果与基本养老公共服务供给标准、扶持政策挂钩,不断提高基本养老公共服务供给水平。

老年公共服务政策是为解决老年公共服务这一社会问题,权力主体在内外部环境等多元因素的影响下,制定满足老年群体对公共服务需求和利益配置的准则和方案,是调整、规范和管理老年公共服务的重要手段。本章主要对老年公共服务政策的内涵、主客体、生命周期以及效应评价等内容进行探讨。

第一节 老年公共服务政策概述

一、老年公共服务政策的概念

党的十八大以来,我国进入中国特色社会主义新时代,推动经济社会高质量发展已成为时代的需求。与此同时,我国老年人口比重持续增长,老龄人口比例远超国际平均标准,预计到 21 世纪中叶,我国将进入深度老龄化阶段。这一形势对老年公共服务政策提出了更高的要求。与其他公共政策一样,老年公共服务政策已经涵盖养老服务的各个领域和层面,直接影响着老年群体的物质和情感生活质量。因此,加强对老年公共服务政策的认识和了解，对推动老年公共服务发展创新、提升养老质量和完善政策体系具有重要的意义。

政策与人类文明相伴而生，具有源远流长的历史。在原始社会时期，没有阶级和国家，人与人之间的关系更多靠以血缘为纽带的行为规范进行约束，这也成为政策的原始雏形。随着生产力的不断发展与人类文明的进步，阶级和国家的出现，统治阶级为维护自身利益和统治权力，依托国家权力制定相应的规则对社会进行控制和管理，政策得以产生。詹姆斯·安德森认为，政策是一个有目的的活动过程，而这些活动是由一个或一批行为者，为处理某一问题或有关事务而采取的。

公共政策具有显著的跨学科特征，不同研究领域和研究视角赋予了公共政策不同的内涵，尚未形成统一的内涵界定。公共行政学的开拓者威尔逊认为："公共政策是具有立法权的政治家制定出来的由公共行政人员所执行的法律和法规。"戴维·伊斯顿认为："公共政策是对全社会的价值作权威性分配。"安德森认为："公共政策是由政府机关或政府官员制定的政策。"我国学者孙光认为："政策是国家和政党为实现一定的总目标而确定的行动准则，它表现为对人们的利益进行分配和调节的政治措施和复杂的过程。"陈振明指出："政策是国家机关、政党及其他特定政治团体在特定时期为实现一定社会政治、经济和文化目标所采取的政治行为或规定的行为准则，它是一系列谋略、法令、措施、办法、方法、条例等的总称。"由此可以看出，公共政策是社会公共权威在特定情境中，为达到一定目标而制定的行动方案或行动准则，其作用是规范和指导有关机构、团体或个人的行动，其表达形式包括法律法规、行政规定或命令、国家领导人的指示、政府大型规划、具体行动计划及相关策略等。

因此，本书在公共政策内涵的基础上，将老年公共服务政策界定为在老年公共服务的社会情境中，为了达到老年公共服务供给优化、老年公共服务质量提升这一目的而制定的行动方案和准则，其作用是规范和指导有关部门的行为，具体表现在法律法规、计划和规划等多个方面。

二、老年公共服务政策的特征

在不同的历史时期，受国家制度、政治经济文化发展状况的影响，老年公共服务政策在内容和表现形式呈现出不同的特征，具体包含权威性、公共性、稳定性、周期性和阶段性。

（一）权威性

权威性是公共政策的显著特征，是政策全面、有效推行的基础。老年公共服务政策是调节社会关系、实现以人民为中心的重要环节，政策的有效运行离不开其权威性予以保障。老年公共服务政策制定、出台、执行的主体是具备强制力和权威性的公共部门，公共部门的权威赋予了老年公共服务政策的权威性，直接凸显了它的政治性。老年公共服务政策是统治阶级优化老年公共服务供给、提升老年公共服务质量、优化老年公共服务体系的重要手段，是维护统治阶级利益的重要表现形式。因此，作为国家意志执行的老年公共服务部门在制定和执行政策时，会赋予整个政策的合法性和权威性，在既定历史情形下，甚至会以公共部门的强制力推动政策的执行，进一步突出了老年公共服务政策的权威性特征。

（二）公共性

公共性是老年公共服务政策的本质特征，决定了其维护老年群体利益的根本属性。政策制定和出台的目的是解决老年群体面临的公共服务问题，是优化老年公共服务供给、提升老年公共服务质量和保障老年群体权益的重要手段，对化解社会矛盾、促进社会良性发展有着重要意义。老年公共服务政策是党和政府为解决老年公共服务面临的相关问题而制定的，这就决定了其必然具有显著的公共性特征。老年公共服务政策是公共部门进行公共服务管理、确保老年公共服务协调发展进而维护社会稳定的重要手段，是从绝大多数老年群体的公共利益出发制定和实施的行为规范，如若脱离公共性，老年公共服务政策就可能成为部分人、组织牟取私利的工具，从而偏离政策制定的初衷。

（三）稳定性

政策一旦形成就具有极强的稳定性，稳定性是政策得以运行的重要保证。“政策不但要对，而且要稳定，要有连续性”。老年公共服务政策是党和国家优化老年公共服务供给、提升老年公共服务质量的重要手段，是保障老年群体权益的重要方式，这就要求政策必须具备稳定性。政策只有在一定时期内保持稳定，老年公共服务供给才有政策保障，其政策的正向效应才能实现。稳定性的显著表现就是政策的连续性和严肃性，特定历史时期的老年公共服务政策保持不变，不同历史时期的老年公共服务政策具有延续性，通过前后一致、新旧衔接凸显其稳定性。在政策演变进程中，政策立法即政策上升为法律是确保政策稳定性的重要突进，通过政策立法可以有效保证老年公共服务政策不受地区差异、领导人偏好以及机构改革等因素的影响，从根本上防止政策出现大起大落的现象。与此同时，制度一旦确立便具有了滞后性。老年公共服务政策制定和出台之后就具有了一定的滞后性，随着经济社会的发展和公共服务体系的完善，老年公共服务政策也应不断调整、更新，在变化中保持政策的延续性，实现政策的动态稳定。由此可以看出，政策的稳定性是相对的，要实现稳定性和变动性的有机统一，推进老年公共服务政策体系的完善和发展，提升老年公共服务质量。

（四）周期性

政策是一个完整的实践过程，具有产生—发展—消亡的周期性特征。老年公共服务政策过程包含政策问题界定、政策目标确认、政策方案拟定、政策实施、政策评估以及政策终结等环节，是一个完整的闭环体系。随着政治、经济、社会的发展以及人的主观因素变化，老年公共服务政策的内涵与外延也会随之改变，当已有政策不适应老年公共服务发展的新形势和新矛盾时，便会制定和出台新的老年公共服务政策，已有政策走向终结，从而形成一个完整的政策生命周期。因此，老年公共服务政策具有显著的周期性特征。

（五）阶段性

政策是一个变化发展的过程，在不同的阶段，政策的侧重点与关注点不同，呈现出显著的阶段性特征。具体而言，老年公共服务政策可划分为两个阶段，即政策制定阶段与后政策制定阶段，前一个阶段是政策的制定出台过程，包含了问题界定、议程建立、方案评估等一系列环节；后一阶段主要涉及政策实施、评估、调整和终结等环节。受区域差异以及层级差异等因素的影响，老年公共服务政策不同阶段的不同环节也呈现出层次性的特征，这就要求老年公共服务政策制定不能“一刀切”，要因地制宜，结合不同层级和区域的实际，在中央统一的高层次政策指导下，不同层级、不同区域的管理部门，制定具体化的、可操作性的辅助性政策，切实推进老年公共服务政策的落地和实施。

三、老年公共服务政策的功能

所谓老年公共服务政策的功能，就是其在服务和管理老年公共事务过程中所发挥的作用和产生的效应，这种作用和效应是通过政策的地位结构表现出来的，是通过完善老年公共服务体系、提升老年公共服务质量和优化老年公共服务供给等目标来判定的。老年公共服务政策的功能是针对老年公共服务领域的系列公共问题产生治理效能，具有导向、管制、调控以及分配等功能。

（一）导向功能

老年公共服务管理部门围绕解决老年公共服务中存在的问题这一特定目标，通过制定老年公共服务政策对相关主体的行为加以引导，通过观念引导和行为引导的方式，使其行为朝着政策目标展开，进而往政策制定者所期望的方向发展，使老年公共服务政策具有显著的导向性。老年公共服务政策的导向功能主要体现在以下两个方面：一是规定政策目标，老年公共服务领域涉及因素众多，不同地区、不同层次的老年人口有着各种各样的服务需求，通过制定老年公共服务政策，将原本复杂的、冲突的和无目标的老年公共服务领域纳入统一、明确的轨道，进而促进老年公共服务的有序发展；二是政策在推进老年公共服务的过程中，发挥着教育指导、统一认识、协调行动和因势利导的作用，不仅明确如何展开老年公共服务供给，还要使老年公共服务主体明确如何选择更好的服务方式，更好地为老年群体提供服务。

老年公共服务政策的导向功能包含直接引导和间接引导两种作用形式。在政策目标及相应服务标准的指引下，有效调动老年公共服务主体的积极性和主动性，保障老年公共服务供给，提升老年公共服务质量。同时，老年公共服务政策目标的达成需要一系列的配套政策予以支撑，在政策的驱动下，间接主体亦有效参与到老年公共服务供给过程中，客观上推动老年公共服务水平的提升。

老年公共服务政策运行过程中，其不仅有正向功能，也会产生负向功能。所谓正向功能，就是指政策与老年公共服务发展实际相匹配，符合老年公共服务发展的客观规律，进而对推动老年公共服务水平的提升产生了正确的引导。所谓负向功能，就是政策脱离国家经济社会发展实际，与老年公共服务的客观需求和发展现状不匹配，进而产生错误的方向指引，不利于老年公共服务水平的提升。老年公共服务政策负向功能的产生并非完全是政策本身的问题，在一定的情形下，正确的政策亦能产生负向功能。

老年公共服务政策导向功能是客观存在的，不以人的主观意志为转移，在政策运行过程中，要为充分创造有利条件突出正向功能，同时也要科学地认识负向功能，发挥主观能动性，为减弱甚至消除负向功能创造条件。

（二）管制功能

老年公共服务政策的管制功能是指其对人的行为和事物的发展起到制约或促进作用。老年公共服务政策的出台就是为了解决老年公共服务的一系列问题，相关部门通过制定政策对符合发展期望的行为予以鼓励，对违背期望的行为予以制止或惩处，从而达到对整个领域的控制。与其他公共政策一样，老年公共服务政策的管制功能主要通过积极性管制和消极性管制两种途径以达成目标。所谓积极性管制，就是在相关条文中突出正激励效应，明确规定在老年公共服务过程中何种行为应进行物质或精神层面的奖励，从而达到该行为的重复性和扩展性出现，进而减少和降低其他非有效行为的出现概率。所谓消极性管制，就是在相关条文中明确负激励效应，对老年公共服务领域中出现的失范行为进行惩处，从而达到警示和震慑的效果，进而减少老年公共服务失范行为的发生。总体而言，管制功能的积极性管制和消极性管制是相伴而生的，其根本目的都是规范和约束老年公共服务的相关行为，在一定条件下，积极管制和消极管制能相互转化。

（三）调控功能

老年公共服务政策的调控功能是指相关部门借助政策手段对老年公共服务领域产生的各种问题与冲突进行调节与控制。随着经济社会的发展，受区域差异以及老年群体异质性等因素的影响，老年群体对公共服务的需求呈现出显著的差异性。为了更好地平衡不同老年群体的需求，提升老年公共服务水平，作为老年公共服务发展重要依据和保障的老年公共服务政策要承担起调节相关差异性和冲突的重任。就调控形式而言，可分为直接调控和间接调控两种类型。所谓直接调控，是指针对当前老年公共服务发展滞后、水平较低的现状，在政策实施过程中对老年公共服务供给方式改革、供给质量提升以及缩小老年公共服务区域差异等进行明确的规定，对老年公共服务水平的提升起到直接调控的作用。所谓间接调控，是指相关政策实施过程中，对引入多元主体进入老年公共服务领域，强化老年公共服务的竞争性、优化老年公共服务资源配置起到了间接的调控作用。

老年公共服务政策不仅指明了推进老年公共服务的发展应从哪些方面着手，约束和规范了老年公共服务供给主体的相关行为，同时也对老年公共服务发展的阶段性和时间性进行了安排，这就必然对相关主体的行为起到一定的引导和调控作用。在不同的历史时期，受经济社会发展等因素的影响，老年公共服务需求的侧重点各有不同，老年公共服务政策在制定的过程中必然立足于历史实际，有目的、有针对性地推动老年公共服务发展与实际相契合。

（四）分配功能

从老年公共服务政策的概念来看，它在推进老年公共服务发展的进程中具有显著的价值或利益分配功能。老年公共服务政策之所以具备分配功能，主要是因为老年公共服务相关部门履行着再分配的职能，制定和实施老年公共服务政策的根本目的就是实现老年公共服务资源的有效分配和正确分配。与一般政策相同，老年公共服务政策也包含三种主要分配原则，即效率优先下的鼓励差别原则、公平主导下的牺牲效率原则和效率与公平有机统一的原则。在不同的时期，这三种原则发挥着不同的作用，其根本目的都是推进老年公共服务水平的提升。公共利益分配是公共政策的本质属性，利益分配也是老年公共服务政策的本质属性，其涉及将相关利益如何分配的问题，尤其在东西部差异和城乡差异日渐扩大的情形之下，如何切实推进老年公共服务资源的合理有效配置，实现老年公共服务供给的均衡化发展，是老年公共服务相关部门所必须思考的问题。因此，相关部门在围绕老年公共服务问题制定相关政策时，要综合考虑各类影响因素，推动老年公共服务均衡化发展，使广大老年群体共享改革开放、经济社会发展的伟大成果。

老年公共服务政策的导向功能、管制功能、调控功能和分配功能是有机统一的，不能将其进行简单的分割，政策运行过程中要结合实际充分发挥不同功能，有效地推动老年公共服务水平的提升，为“老有所依、老有所养”提供保障。

第二节 老年公共服务政策分析

一、老年公共服务政策主体

老年公共服务政策的主体是指老年公共服务供给行为的行为人，其直接或间接地参与到老年公共服务政策的制定过程之中。西方学者在公共政策主体界定中主要以权力为背景，划分为官方政策制定者和非官方参与者两大类。因此，老年公共服务政策的主体亦可分为官方制定者和非官方参与者两大类。

老年公共服务政策官方政策制定者包含了立法机关和行政机关。全国人民代表大会及其常务委员会是我国的最高国家权力机关和最高立法机关，是老年公共服务政策制定甚至推动老年公共服务立法的主要机关，对政策运行具有监督作用。政府是推动老年公共服务发展的关键，其行政权力是确保老年公共服务政策有效运行的基础，其制定的老年公共服务政策是党和国家法律法规的具体化，同时也是对相关法律法规的补充。随着行政立法的不断发展，政府部门制定的老年公共服务政策在经过长期的发展和完善之后，亦可上升为国家层面的法律。

所谓非官方参与者就是指政治体制之外的、不具备公共权力的老年公共服务政策参与者，包含公民、媒体与智库等，较之于官方制定者对老年公共服务政策的直接影响，其对老年公共服务政策的制定和运行起着间接影响，是推动老年公共政策体系完善过程中不可忽视的因素。老年公共服务政策的最终落脚点是老年群体，与公民的利益密切相关，只有公民最了解自己的需求，公民的行为、意见对老年公共服务政策的运行发挥着至关重要的作用，老年公共服务政策制定和实施过程中应充分注重与公民的互动。媒体是信息传递的重要载体，在引导舆论、信息传播等方面发挥着极为显著的作用。政府部门在制定老年公共服务政策的过程中，及时通过媒体将政策意图告知社会和公民，并借助这一载体回收社会和公众的信息，对提升老年公共服务政策的科学性、可操作性有着重要意义。智库是政策制定和评估的重要力量，借助其专业性对政策进行诊断，能有效提升政策的科学性，推进老年公共服务政策的发展和完善，进而提升老年公共服务政策的可操作性，促进我国老年公共服务水平的提升。

二、老年公共服务政策客体

政策客体是政策所面对的对象和产生影响的范围，包含政策所需解决的问题和目标群体两个方面。因此，老年公共服务政策的客体就是所需解决的老年公共服务问题和老年目标群体两个层面。公共政策的制定和出台都是以解决一定的公共问题为主要目的，老年公共服务政策是解决老年公共服务问题和满足老年群体需要的工具和手段，肩负着完善老年公共服务体系、优化老年公共服务质量、提升老年公共服务水平、保障老年群体生活质量和推进健康中国建设的重要使命。

（一）老年公共服务问题

随着经济社会的发展以及我国老龄化进程的不断加快，受养老保障体系、政策制度体系、经济社会发展等多元因素的影响，我国老年公共服务供给的实际状况与老年群体对公共服务需求的期待状态存在较大的差距，这种差距直接影响着社会的稳定和发展。面对不断加快的老龄化进程和日渐壮大的老年群体，党和国家高度关注老年公共服务的相关问题，在为人民服务的宗旨和以人民为中心理念的引领下，以提升老年群体公共服务质量为目的，相继制定和出台一系列的老年公共服务政策、措施和办法，不断推动老年公共服务体系的发展和完善。随着老年公共服务内涵与外延的扩展，其受到党和国家与社会的广泛关注，老年公共服务问题已成为我国当前及今后发展不得不面临的一个重要社会问题。与其他社会问题一样，老年公共服务问题同样也具有客观性、价值性、发展性以及系统性等特征。

1. 客观性

老年公共服务问题具有客观存在属性。所谓客观存在，就是指老年公共服务的存在以及需求状况是能够被人们认知和了解的，是老年群体切切实实的需求，没有客观存在亦无所谓老年公共服务问题，也就无须制定老年公共服务政策。在人类社会发展进程中，老年公共服务问题并非一成不变的，其会随着经济社会发展等外部环境因素的变化而发生改变。

2. 价值性

老年公共服务问题具有鲜明的价值属性。随着我国老龄化进程不断加快，如何有效解决“老有所养、老有所依”的问题受到全社会的关注，老年公共服务也成为理论界和实务界共同关注的热点问题。老年公共服务问题之所以受到各界的持续广泛关注，其主要因素便是人们的共同价值选择和目标取向，这种价值选择便是老年公共服务问题价值性的直接体现。

3. 发展性

老年公共服务问题具有显著的发展性。老年公共服务问题不是突然形成的，而是随着内外部环境因素的变化逐渐形成的，是一个从小到大、从潜在到显性、从小范围到大范围的一个发展变化过程。老年公共服务问题是伴随着我国人口老龄化问题而加剧，在经济社会不断发展的情况下，人民生活水平和医疗保障水平显著提升，预期寿命不断增长，老年群体比重持续加大，加之老年公共服务供给与制度建设长期处于滞后的状态，在此情形之下，老年公共服务问题亦不断地发展和凸显。

4. 系统性

老年公共服务问题具有系统性。任何具体的社会问题都不是以个体的形式存在的，是整个社会问题体系中的有机部分。老年公共服务问题不是一个单一的问题，是我国发展过程中面临的整个社会问题的一部分。同时，老年公共服务涉及方方面面，范围广泛，是一个复合的系统体系，彰显出老年公共服务问题的系统性属性。

（二）老年公共服务目标群体

“人”是公共政策的最终落脚点，公共政策的客体主要是其目标群体。所谓公共政策目标群体，是指公共政策对哪些群体产生影响和作用，这个作用既可以是利益的获取，也可以是受政策的规范、约束和管制。老年公共服务，顾名思义就是专门为老年群体提供的公共服务，老年群体便是其主要目标群体。

作为政策目标群体的老年群体，对政策的态度直接关乎老年公共服务政策的成败。老年群体对老年公共服务政策的理解、接受程度是判断整个政策是否有效的关键。一般情况下，老年群体对于老年公共服务政策的态度可划分为接受和不接受两种形式，根据接受或不接受程度分为完全接受与部分接受、积极接受与消极接受、完全不接受与部分不接受、积极不接受与消极不接受等几个方面。就目前我国老年公共服务政策而言，在很大程度上使绝大部分老年人获益，得到了有效的认可，这也为优化和完善老年公共服务政策体系、提升老年公共服务供给质量奠定了基础。

三、老年公共服务政策环境

环境是围绕某一事物并与该事物发生相互作用的内外部因素，彼此之间既有界限又相互渗透，对事物的发展产生各种各样的影响。政策运行是一个复杂的系统性工程，影响这个过程的所有因素亦构成政策运行的环境，包含内部环境与外部环境两个部分。老年公共服务政策环境就是影响老年公共服务政策运行的内外部因素的总和，其运行亦受一定的环境影响。因此，要推进老年公共服务政策体系的完善和发展，提升老年公共服务质量，就必须加强对影响老年公共服务政策实施效果的内外部环境因素进行研究与思考，进而制定符合我国国情的老年公共服务政策，切实实现“老有所依、老有所养”。老年公共服务政策是老年公共服务环境的产物，二者是辩证统一的，政策环境对老年公共服务政策具有直接影响，而老年公共服务政策则对政策环境起着重塑和改善作用。

（一）老年公共服务政策环境的内涵

老年公共服务政策环境就是作用和影响政策的所有外部条件的总和，其包含政治环境、生态环境、经济环境和社会文化环境等层面。

1. 政治环境

政治环境是指直接影响老年公共服务政策的各种政治因素的总和，具体包含政治制度、政治体制、政治结构、政治关系以及政治文化等。政治是统治阶级意志的直接体现，行政是统治阶级意志的执行，老年公共服务政策的制定是我国人民意志的体现，是党和国家“以人民为中心”的外显，是老年公共服务政策制定出台最为直接的影响因素。政治环境直接影响着老年公共服务政策的制定与实施，决策者必须在中国特色社会主义政治制度框架中进行老年公共服务政策问题建构，必须体现人民的意志，为人民的利益服务。同时政治环境也直接影响着老年公共服务政策的制定和执行质量，如果政策与政治环境不能有效契合，再完善的老年公共服务政策也难以发挥出其应有的作用和功能。

2. 生态环境

生态环境包含地理因素、自然资源等一系列生态要素，这些要素对老年公共服务政策产生一定的影响。生态环境是一个国家和地区发展的基础，是老年公共服务的立足点和出发点，其构成了老年公共服务政策系统最基础也是最稳定的环境。地理环境是政策的前提，不同地理环境下，老年群体的生产和生活方式具有不同的特点，差异性的生产和生活方式制约着老年公共服务政策的制定与实施，对老年公共服务政策起着长期性、稳定性的影响。

3. 经济环境

经济环境是指影响老年公共服务政策系统生存、发展和运行的经济要素的总和，包括生产力水平、生产资料所有制、经济发展速度与质量、经济制度、经济结构、经济体制以及经济总量等要素。经济环境是制定和执行老年公共服务政策的基本出发点，经济基础决定上层建筑，若想制定出科学的、可操作性强的老年公共服务政策，就必须立足经济发展实际，避免政策超出经济的可承受能力范围。经济环境为老年公共服务政策制定和实施提供资源保障，政策的制定、执行需要一定的人力、物力和财力消耗，这些就构成了政策成本，需要强有力的经济基础予以保障。随着我国老龄化进程不断加快、老年群体总量不断增大以及老年公共服务需求质量的不断提升，老年公共服务不仅要解决有无问题，还要提供高质量的服务，对经济保障能力的要求不断提高。

4. 社会文化环境

社会文化环境是指包括人口规模、性别比例、民族构成、社会群体的职业构成、人口素质以及受教育程度等方面，这些因素对老年公共服务政策系统的生存、发展和运行产生显著的影响。老年公共服务政策的制定和实施无法与既定地区的文化传统、风俗民情、历史沿革等具体的文化环境相脱离，文化的认同衍生出一套社会价值和行为准则，规定着人的角色扮演，规范着人的行为。因此，老年公共服务政策必然打上社会文化的烙印，社会制度的组织功能、整合功能和协调功能在公共政策的制定和执行过程中发挥着重要作用。

（二）老年公共服务政策环境的特征

老年公共服务政策环境是老年公共服务政策的外部系统，对政策产生直接或间接的影响。因此，老年公共服务政策环境体现出显著的复杂性、差异性、延续性和突发性特征。

1. 复杂性

老年公共服务政策环境受多元因素的影响，不局限于单一因素或局部区域，在老年公共服务供给的过程中，其所涉及的范围不断扩大，影响的程度也越来越深，老年公共服务政策的环境也越来越复杂。按照不同的标准，老年公共服务政策环境可划分为不同的类型，以政策影响力和影响方式可分为老年公共服务政策一般环境和老年公共服务政策具体环境；以地域为依据可划分为老年公共服务政策国内环境和老年公共服务政策国际环境；以时间为依据可划分为老年公共服务政策历史环境和老年公共服务政策现实环境；以表现形式为依据可划分为老年公共服务政策物质环境和老年公共服务政策精神环境。由此可以看出，老年公共服务政策环境具有显著的复杂性，在制定和实施老年公共服务政策的过程中要综合考虑不同环境因素带来的影响，避免“只见树木，不见森林”现象的出现，增强老年公共服务政策的科学性、适应性和可操作性。

2. 差异性

老年公共服务政策环境的复杂性在一定程度上就表明其存在显著的差异性，加之老年公共服务政策不是一成不变的，受经济社会的发展、其他政策的变化以及老年公共服务的阶段性特征影响，老年公共服务政策环境也处于发展变化之中，在发展变化过程中，其差异性特征亦得以体现。在我国经济社会发展的不同历史时期，在不同的行政区划和地域划分，老年公共服务主体的服务供给能力和供给水平具有差异性，这种差异性本身就体现出环境的差异性。老年公共服务政策环境的差异性特征常常驱动政策的调整和优化，这种变化对整体上提升我国老年公共服务供给具有显著的推进作用，能因地制宜地有效提升老年公共服务水平和质量。

3. 延续性

从时间维度来看，老年公共服务政策环境总是处于不断变化发展的过程中之中，这种变化发展一方面体现出老年公共服务政策主体对老年公共服务问题的认知能力和改造能力提升，另一方面也表现为老年公共服务制度的演变和发展，这种变化发展亦是老年公共服务政策延续性特征的外在体现。政策变迁是政策环境变化的直接体现，随着我国经济社会的发展以及老年公共服务供给水平不断提升，老年公共服务政策必然要进行不断的修订和完善，且不同时期的政策具有显著的延续性和继承性，这亦说明老年公共服务政策环境具有延续性特征。

4. 突发性

老年公共服务环境虽然处于发展变化的过程中，但是其发展变化具有一定的规律性，这种规律性的存在促使老年公共服务政策环境的发展变化是可认知和可预测的，从而为老年公共服务政策的制定提供信息支撑和效果预测。但在特定的情况下，影响老年公共服务政策环境的某一因素突然发生剧烈变化，导致原有的政策环境关系发生改变，对老年公共服务政策提出新的要求。这种新变化和新要求直接促使老年公共服务政策主体完善相关政策体系，优化老年公共服务供给，提升老年公共服务质量，切实保障老年群体的权益。

老年公共服务政策环境是一个复杂的、系统的和多元的体系，这个体系在内外部因素的共同作用下，一直处于不断变化和发展的过程中，这种变化对老年公共服务政策构成挑战和压力，同时也为老年公共服务政策完善和创新提供源源不断的动力，在解决政策环境变化所产生各种矛盾的同时，改善老年公共服务政策环境，推动老年公共服务质量的提升。

（三）老年公共服务政策与政策环境的相互关系

老年公共服务政策是老年公共服务政策环境发展到一定阶段的产物，二者相互统一、相互作用。就二者的具体关系而言，老年公共服务政策环境直接决定和制约老年公共服务政策，在整个关系中占据主导地位；老年公共服务政策则对老年公共服务政策环境起到有效的改善和塑造作用，具有能动的反作用。

首先，老年公共服务政策环境是老年公共服务政策的基础和前提。老年公共服务政策之所以存在，其目的是对老年公共服务的相关问题有效管理。经济基础决定上层建筑，在经济发展程度低下的情况下，老年公共服务问题无法成为社会的关注点，也无法产生老年公共服务政策。随着生产力水平的显著提高，经济社会进一步发展，老年公共服务问题的受关注程度逐渐增大，为老年公共服务政策的制定和出台奠定基础。老年公共服务政策是产生于特定的老年公共服务政策环境之中的，脱离了相应的政策环境，政策就没有存在的必要。

其次，老年公共服务政策必须适应老年公共服务政策环境。有什么样的环境，就应该产生和制定什么样的老年公共服务政策。在既定的历史时期，老年公共服务政策环境具有不同的特征，老年公共服务政策要得到政策主体和客体的认同，就必须要与环境相适应，增强政策的科学性和可操作性，从而有效解决老年公共服务过程中存在的相关问题，提升老年公共服务供给质量。

最后，老年公共服务政策环境变化导致老年公共服务政策变迁。随着经济社会的发展，老年公共服务需求的类型和质量发生变化，即老年公共服务政策环境发生变化，致使原有老年公共服务政策的适用性降低，加剧老年公共服务政策环境与老年公共服务政策之间的矛盾。在老年公共服务政策环境变化的情形下，政策主体为化解相关矛盾，必然对原有政策进行修订和完善，促进老年公共服务政策变迁。

四、老年公共服务政策工具

公共政策工具就是达成其政策目标的相关手段和方式方法。老年公共服务政策工具是一种手段，而非政策目的本身，搭建起政策目标与政策结果之间的桥梁，是为实现政策目标而存在的。所谓老年公共服务政策工具就是老年公共服务部门为解决老年公共服务领域的相关问题而采用的具体手段和方式的总称。

（一）老年公共服务政策的分类

长期以来，工具属性是公共政策工具分类的主要依据，然而不同的学者基于不同的研究视角和研究目的，采取不同的标准对公共政策工具进行分类，呈出百花齐放的状态。本书借鉴公共管理学者的研究成果，结合老年公共服务政策工具的运用实践，将其分为市场工具、行政工具和管理工具三类。

1. 市场工具

政府利用市场进行资源配置，以达到老年公共服务供给目的的基本方式。市场作为老年公共服务政策工具的指导思想，是利用市场机制实现老年公共服务资源的最优配置，为老年群体提供优质的养老服务，提升老年群体的生活质量和幸福感。市场本身具有极强的自由性和自愿性，但当其作为老年公共服务供给的载体时，政府的强制性权威为其提供了有力的后盾。作为老年公共服务政策工具，市场工具具有降低成本、提高质量的优势，能有效解决政府效率低下的问题。但是市场工具会削弱政府对老年公共服务的控制力度，增加政府的监管成本。

2. 行政工具

简而言之，行政工具就是政府借助公共权力的权威，以行政命令、指示以及制度等行政方式推进老年公共服务政策的方法。行政工具是政府的直接行为，具有显著的权威性、强制性、时效性和有效性等特征。老年公共服务政策行政工具包含行政干预、行政法律、行政奖惩和行政诱导等方面，政府凭借政权力量，依靠从上到下的行政组织制定、颁布、运用政策、指令、计划的方法，依照法定职权和程序，把国家法律法规实施到具体的行政活动中，通过奖励和惩罚调动老年公共服务主体的积极性，推动政策落实，达成老年公共服务政策的目标。

3. 管理工具

管理工具是将企业的管理理念和方式运用到老年公共服务管理之中，吸取其有效的经验达成老年公共服务政策目标的方法。具体而言，老年公共服务政策管理工具包含战略管理、绩效管理、顾客导向、目标管理等层面。战略管理为老年公共服务提供了全面、综合的组织观念，能有效实现对老年公共服务资源和政策目标的控制；绩效管理的根本目的是推进人的行为表现，引导老年公共服务主体共同朝着提升老年群体生活质量，实现“老有所养、老有所依”的战略目标；老年群体是老年公共服务的顾客，作为政策工具，顾客导向要求老年公共服务相关部门对老年群体进行管理，做到以人民为中心，针对老年群体的现实需要提供行之有效的公共服务产品。

（二）老年公共服务政策工具的特征

特征是区别事物差异性的重要属性，与其他公共政策工具一样，老年公共服务政策工具也具有有效性、公平性、适应性和可操作性等特征。

1. 有效性

老年公共服务政策工具是解决老年公共服务问题的工具，有效性是判断老年公共服务管理部门行为成功与否的关键指标，也就是政策工具应达到一定的目的。有效性表明老年公共服务政策行为达成其既定目标，虽然成本也是衡量老年公共服务政策有效性的一个重要指标，但作为公共物品的老年公共服务，其对政策成本的关注较低，主要突出政策目标的达成。因此，有效性是老年公共服务政策工具的一项基本特征。

2. 公平性

老年公共服务具有显著的公共性，其是为老年群体提供服务的，公平性是其内在属性，老年公共服务政策工具同样如此。好的政策工具是促进和满足社会公平需要的，是为政策对象提供均等服务的，具有公开、公平、公正的特性。老年公共服务政策工具的目标是保障所有老年群体的权益，这种利益保障不受地域、民族、身份等各种因素的影响，具有鲜明的公平性特征。

3. 适应性

任何政策都是在一定的政治、社会、经济环境中运行的，不能脱离环境而独立存在。老年公共服务政策工具的根本目的是优化老年公共服务供给，提升老年公共服务水平，保障老年群体的利益。受区域发展等多元因素的影响，老年公共服务政策工具在不同区域的有效性不同，这就要求政策工具必须与区域发展实际相匹配，提升老年公共服务政策工具的适应性，更好地为本地区老年群体提供优质的服务，保障老年群体的切身利益。因此，老年公共服务政策工具具有显著的适应性特征。

4. 可操作性

政策工具是为达成既定目标而存在的，政策工具可操作性的强弱程度直接关系到政策目标的实现。老年公共服务是一个系统性工程，涉及内容和范围极其广泛，参与主体众多，政策工具复杂程度高。一般而言，政策工具复杂程度越高，其涉及的范围和内容就越全面，但也可能造成治理环节复杂，最终导致政策工具失效。正因如此，在老年公共服务政策工具设计的过程中，必须突出其可操作性，只有政策工具得以使用，其有效性、公平性才能达成，其最终保障老年群体利益的目标才能实现。因此，老年公共服务政策工具具有显著的可操作性特征。

（三）老年公共服务政策工具的作用

1. 老年公共服务政策工具是实现老年公共服务政策目标的重要途径

政策目标确定之后，最关键的就是选择合适、有效的政策工具。政策工具的运用能够有效改变政策目标群体的行为，使其符合政策目标的要求，进而将政策目标从蓝图变为现实。老年公共服务政策工具是为老年群体服务的，通过老年公共服务政策工具的引导，老年公共服务政策目标群体的行为会逐渐与政策目标相契合，实现老年公共服务质量水平提升、保障老年群体切身利益这一基本政策目标。老年公共服务政策工具作为公共决策的重要组成部分，其在老年公共服务政策运行中发挥着重要作用。老年公共服务政策目标与政策工具是相辅相成的，在老年公共服务政策目标不明晰的情形下，任何政策工具的使用都将变得没有意义。政府为有效管理老年公共服务的相关事务，就必须根据老年公共服务需求的变化和区域实际，科学地制定相关政策，进而确定政策目标，并以老年公共服务政策执行达成政策目标。老年公共服务政策目标的达成必须以相应的政策工具为媒介和手段，如果没有科学合理的手段和方法，政策目标也难以达成。

2. 老年公共服务政策工具是实现老年公共服务决策的桥梁

为了有效地提供老年公共服务，并对其进行管理，老年公共服务政策主体必须立足政治、经济、社会等外部环境因素，围绕政策客体的需求，针对老年公共服务的相关问题，制定有效的政策目标。老年公共服务政策目标要得以实现，就必须依托政策工具这一媒介，在老年公共服务政策执行过程中，充分运用各种工具手段，才能使老年公共服务政策主体的决策变成现实。在整个老年公共服务政策运行过程中，如果没有具体的老年公共服务政策工具为媒介，任何决策都将是纸上谈兵。

3. 老年公共服务政策工具选择是关系政策成败的关键

在老年公共服务政策的不同阶段，政策工具也具有不同的表现形式。老年公共服务政策工具的选择主要集中在政策规划和决策阶段，政策工具的使用则集中在政策执行阶段，政策执行过程的实质就是政策工具选择和确定的过程。在实现政策目标的过程中，方案确定的功能只占 10%，而其余的 90%取决于政策的有效执行。政策失败的主要之处，不在目的而在于手段。在老年公共服务政策执行过程中，如何选择有效的政策工具以及如何对政策工具的效力进行评价，对整个老年公共服务政策的有效执行和政策目标达成具有决定性的影响。

第三节 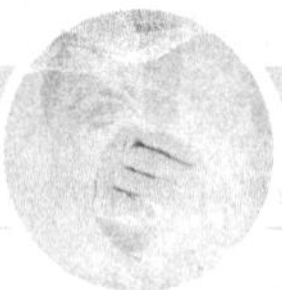 老年公共服务政策生命周期

一、老年公共服务政策制定

老年公共服务政策是一个系统性工程，其制定过程也极具复杂性。具体而言，老年公共服务政策制定包含老年公共服务政策问题确认、政策议程触发和政策终结等不同的环节。

（一）老年公共服务政策问题确认

老年公共服务政策问题的确认是指政策主体对老年公共服务政策问题的察觉、界定以及描述的全过程，老年公共服务政策问题是一个社会问题。从认识论的角度看，老年公共服务政策问题确认是从客观事实到主观认知的过程，主观认知能否反映老年公共服务政策问题的实质，对解决老年公共服务政策问题有着至关重要的作用。老年公共服务政策问题的确认是政策制定的前提,在很大程度上比政策方案设计更为重要，对政策问题进行有效的、系统的阐释是解决老年公共服务政策问题的关键环节。老年公共服务政策问题确认包含政策问题察觉、政策问题界定和政策问题描述三个方面。所谓老年公共服务政策问题察觉，就是指老年公共服务需求这一社会现象被发现并被

认同，从而引起社会和政府部门关注的过程；老年公共服务政策问题界定是指对政策问题进行分析和解释的过程，包含老年公共服务问题归类、老年公共服务问题诊断和老年公共服务问题情境转化等；老年公共服务政策问题描述就是运用可操作性语言对相关问题进行准确表达的过程，在这个过程中要做到真实详尽、减少报告层次，确保老年公共服务政策问题描述不过多受到外部噪音的干扰。

（二）老年公共服务政策议程触发

美国学者格斯顿认为，公共问题进入公共议程并成为政策议题的力量就是触发机制。所谓触发机制，就是一个重要事件把普通的问题转化为一种普遍共有的公众反应，奠定政策问题的基础，进而推动政策活动的产生。触发机制能否有效地发挥作用，取决于触发事件的范围、强度和触发时间，其产生的政治压力要求政府部门制定新的政策或改变政策，从而启动公共议程。老年公共服务政策议程触发同样需要一定的内外部事件影响，为政府部门提供压力，进而驱动其启动老年公共服务政策议程，推动老年公共服务政策的制定和实施。在老年公共服务政策制定的过程中，触发事件的范围、强度和时间直接影响着老年公共服务政策的制定进程。老年公共服务政策触发机制的类型分为内在触发机制和外在触发机制，是老年公共服务政策制定的潜在先导，进而形成老年公共服务政策体系。

二、老年公共服务政策执行

公共政策执行是执行某一项政策所做的各项决定，是在目标的确立、适应与取得这些目标的行动之间的一种互动的过程。美国政治学家戴伊认为："公共政策执行就是旨在执行政府立法部门所指定发布的法律而进行的一切活动。"基于此，可以将老年公共服务政策执行定义为，老年公共服务政策方案被采纳之后，政策执行者通过既定的组织形式，运用各种政策资源以及可行的政策工具，将老年公共服务政策的相关理念、内容和思想转化为现实效果，达到老年公共服务政策目标的过程。

（一）老年公共服务政策执行的特征

政策执行是老年公共服务政策过程的一个重要阶段，不仅具有老年公共服务政策过程各阶段的共性，同时也具有自身的特征。具体而言，老年公共服务政策执行的特征包含如下几个方面。

1. 政策对象的适用性

所谓政策对象的适用性，就是指老年公共服务政策只适用于既定的对象，即老年公共服务的主客体，涉及一定的人和事。老年公共服务政策执行首先要弄清楚政策的适用对象和范围，否则老年公共服务政策的目的和目标将无法实现，甚至导致政策权威性和严肃性的丧失，削弱政策执行的效力。在老年公共服务政策中如何准确表达其适用范围，是影响老年公共服务政策对象适用性的关键，如若适用范围具有较大的模糊性，政策执行主体具有较大自由裁量权，极易导致政策执行失效，最终导致老年公共服务政策目标无法实现。

2. 政策执行的灵活性

在实践过程中，老年公共服务政策多属于宏观层面，不会对操作层面的细节进行规定。因此，政策执行过程中，不同地方应充分结合区域实际，制定具有切实可行的老年公共服务政策的实施方案，避免僵化教条、生搬硬套，增强政策执行的灵活性。政策执行受复杂的政策内外部环境影响，内外部环境的多变性需要政策执行具有灵活性。因此，在实现既定政策目标的过程中，老年公共服务政策执行部门需要采取多样灵活的执行途径。但与此同时，政策执行的灵活性需要一定的规章制度予以约束和规范，否则可能造成避重就轻，为老年公共服务政策带来一定的负面影响。

3. 政策执行的有序性

政策执行的有序性是指政策执行应保持阶段性顺序和过程的连续性，是老年公共服务政策执行程序的核心要求，是保持政策执行工作稳定开展的关键要素。老年公共服务政策执行的有序性要求政策执行程序在时间维度具有一定的先后顺序，整个政策执行程序一旦启动，就需要一个阶段接着一个阶段地运行，层层递进，按照既定的次序开展。老年公共服务政策方案的实施和政策目标的实现是一个持续发展的渐进过程，既要以政策目标为指导，又要立足每个阶段的工作，实现阶段性和全局性的有机结合，避免超越阶段行为的出现。如若在条件不具备的情形下实施相应的政策，则极易导致老年公共服务政策执行失败，进而阻碍整个政策目标的实现。

4. 政策执行的协调性

老年公共服务政策执行是各种要素的重新组合和展开的过程，其中任一要素发生变化，或不同要素的分配、组合方式发生改变，都将直接影响到政策执行的进程，这就要求政策执行必须协调各种因素的变化，使之更好地为老年公共服务政策目标的实现服务。影响政策执行协调性的因素众多，而制度因素是其中最为关键的因素，政策目标的达成，既包括政策执行主体依据相应法律法规履行其政策执行职责，也包括其依据政策赋予的职权执行相应的政策，加之政策执行涉及多元主体，多头管理的情形依然存在，这就决定了老年公共服务政策执行必须具备协调性。

（二）老年公共服务政策执行的功能

老年公共服务政策科学与否，不能单凭政策制定者的认定或者政策文本的合理与否，需要在老年公共服务政策执行的过程中进行检验和判断。再好的政策方案，没有执行都将是空头支票。政策制定属于问题的认知分析阶段，要有效地解决问题，就必须依赖有效的政策执行，政策执行比政策制定更加复杂、更加重要。政策执行意味着政策的内容和措施逐步变为现实，是实现老年公共服务政策目标的一个过程。

1. 促进老年公共服务政策目标的达成

老年公共服务政策的主要任务不是为了研究和阐释当前存在哪些问题，而是为了解决存在的具体问题，政策制定是研究问题的过程，政策执行才是具体解决问题的过程。老年公共服务政策必须通过政策执行过程才能实现其提升老年公共服务质量、保障老年群体基本权益的政策目标，将政策转换成具体的执行活动，进而落到实处，促进政策目标的达成是政策执行的重要功能。但老年公共服务政策目标的实现是一个复杂而困难的过程，这个过程实际上是通过政策执行修正政策缺陷和漏洞的过程，进而更好地达成老年公共服务政策目标。

2. 检验老年公共服务政策的制定是否合理

实践是检验真理的唯一标准。老年公共服务政策是否科学、有效需要通过政策执行予以检验。老年公共服务政策制定属于认知范畴，政策执行则属于实践范畴，后者是检验前者是否科学和有效的关键。政策执行过程是其政策结果产生的过程，也是政策目标达成的过程，只有通过政策执行，才能取得相应的政策结果，才能对政策进行分析和评价，进而检验老年公共服务政策是否有效以及有效程度。

3. 为优化老年公共服务政策提供参考

老年公共服务政策执行产生政策结果，通过政策结果评价和分析找准当前老年公共服务政策在何种方面存在缺陷和不足，进而促进政策修订和完善。制度一旦确立就具有了稳定性和滞后性，公共政策也同样如此，面对复杂多变的内外部环境因素，老年公共服务政策需要适时调整、修订、完善和发展。政策执行过程中，各种信息反馈为政策决策者提供了依据，将使政策决策者根据新的情况适时修订政策，提高政策的有效性和可行性。政策具有延续性，随着经济社会的发展，老年公共服务的需求也会发生变化，政策也会随之进行调整。因此，对于政策制定者来说，之前的政策执行反馈对后续老年公共服务政策的优化完善起着决定性作用。

三、老年公共服务政策评估

政策需要耗费大量的人力、物力、财力进行推动和执行，提高老年公共服务政策效率将有限的资源最大化使用，是政策制定者和人们重点关心的问题。在此情形之下，开展政策评估是提升政策效率、促进老年公共服务政策完善的重要手段和方式。

（一）老年公共服务政策评估的概念

受研究视角和研究目的的影响，学界尚未对政策评估形成一个统一的概念，老年公共服务政策评估同样如此。评估具有极其广泛的内涵和外延，任何一种分析和判断都属于评估，这种评估都具有一定的标准。老年公共服务主体的评估活动可以在任何时间、任何地点以及任何政策运行阶段发生。就评估的内容而言，老年公共服务政策评估主要包含对政策方案的评估、政策全过程的评估、政策执行的评估、政策结果的评估等方面。因此，老年公共服务政策评估，是指老年公共服务政策评估主体依据既定的评估标准和评估程序，运用一定的评估方法，对老年公共服务的政策方案、政策实施过程以及政策效果进行评价和判断的过程，其最终目的是以评估推进老年公共服务政策优化，提升老年公共服务质量水平，保障老年群体的切身利益。

（二）老年公共服务政策评估的意义

老年公共服务政策评估是其政策过程的重要一环，政策具有何种价值，只有通过对政策进行评估才能最终确定。科学合理的老年公共服务政策评估不仅可以对当前的问题进行分析和评价，判断政策运行产生的实际效果以及明确存在的问题和不足，为政策的完善和优化指明方向。

1. 检验老年公共服务政策效果的基本路径

老年公共服务政策制定实施后，其效果并不能简单呈现，有时表面现象可能与实际状况差异很大，如何准确判断政策实施效果成为一项重要任务。为了避免老年公共服务政策判断的盲目性和主观性，必须利用科学的方法和手段采集政策运行的相关信息，并对数据信息进行加工处理分析，以此检验和判断政策的实施效果，推动老年公共服务政策质量的提升。

2. 优化老年公共服务政策和合理配置资源的重要方式

政策评估对老年公共服务政策的延续、调整和终结有着重要的参考意义，是实现各类养老服务资源合理配置的基础。科学的评估可以有效确定政策不同分项的价值，从而对资源的配置起到导向作用，确保政策达到最优组合，从而推动老年公共服务政策的有效实施。同时，老年公共服务政策评估是由专业人员完成的，这个过程中吸纳了政策制定者和政策执行者，有助于打破政策制定者和政策执行者之间的障碍，及时反馈政策执行过程中出现的各类问题，对老年公共服务政策优化有着重要意义。

3. 提升老年公共服务政策执行效率的重要保障

政策执行不力、执行效率低是长期困扰国际社会的重要难题，老年公共服务政策执行也面临着同样的问题。通过加强政策执行过程评估，能及时发现政策执行过程中出现的各种问题，通过及时纠正问题和优化政策体系，能有效提升老年公共服务政策执行效率。政策评估是审视老年公共服务政策实施后是否达成政策制定时的预期目标，能及时诊断政策运行状况，对存在的问题进行优化，避免问题长期持续造成资源的浪费。因此，如何通过政策评估发现政策运行误差，进而修正误差，是老年公共服务政策运行主体的重要工作。

四、老年公共服务政策终结

万事万物都有其生命过程，都会经历从无到有、从小到大、从开始到结束的发展过程，终结是发展的必然，是运动与发展规律的内在要求。政策终结是指决策者基于政策评估结果的基础上，结合实际情况，对已经过时、多余或者无效的政策进行终止的过程。政策终结是老年公共服务政策周期的最后一个环节，是人们根据政策执行情况而进行调整、纠正和修复的过程，在整个政策体系中起着承上启下的功能与作用，既是上一个政策周期的结束，也是下一个政策周期的开始，是总结政策阶段成果、指导下一个政策周期的环节。简而言之，老年公共服务政策终结是指政策制定者通过对政策本身及政策运行进行评估，发现部分政策已经不适用于当前推进老年公共服务发展的需要，或引发了不良的后果，为提升政策的绩效水平必须对这部分政策进行终止。

老年公共服务政策终结是为了推进更好的政策服务，适时地终结部分政策是提升老年公共服务质量水平的重要路径。政策终结对老年公共服务发展具有重要促进作用，不仅能有效节约政策资源、提升政策效率，还能有效避免政策僵化，实现政策过程优化和政策质量提升。

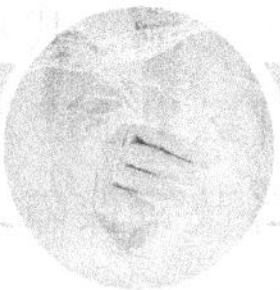

第四节 老年公共服务政策效应评价

一、老年公共服务政策评价概述

解决一定的社会问题是政策制定的根本目的所在，政策执行是实现这一目的的关键，而政策评价则是判断这一目的是否有效达成的重要手段，有效地推进政策评价是现代公共政策制定实施的必然环节。老年公共服务政策的制定和出台是时代发展的产物，是经济发展和人类社会进步的重要标志，在政策推进过程中，不仅要关注政策问题的成因，更要关注政策的制定以及如何有效执行以发挥政策功能，最终达成政策目标。因此，加强老年公共服务政策评价是提升政策效能、达成政策目标的内在需求。

老年公共服务政策涉及范围广，在政策制定和执行过程中需要耗费大量的人力、物力和财力，如何提升政策效率，实现有限资源的最大化利用，成为理论界和实务界关注的重要问题。长期以来，受各种因素的影响，老年公共服务政策的既定目标并没有得到有效的实现，一些问题并未得到妥善的解决，从而对老年公共服务政策形成强大的压力，急需对相关政策进行评价。此外，在实践探索过程中，老年公共服务政策在很大程度上解决了老年公共服务问题，老年群体的生活质量得到有效保证，为总结政策经验，推动老年公共服务政策体系的不断发展完善，亦需要对政策进行诊断和评价。那么，什么是老年公共服务政策评价，评价的内容、评价的方法以及评价的标准是什么，是研究老年公共服务政策不可回避的议题。

二、老年公共服务政策评价内容

评价内容关乎“评什么”的问题，政策评价的内容主要围绕政策本身、政策执行和政策效能等三个方面展开。因此，老年公共服务政策评价的基本内容包含对老年目标群体产生的影响、对近期与未来产生的影响、政策成本评价、政策执行过程等方面。

（一）老年公共服务政策对老年群体产生的影响

老年群体是老年公共服务政策的目标群体，老年公共服务政策的科学与否直接影响老年群体的切身利益。因此，老年公共服务政策评价首先要判断其对老年群体产生的影响，并对预期政策影响即改善老年群体的生活质量的达成情况进行诊断分析。在老年公共服务政策运行过程中，既可能达成老年公共服务政策的预期目标，同时也可能产生一些非预期结果，这两种情况都将直接影响老年公共服务的供给以及老年群体的切身利益。系统评价老年公共服务政策对老年群体产生的影响，找准非预期政策结果的生成根源，进而完善老年公共服务政策体系，优化老年公共服务政策运行程序，切实提升老年公共服务供给水平和质量，达成老年公共服务政策保障老年群体利益的目标。

（二）老年公共服务政策产生的长短期影响

政策是既定历史时期政治经济社会等多元因素共同作用下的产物，在一定的时代环境下为解决某一政策问题而制定出台的，其影响既有短期影响也有长期影响，必须以历史发展的视角进行政策评价，对其产生的长短期影响进行客观评价。老年公共服务政策在制定出台之后，其在短期内有效改善了老年公共服务质量水平，有效改善了老年群体的生活环境，产生了显著的正向影响。同时，随着我国老年人口的不断增长，我国正快速步入老龄社会，老年公共服务政策将进一步推进老年公共服务供给的多元化，提升养老保障水平，进而为应对我国老龄化危机奠定基础。因此，在老年公共服务政策评价的过程中，我们不仅要注重政策的短期影响，也要强调政策产生的长期影响，确保政策的现实性和延续性相统一。

（三）老年公共服务政策运行的成本评价

公共政策具有显著的公共性和公益性特征，其运行过程中往往不注重政策的成本问题，这就导致部分政策在执行的过程中出现成本过高的问题，增加了政策运行的阻力，反而制约了政策目标的实现。老年公共服务政策作为我国公共政策体系的组成部分，在对其进行评价的过程中，我们既要强调其公益属性和公共属性，维护老年群体的切身利益，同时也要注重政策运行的成本评价，将有限的老年公共服务资源发挥出更大的功能。具体而言，老年公共服务政策的成本包括直接成本、间接成本和机会成本三个方面，在政策评价过程中，要充分考虑政策运行的成本问题，通过资源配置优化降低政策运行成本，最大限度地提升政策的投入产出比。

三、老年公共服务政策评价方法

老年公共服务政策评价是优化老年公共服务政策体系、提升政策质量、达成政策目标的关键所在。作为老年公共服务管理部门，除了要在既定法律法规和按照既定方案贯彻政策、达成政策目标以外，还要借助科学的方法，在老年公共服务政策执行前、执行中和执行后进行评价，检测政策会产生何种预期和非预期、有形与无形的影响，为政策调整提供有力的依据和参考，推动老年公共服务资源的高效配置。具体而言，老年公共服务政策评价方法有以下几种。

（一）“前—后”比较评价

所谓比较评价，就是以既定的参考值为界限，对老年公共服务政策进行对比评价，这种比较既可以是时间维度的纵向比较，也可以是空间维度的横向比较。老年公共服务政策是一个不断发展的过程，为更好地对其进行比较，采取时间维度的纵向比较，比较两个时间点上同一情况的不同结果，这种比较评价主要是针对老年公共服务政策实施后或者优化后的结果。这种评价方法具有简单、方便、明了等优点，能很快地对老年公共服务政策效果进行评价。但是比较评价法存在不够全面和不够精确等缺点，不能将政策执行过程中的外部环境因素造成的影响进行区分，削弱了评价的可信度和客观性。

（二）“投射—实施”比较评价

所谓“投射—实施”比较评价，就是将老年公共服务政策执行前的发展情况投射到政策执行后的某一个时间节点上，以此作为若没有实施老年公共服务政策其应表现为何种情况，然后与老年公共服务政策实施后的实际情况进行对比，以此来判断老年公共服务政策所取得的效果或效应。这种评价方法在一定程度上提升了老年公共服务政策评价结果的精度，能有效判断政策所取得的效果；但其依然存在一些问题，如老年公共服务政策实施前的数据资料获取难度大，评估政策实施前的情况较难，对人力物力的投入需求更大。因此，老年公共服务政策实施前的实际情况和实施后的数据差异，就视为老年公共服务政策本身作用产生的结果，亦是老年公共服务政策产生的影响或社会效应。

（三）实验性对比评价

实验性对比评价是对政策评估的传统方法，也是较为常用的评价方法。在老年公共服务政策评价中，实验性对比评价对诊断老年公共服务政策运行效果，找准老年公共服务政策的相关效果，具有极其重要的作用和功能。所谓实验性对比评价，就是从目标群体中随机抽取两个可比较的群体进行对比分析，将这两个群体划分为实验群体和控制群体，以前置测评和后置测评的方式来判断两个群体的变化，如果老年公共服务的实验群体比控制群体有着明显的差异，那么说明老年公共服务政策是有效的，能有效保障老年群体的权益。老年公共服务政策在制定出台的过程中，先后经历了试点和推广阶段，在政策试点阶段，即采用实验性对比分析评价方法对政策的效果进行评价，在政策效果显著凸显的情形之下再向全国范围推广。

四、老年公共服务政策评价标准

老年公共服务政策评价标准是对老年公共服务政策进行测量、评价的参考，没有科学的标准就无法对政策进行科学、客观的评价。一套科学、客观的评价标准可以有效判断政策的科学性与可行性程度。在老年公共服务政策运行的现实过程中，由于政策本身以及环境等具有的复杂性，政策效果的产生受多元因素的影响，也就难以形成一套大家共同认可的评价标准。基于此，本书在借鉴鲍斯特政策评估七项标准、内格尔政策过程“3Ps”标准、萨齐曼政策效果五项标准和邓恩政策评估六项标准的基础上，将老年公共服务政策标准概括为目标标准、投入标准、公平公正标准、公众参与回应标准四类。

（一）老年公共服务政策评价的目标标准

老年公共服务政策目标是政策制定的起点，同时也是政策运行的终点。在整个老年公共服务政策过程中，政策目标对政策执行具有指导、约束、激励等一系列作用。政策目标是否按照既定预期达成是判断老年公共服务政策成功与否的重要标志，在对政策进行评价时，将既定时期内的预期政策目标和实际达到的效果进行比较、分析和评价，如果预期目标与实际结果相一致，那么证明老年公共服务政策是成功的，有效达成了其预期目标。反之，如果实际结果与预期目标之间存在偏差，那么老年公共服务政策本身或执行就存在一定的问题，政策效果就没有实现，老年群体的切身利益没有得到有效保障。因此，老年公共服务政策评价的首要标准就应该是政策目标是否达成，其达成的程度如何。

（二）老年公共服务政策评价的投入标准

投入标准就是老年公共服务政策执行过程中，各类资源的投入力度以及分配状况等一系列情况，涵盖人财物等方方面面。简而言之，投入标准就是衡量老年公共服务政策投入资源的质与量问题，回答了政策投入了什么以及投入的质量两个问题。老年公共服务政策是我国公共政策体系的重要组成部分，具有显著的公共性特征，需要大量的资源投入，其运行过程中投入资源的质量与数量，其实质就是从资源要素投入的视角来判断政策主体所做的工作，就是政策评价的成本问题。因此，在进行老年公共服务政策评价的过程中，必须构建投入标准，在此标准的基础上判断政策的投入产出比，进而对其进行评价。

（三）老年公共服务政策评价的公平公正标准

公共政策具有非排他性，公共性是其本质属性。老年公共服务政策作为国家公共政策体系的重要一环，公共性亦是其本质属性。由于老年公共服务政策具有公共性和非排他性的属性，突出公平公正亦是政策评价的重要标准。所谓公平性，就是指老年公共服务政策在城乡、区域之间进行资源分配时呈现的相对均衡，换言之，就是政策运行中，城乡之间、区域之间的老年群体在获得老年公共服务资源分配上要达到一种公平的程度。

老年公共服务政策是经济社会发展既定时期的产物，政府围绕老年公共服务目标制定相应政策，是为增进老年公共服务社会公平公正的准则。老年公共服务需求具有公共性，市场在进行资源配置和调节的过程中容易出现市场失灵的状况，而政府政策的调节更多地体现在社会公平方面，老年公共服务政策应以社会利益最大化为目标，最大限度地体现绝大多数老年群体的利益。因此，开展老年公共服务政策评价必须坚持公平公正准则，在此基础上设定相应的指标，对政策本身和政策执行等进行评价衡量，判断其是否维护了最多数老年群体的利益。

（四）老年公共服务政策评价的公众参与回应标准

老年公共服务政策的公共性决定了其与整个社会具有高度的关联性，涉及的对象不仅包含老年群体，也影响着非老年群体的利益，在政策制定和执行的过程中必然需要为公众提供参与渠道，同时政策也是对相关社会问题的一种直接回应。老年公共服务政策涉及对象的需求偏好和价值取向具有差异性，若这种差异性能得到有效的满足，则政策的回应程度较高。在构建老年公共服务政策评价体系过程中，应进一步突出工作的参与性以及政策的回应性指标，确保公众更好地参与到政策制定和运行过程之中，提升老年公共服务政策的科学性和有效性。

本章小结

本章通过结合公共政策的内涵确立老年公共服务政策的内涵与外延，总结了老年公共服务政策的概念，分析了政策的主体、客体、政策环境以及政策工具，廓清了老年公共服务政策的生命周期，探索政策评价的内容、方法以及标准，凸显老年公共服务政策的权威性、公共性、稳定性和周期性的特征。老年公共服务政策的实施是一个不断发展和完善的过程，随着内外部因素的变化，政策也会随之调整和优化，进而满足新时代中国特色社会主义老年公共服务的新需求，提升老年公共服务政策质量和服务水平，推进国家治理体系和治理能力现代化进程。

思考题

1. 如何理解老年公共服务政策的重要性？
2. 老年公共服务政策有哪些基本特征？
3. 如何优化老年公共服务政策的政策环境？
4. 老年公共服务政策的效应评价应注重哪些方面？

第三章阅读材料

第四章

老年心理健康公共服务

本章要点

1. 掌握：老年心理健康公共服务的内容。

2. 熟悉：老年心理的特点；老年心理健康问题；政府主导老年心理健康公共服务的策略。

3. 了解：老年心理健康公共服务的作用和意义。

本章课程思政目标

通过学习老年人心理健康的状况，以及老年心理健康公共服务的内容及运行机制等，树立学生的社会责任感，完善大学生全面成才的必备素质。培养学生人文素养，弘扬敬老爱老文化，传承中华民族的美德。

导入案例

关注独居老人

老李丧偶独居，其儿子在外地工作，平时很少回家。老李退休无聊，学习了炒股想打发时间，顺便给儿子多留点钱。半年前突然遇到了股灾，老李一生血汗钱所剩无几，经济上损失重大，自尊心受到了极大的伤害。再加上亲人不在身边宽慰，在这之后他一直郁郁寡欢、精神萎靡、不思饮食，还感到胃部胀气、难受，常恶心、呕吐、口干，常独处叹息，身体也日渐消瘦。近日在社区内买菜时，老李突然脸色苍白、身体出汗，晕倒在超市，社区工作人员带他来医院就诊，经医生反复询问病史和排除各种疾病可能后，老李被诊断为心身疾病，需要住院进行治疗。我们看到，对于处于心理危机的老人，如果社会和家庭能多给予一些关爱，心理工作人员或有关机构能尽早对其进行心理干预，或许能够避免不良后果的发生。

第一节 老年心理健康公共服务概述

中国现有 60 岁以上老年人口已超过 2.6 亿人，预计到 2050 年，老年人口将达到全国人口的 30%。健康老龄化是 21 世纪老年人保健的重点内容，它是指进入老龄化社会时，大多数老年人都能保持较好的身心健康，并拥有较好的智力、心理、社会和经济的功能与状态。正确认识老年人的心理特点，有效地保持和促进老年人的心理健康水平，就是应对人口老龄化问题的重要途径之一。

一、老年心理健康状况

（一）老年心理的发展

联合国规定，60 岁或 65 岁为老年期的起点，老年期涉及“老化”和“衰老”两个概念。老化指个体在成熟期后的生命过程中所表现出来的一系列形态学以及生理、心理功能方面的退行性变化。衰老指老化过程的最后阶段或结果，衰老与一般健康水平有关，不同时代、不同地区的人，衰老进度也不同。多数人的衰老变化在 40 岁左右逐渐发展，60 岁左右开始显著，表现为体能失调、记忆衰退、心智钝化等。

早在 1947 年，世界卫生组织就提出“健康不仅仅是没有疾病和虚弱，而且是身体上、心理上和社会适应能力上三方面的完美状态”。由此可见心理上的健康与生理上的健康一样重要，这就是现代关于健康的较为完整的科学概念。

老年期是人生过程的最后阶段，身体各器官组织出现明显的退行性变化，心理方面也发生相应改变，衰老现象逐渐明显。目前存在两种不同的老年心理变化观。

一种是毕生发展观：认为个体心理发展贯穿人的一生，并提出如下一系列的新的心理发展的基本观点。

第一，心理发展和行为变化可以在人生中的任何时候发生，也就是说，从胚胎形成到衰老的整个一生都在发展。

第二，不同心理机能发展的方向、形式和速率各有不同，如感知觉，出现最早、最先发展成熟，比较早开始衰退。再如抽象逻辑思维较晚开始发展，随着年龄的增长而不断发展并继续增强。

第三，心理发展过程是增长和衰退的对立的统一，发展不是简单地朝着功能增长的方向运动，而是由获得和丧失的相互作用形成的。

第四，个体心理发展是由多重影响因素所构成的复杂系统共同决定的，但各个子系统对不同发展时期的影响强度有明显的区别：成熟因素对儿童期影响强度最大；社会文化因素对成熟期影响强度最大；个人因素如智力、个性、命运所遭遇的非规范事件等，对个体的心理发展变化的影响强度随年龄的增长而提高，对老年期的影响强度最大。

毕生发展观提出了一系列心理发展的新观点，强调人到成年以后，心理仍继续发展，是一种积极的乐观的老年心理变化观，应予以充分的肯定，但是这种理论对于老年期心理变化的下降和衰退这一总趋势，未能予以足够的重视，我们应该科学地正确地认识老年期心理发展变化的客观规律性。

另外一种是老年丧失期观点：认为老年期的心理变化只有衰退，没有发展，是一生获得的丧失时期。老年丧失期观点认为，心理随年龄的增长而发展，到老年期，随年龄增长而衰退是个体心理发展的总趋势，这肯定了个体心理发展变化的基本常规，应当予以重视。但是，这种观点的理论依据是把人视为生物机体，过于注重生物机体的变化和年龄因素对心理变化的影响，而把心理发展看作是线性的上升和下降，这不符合复杂性的客观规律，是不可取的。

老年人的心理健康与生理因素、周围环境和生活因素有着必然联系，要维护和服务老年人的心理健康，首先要了解老年人的心理特点。

1. 老年期的认知变化特点

（1）感知觉变化。感知觉是衰退最早、变化最明显的心理活动。老年人出现的视力问题主要表现为：视觉敏锐度下降（在正常距离内看清物体的能力减弱）；视野缩小（与中央视觉相比，边缘视觉明显衰弱）；聚焦能力减弱（距离变化时，双眼聚焦于物体的能力衰减）；暗适应所需时间延长。老年人中听觉缺陷者为数众多，据调查研究发现，有近 65%的老年人听力减退。50～60 岁是中国人听力减退的转折期，60 岁以后逐渐下降，80 岁以后下降尤为明显。此外，味觉、嗅觉和触觉迟钝。总之，人类进入 50 岁以后，各种感知觉都开始出现退行性变化。60 岁以后，随着年龄的增长，感知觉衰退现象越来越明显。

（2）记忆变化。研究表明，随着年龄的增长，人的记忆发展变化趋势是：儿童的记忆随年龄的增长而发展，从少年期开始到成年期达到记忆最佳的高峰期，为个体记忆的“黄金时期”，40~50 岁出现较为明显的减退，其后基本上维持在一个相对稳定的水平上。70 岁是记忆衰退的一个关键期，此后便进入更加明显的记忆衰退时期。

（3）思维能力变化。首先，老年人思维过程减慢，反应迟钝。由于神经纤维传导速度减慢及中枢神经功能的改变，对信息的接受、加工、储存及提取功能受影响，老年人对事物的分析、综合、抽象、概括、类比等思维过程的速度减慢，在实际工作中看起来很容易解决的事情，老年人往往考虑很久才做出回答，而且难免出错。

其次，老年人思维转换较困难。老年人长期以来积累的知识、经验，造成其固有的思维定式，使老年人对事物的认识或解决问题带有倾向性，传统的认识或老一套的方法束缚着老年人从新的角度看问题，解决问题灵活性不够。在快速变化的现代社会中，易与年轻人之间形成代沟。

此外，老年人的创造性思维下降。老年人由于脱离社会等原因，其思维的主动性会降低，创造想象能力弱化，在生活、工作中缺乏创造性。

（4）智力变化。学者们从不同的角度研究老年智力，得出了对老年人智力减退现象的不同见解。智力和年龄的关系十分复杂，综合多方研究，老年人的智力有所衰退，但是又并非全面衰退。

从整体上看，老年期智力呈衰退趋势，主要表现在直观力减退、记忆障碍、思维固执、注意力难以集中、持久性差等方面，最严重的是阿尔茨海默病。

2. 老年人的情绪情感特点

老年人情绪体验的强度和持久性随年龄的增长而提高，因而其情绪趋向不稳定，常表现为易兴奋、易怒、喜欢唠叨、好与人争论，一旦强烈的情绪发生后又需要较长的时间才能平静下来。情绪主要表现为：

（1）老年人比较容易产生消极的情绪。这是由于受到生理上的变化、社会角色的改变、社会交往的减少、心理功能上的变化等影响，表现为对事情比较小心、胆怯，容易担心，唯恐有不好的事发生，也容易引发焦虑和抑郁心情。

（2）老年人的情绪体验比较强烈。因为老年期中枢神经有过度活动的倾向和较低的唤起水平，老年人的情绪体验比一般人来得强烈。

（3）老年人的情绪体验比较持久。由于老年期中枢神经系统内发生的生理变化以及体内稳态的调整能力下降，老年人的情绪一旦被激发，恢复平静需要较长的时间。同样，老年人情绪状态比较稳定。

（4）各种“丧失”是使老年人发生情绪体验的最重要的激发条件。包括身心健康的丧失，经济上独立的丧失，与家庭、社会关系的丧失，生存目的的丧失。

（5）老年人情绪表现为复杂性。随着年龄的增长，知识经验的增多，老年人容易看到事物的另一面（好事坏的一面和坏事好的一面），其情绪体验很少表现为纯粹地肯定或否定，而能够客观、冷静地分析事物，“得而不乐，失而不哀” 常常是老年人情绪状态的表现。

（6）老年人情绪具有内倾性。随着年龄的增长，老年人在性格方面往往有一个由外向到内向移动的倾向。因此，在情绪表达方式上较为含蓄，这与老年人长期的生活经验有关。老年人遇事，往往要考虑到事情的前因后果，照顾到方方面面，这在一定程度上缓冲了老年人活动的倾向性和表达方式，久而久之，逐渐形成了内向的性格，情绪表达日趋含蓄。

国内学者卢玉冰等研究发现，老年人情感孤独比较明显，老年人由于渴望亲密关系却无法得到满足，从而造成一种在情绪上的不愉快，情感孤独表现为对自己社会交往数量的多少和质量好坏的感受，感到与重要他人处于相互脱离或者不和谐的关系，从而感到被疏远和轻视。加上缺乏社会系统的支持，在情感上的孤独感会表现得越来越明显，也会因此而产生心理感染，使其判断、情绪、行为被无意识的和不受控制的心理过程所影响。

3. 老年期的人格特点

老年人的人格特征既有稳定的一面，又有变化的一面，但稳定多于变化。老年人人格总体改变的趋向如下所述：

（1）不安全感。主要表现在身体健康和经济保障两个方面，到了老年，身体各系统和器官逐渐发生器质性和机能性变化，经常发生各种疾病，所以他们担心自己的健康，对身体功能很敏感；对经济保障的担忧，主要表现在老年人对生活保障和疾病的医疗和护理保障的担忧。

（2）孤独感。老年人的孤独感较为普遍，且来自各个方面。由权势失落而诱发的孤独，主要发生于离退休的领导人员；群体失落感和信息缺乏是多数离退休者对退休生活的不适应所致；最普遍的是老年人在家庭关系中的失落感，如果子女由于种种原因忽略了对他们的关心及沟通，老年人就会深深地体验到孤独和苦楚。

（3）适应性差。老年人不容易适应新环境和新情境。他们对周围环境的态度和方式逐渐趋于被动，依恋已有的习惯，较少主动地体验和接受新的生活方式，学习新东西也有困难，对意外事件的应变性也较差。

（4）拘泥刻板。老年人倾向于刻板行为，有的研究发现，人到 53 岁以后刻板性就逐渐增强，此后各年龄组均呈显著性差异。老年人在解决问题时为了求得谨慎而使决断速度减慢，他们注重准确性，担心闪失，宁愿牺牲速度也要少犯错误。

（5）趋于保守。老年人经验丰富，也注重自己的经验，并希望子女接受自己的经验，对由此而引发的矛盾不易理解，从而喋喋不休，爱发牢骚。

（6）回忆往事。老年人的心理世界逐渐表现出由主动向被动、由朝向外部世界转为朝向内部世界。因此很容易回忆往事，遇事情也容易联想到往事，越是高龄，这种回忆往事的趋势越明显。

二、老年心理健康公共服务

（一）老年心理健康问题

我国自 20 世纪末进入老龄化社会以来，老年人口数量和占总人口的比重持续增长。2000 年至 2019 年，我国 65 岁及以上老年人口增加近 6 296 万人。未来一段时间，老龄化程度也将持续加深。根据联合国预测：中国在 21 世纪中叶将有 5 亿人口超过

60岁，将步入深度老龄化阶段，老年人心理健康问题也会随之凸显。2011年，全国首次老年心理健康状况调查表明，中国城市社区老人抑郁情绪问题检出率高达39.86%，抑郁已成为老年心理问题的主要症状。

1. 身体健康状况下降而产生的心理问题

老年人随着年龄的增长，各脏器功能都会逐渐衰退，明显表现为视力和听力下降，心脏搏出量减少，肺活量减少，肾脏清除功能下降，脑组织也开始萎缩等。身体健康状况的每况愈下，使其在相同外因作用下，比青年人更易患各种疾病且程度严重。老年人因组织器官退行性变化及躯体疾病的产生，心理精神问题也随之增长。一方面，因对慢性疾病的恐慌，诱发焦虑、沮丧，形成自我感受负担及社交障碍等心理变化；另一方面，患病老年人易以自我为中心，稍有照顾不周就觉得不被尊重、伤感，进而产生抑郁等负面情绪，甚至出现自杀。此外，伴随老年人的身体改变，心理也会发生微妙的变化，有一些老年人患有重大疾病甚至不能自理，我国超过4 000万失能和半失能老年人，自理能力差、活动受限，在长期接受他人照顾过程中，部分老年人会产生愧疚感，而长期照护者因缺乏疾病相关知识、照顾技能，承担较多的体力负担和精神压力等，脾气急躁，对老年人的心理精神也产生负性影响。由此导致的忧郁、焦虑、恐惧等心理问题普遍存在。调查结果显示，很多老年人存在抑郁感、怀旧感、孤独感、失落感、恐惧感等心理现象。

2. 慢性疾病导致的心理问题

截至2018年年底，我国患慢性病老年人口超过1.5亿人，老年人是慢性病群体的主要人群。2019年政府工作报告指出，需进一步加强慢性疾病群体的有效健康管理。患慢性病老年人的心理健康是影响生命质量和有效健康管理的关键因素，也是重要公共卫生问题。超过40%的社区老年慢性病人群和58%的住院老年慢性病患者存在心理问题。超过95%的出院老年慢性病患者希望获得持续性的照护和关爱，可能由于患者自我健康状况评价低，导致孤独感明显增加。例如，在慢性呼吸系统疾病住院患者焦虑自评量表（SAS）调查中发现，超过40%的患者评分在轻—中度的焦虑范围，其中超过半数老年患者对自身疾病和死亡有恐惧心理。对于失独老人和空巢老人，除了慢性病患病率高，精神需求也较健康老人高。目前，对于慢性病老人在心理精神健康评估和筛查方面相对滞后，老年人从医疗机构回归家庭或者社会后，不管是家庭成员还是护理员都将重心放在生活照料方面，缺乏对老年人心理需求的关注和精神慰藉，集中养老的老年人较居家养老的老年人更易产生负性情绪。研究发现，城市老年人对于心理服务需求率高达37.89%，超过医疗保健与生活护理的需求，因此，慢性病老人精神心理需求是不可忽视的健康问题。

3. 空巢导致的心理问题

我国传统的大家庭正被新型的“核心家庭”所取代，老年人独居、空巢现象越来越多。由于老年人缺乏与子女及亲友之间的交流，从而导致在感情上和心理上失去支柱，尤其是独居的老年人表现最为突出，他们对自己的存在价值表示怀疑，陷入无趣、无欲、无望、无助的状态，这些负性情绪强烈或持久地反复体验即成为一种长期的精神刺激，容易引发空巢综合征。曾有研究者对全国 7 个大中城市的 2 225 位独居空巢老人、夫妻同住的空巢老人和非空巢老人的调查数据进行分析，空巢老人心理健康的平均水平相对非空巢老人普遍更低，其中超过 1/4 的独居空巢老人常有孤独、寂寞等负面心理。王玲凤等通过对城市空巢老人的研究，其结果表明，城市空巢老人中无子女老人的心理压力最大，其次是绝对空巢老人，相对空巢老人体验到的心理压力最小。以上学者的研究表明，空巢老人的心理健康问题已经不容小觑，关爱空巢老人心理健康十分必要。

4. 离退休后生活不适应而产生的心理问题

工作到退休，老年人的社会角色发生改变。有些老年人在退休之前，生活比较充实，特别是在企事业单位中占据重要位置，离退休之后，常常会难以适应新的生活环境，容易留恋过去和陷入回忆，心理上不免产生失落感，进而产生失落、焦虑、抑郁等情绪，导致退休综合征。退休综合征表现出两种相对极端的情绪：一种表现为失眠、心悸、全身燥热、坐卧不安，常为小事而大发脾气；另一种表现为情绪低沉、表情淡漠、对任何事情都无动于衷。为了预防老年人出现退休后生活习惯、人际关系、认知及情感方面的不适应而导致的退休综合征，老年人应该在其退休之前做好心理准备，调整自己的心态，顺应时代发展规律。

5. 家庭关爱或经济原因而产生的心理问题

老年人要安度晚年，家庭结构和经济基础上的稳定是一个很重要的条件。在当今社会，独生子女较多，年轻人生活节奏快、压力较大，而老年人最关心在意的就是血缘亲情，他们大都非常希望子女能够陪在身边、经常探望并给予足够的关爱，加上老伴离去、子女婚嫁、子女离异等家庭结构变故，会导致心理失衡，这种落差也很容易导致老年人的心理健康问题。老年人在退休后，收入大都与在职时期难以比拟，经济基础较为薄弱，Winkleby 等研究发现，社会经济地位对个体健康的影响几乎出现在生命的各个阶段，同时受到其他因素的影响，如社会环境、公共政策等。

（二）老年心理健康公共服务的内容

公共服务能够满足公民生活、生存与发展的需求，能使公民受益。因此，有必要围绕“老年心理健康”的目标，来解决我国健康老龄化的问题。

公共服务类别根据内容和形式分类，分为基础公共服务、经济公共服务、公共安全服务和社会公共服务。社会公共服务则是指通过国家权力介入或公共资源投入为满足公民的社会发展活动的直接需要所提供的服务。因此，老年心理健康公共服务属于社会公共服务。

1. 心理健康教育服务

心理健康教育属于应用心理理解范畴，是直接服务于人心理健康的一门独特的理论与技术。心理健康教育模式并不等同于单项的心理治疗和心理咨询，但它包含了心理治疗、心理咨询的某些理论与手段，而更多的则是心理教育与训练。心理健康教育也不等同于思想品德教育，但体现、开拓了情感教育、思想转变、行为训练的新方法、新思路。心理健康教育通过动态的心理教育活动的影响、启发、引导，提高对自身探索的自知力，对自身调节的自控力，从而帮助人们心理健康地成长、发展。

目前，我国老年心理健康教育活动规章制度不完善并缺乏外部监管，主要体现在以下几个方面：一是心理健康知识宣传不够，从中国传统文化的角度来看，老年人会把心理疾病划到精神疾病范畴，总认为那些是“脑子有病”的人，因此有心理问题也不会主动求助。二是组织保障机构缺乏和不正规，我国老年心理健康教育监管机构不完善，并未建立关于组织保障机构的统一标准，老年心理健康教育活动的形式与内容缺乏指导与监管，并未形成管理的制度化，一些教育活动虽然得以举办，但难以确保心理健康教育活动的有效性。三是缺乏老年心理健康教育的经费保障机制，我国的老年心理健康教育经费缺少统一规划，经费保障体系有所缺失，进而束缚了老年心理健康教育活动的开展。四是法律保障体制的缺失，并没有相应具体的老年人教育性法规。

2. 心理评估服务

心理评估的对象是人，包括了病人和健康的人，故评估的范围既涉及了疾病，又涉及了健康，而且更重视健康的评估。心理卫生强调生物—心理—社会医学模式，评估的内容必须涉及这三个方面及相互间影响。心理评估有广义和狭义之分。广义的心理评估是指对各种心理和行为问题的评估，可以在医学、心理学和社会学等领域运用。主要用来评估行为、认知能力、人格特质及个体和团体的特性，帮助做出对人的判断、预测和决策。狭义的心理评估也叫临床评估，是指在心理临床与咨询领域，运用专业的心理学方法和技术对来访者的心理状况、人格特征和心理健康做出相应判断，必要时做出正确的说明，在此基础上进行全面的分析和鉴定，为心理咨询与治疗提供必要的前提和保证。

对于心理健康的评估大多采用自述式问卷进行心理测量，国外学者所使用的老年心理健康评估量表较多，大致分为三类：智力量表（简易智力状态检查、痴呆筛查量表等）、单一心理问题反应评估工具（流调中心抑郁量表、老年抑郁量表、焦虑自评量表、自尊评价量表等）、基本状况调查工具（包括康奈尔医学量表、SCL-90 量表、生活满意度及主观幸福感测查、国家健康成果量表等）。由于缺少适合本国国情的评估工具，国内学者多采用国外量表的翻译版本或修订版本进行研究。

如何科学定义心理健康、如何客观评估我国老年人的心理健康是维护和促进老年心理健康的基础和前提。为此，中国老年人心理健康评估指南专家组以科学的心理学理论为基础，结合以往研究和实践的成果，特别制定我国老年人心理健康评估专家共识。中国科学院心理研究老年心理研究中心根据心理健康包括认知效能、情绪体验、自我认识、人际交往和适应能力的理论构想，采用文献回顾、专家评定和个人访谈等方法，形成包含 65 道题目的《老年心理健康量表》。根据心理健康的概念和维度，对老年人的心理健康进行评估时要全面考察以下 5 个方面。

（1）认知效能：老年人能保持基本的日常认知功能，如注意、学习、记忆、思维等，才能生活自理，完成日常任务，这是保证生活质量的重要环节。此外，老年人还能在学习新事物中发挥智力潜能，不断提高认知效能。

（2）情绪体验：老年人一生经历不同的生活事件，情绪体验较深刻，情绪反应持续时间较长。老年人要有良好的情绪调适能力，才能使情绪稳定，保持积极的情绪状态。

（3）自我认识：老年人要凭借自己丰富的阅历，不断认识自我，才会正确地了解和评价自己，有自知之明，具有完好的自我。

（4）人际交往：老年人要有一定的交往能力，主动与他人联系，尤其要和家人沟通，理解他人，关爱和帮助他人。要参与社会，融入社会，获得社会支持，这是积极老龄化的重要环节。

（5）适应能力：老年人要在与人和环境相互作用中不断调适自己，积极应对自身老化带来的各种困难和面临的生活事件，保持良好心态。有较强的心理承受能力，能耐受挫折，尽快复原，恢复正常生活。

3. 心理咨询服务

心理咨询就是指心理咨询员借助耐心、真诚的交谈，与咨询者（咨询对象）建立融洽的咨询关系，给咨询者以启发、帮助、支持、指导，解决其心理困扰，促进其人格不断完善及潜能充分发挥的一种心理帮助过程。北京大学心理咨询专家钱铭怡教授认为，心理咨询是通过人际关系，运用心理学方法，帮助来访者自强自立的过程。

心理咨询的对象主要是正常人，心理咨询所提供的全新环境可以帮助人们认识自己与社会，处理各种关系，逐渐改变与外界不合的思维、情感和反应方式，并学会与外界相适应的方法，提高工作效率，改善生活品质，以便更好地发挥人的内在潜力，实现自我价值。

有人认为，出现心理问题，找朋友、家人、同事求助，或自己去看看有关书籍、报刊，也能解决问题，但这些方法却都不能等同于找专业人员咨询。心理咨询的专业工作者，接受过专业训练，具有必要的心理学、医学知识和综合运用心理咨询理论与方法的能力，尊重、保护来访者的个人隐私权，更不会歧视来访者。许多实验证明，一旦有了心理问题，及时与心理咨询人员合作，根据心理科学规律，共同采取适当的方式，才是明智的选择和正确的途径。

中国人民大学老年学研究所曾发布一份关于老年人社会养老服务与需求的调研报告，调研随机选取 8 个街道 43 个社区，获得 2 000 份老年人有效问卷信息，掌握了社区老年人服务的实际情况。调查结果显示，在解闷聊天等精神慰藉服务方面，70 至 79 岁年龄段的老年人，尤其是独居老人和失能老人，对此需求最大，需求量达到 40.3%。此次调查除了调查老年人在社会服务方面的需求程度之外，还统计了老年人在一年内接受社区服务的情况。结果显示，43 个社区中 74%都设置了老年心理咨询室，然而在这些已经设置了老年心理咨询室的社区中，有 95.5%的老年人并没有接受解闷聊天等精神慰藉服务，一年内只有 2.8%的老年人经常接受、1.7%的老年人偶尔接受。由此可以看出，老年人在精神慰藉方面有相当高的需求率，社区给予的供给率并不低，但老年人的使用率或者接受率却很低。实际上，老年人不是不想咨询心理问题，而是很多心理问题通过面对面的方式很难说出口。让老人在公开场合接受心理咨询并不符合老年人的心理特点和行为特点。因此，对老年人进行心理疏导不仅十分有必要，而且还需要根据他们的需求进行细致的划分，需要专业医护人员介入。

老年人一般都伴随着一种或多种慢性疾病，由掌握心理咨询技术的医生或护士实施健康指导、疾病管理和一对一的心理咨询服务，提供健康保健知识、心理辅导、心理疏导，使其能积极主动地面对自身的问题，勇敢地去面对生活本身强加于患者心理的不良刺激，教会患者自我疏导、自我放松，运用意念转移和深呼吸的方法，来克服自己本身的负性心理、负性情绪，指导患者以积极乐观的态度正确面对现实，通过学习调整心态，提高老年患者的适应能力和心理抗挫折能力。

4. 心理治疗服务

《美国精神病学词汇表》将心理治疗定义为："在这一过程中，一个人希望消除症状，或解决生活中出现的问题，或因寻求个人发展而进入一种含蓄的或明确的契约关系，以一种规定的方式与心理治疗家相互作用。"本书提出的心理治疗定义如下：心理治疗是在良好的治疗关系基础上，由经过专业训练的治疗者运用心理治疗的有关理论和技术，对来访者进行帮助，以消除或缓解来访者的问题或障碍，促进其人格向健康、协调的方向发展。

在心理治疗的定义中，我们看到良好的治疗关系又一次被强调，这是所有改变的前提条件。治疗者运用心理治疗的有关理论和技术对来访者进行帮助这一特点，在心理治疗过程中比之在咨询过程中更为突出。心理治疗理论与技术的应用及良好的治疗关系在治疗者与来访者之间产生的交互作用，其目的均为使来访者产生某种改变，如情绪的、行为的或认知的改变，消除或缓解其问题和障碍，使其人格能向着较为积极的方向发展。这不是轻而易举的任务，来访者改变的发生，需要治疗者及来访者双方艰苦的努力。因为改变必须假以时日，所以说，治疗是一个过程，不是一蹴而就的事情，也就不难理解了。

心理咨询和心理治疗目前都归属于临床心理学的范畴，但它们确实是两类不同性质的心理学操作技术。一个是"协助"，即协商和协同地进行帮助，另一个则是"矫治"，即有强制性的矫正和按治疗师的方法进行调治。一般的看法认为心理咨询的特点为：轻度的来访者，处理个别、突出的问题，不涉及人格障碍，在非医疗的情境中开展。心理治疗的特点则是：较严重的病人，涉及人格和心理障碍问题，在医疗的情境中进行。

5. 心理危机干预服务

从心理学的角度来讲，心理危机指个体在面临重大生活事件时，如亲人死亡、婚姻破裂或天灾人祸等，既不能回避，又无法用通常解决问题的方法来应对时所出现的一种心理失衡状态。心理危机容易引发人们的焦虑、恐惧、不信任感等心理应激反应，破坏社会稳定。危机干预的时间一般在危机发生后的数个小时、数天，或是数星期。危机干预工作者一般必须是经过专门训练的心理学家、社会工作者、精神科医生等。心理危机干预与传统心理咨询不同，危机心理发展有特殊的规律，需要使用立即性、灵活性、方便性、短期性的咨询策略来协助人们适应与度过危机，尽快恢复正常功能。

随着年龄的增长，老年人的身体和心理都会发生变化，身体上逐渐衰老，对生活中各个方面抵抗力下降。尤其是在经历了重大的不良生活事件之后，会出现各种各样的心理问题，特别是身患重病、突发灾难、丧失亲人等危机事件。所以，对老年人的心理危机干预也是我们心理健康公共服务工作的一个重要方面。心理危机干预的主要目的有两个：一是避免自伤或伤及他人；二是恢复心理平衡与动力。有效的危机干预就是帮助人们获得生理心理上的安全感，缓解乃至稳定由危机引发的强烈的恐惧、震惊或悲伤的情绪，恢复心理的平衡状态，对自己近期的生活有所调整，并学习到应对危机有效的策略与健康的行为，增进心理健康。

6. 心身疾病综合治疗服务

心身疾病（psychosomatic diseases）或称心理生理疾病，是介于躯体疾病与神经症之间的一类疾病。目前，心身疾病有狭义和广义两种理解。狭义的心身疾病是指心理社会因素在发病、发展过程中起重要作用的躯体器质性疾病，例如原发性高血压、溃疡病。至于心理社会因素在发病、发展过程中起重要作用的躯体功能性障碍，则被称为心身障碍（psychosomatic disorders），例如神经性呕吐、偏头痛。广义的心身疾病就是指心理社会因素在发病、发展过程中起重要作用的躯体器质性疾病和躯体功能性障碍。

心身疾病在人群中的分布较广，在综合性医院的初诊病人中，略高于 1/3 为躯体疾病，不到 1/3 为神经官能症，其余 1/3 即为心身疾病。心身疾病分布于各个系统，种类甚多，主要受植物神经支配的系统与器官。如老年人常见的冠心病、原发性高血压、支气管哮喘、糖尿病、消化性溃疡、类风湿性关节炎，甚至癌症、失眠亦纳人心身疾病范畴内。这些疾病在病因和预防上与心理社会应激有密切关系。因此，老年健康在防治上必须重视心理社会因素和开展心理咨询等服务。原则上心身疾病的治疗应包括躯体和心理两个方面。采取综合防治措施，包括躯体疾病治疗、精神药物治疗、心理咨询与治疗，三者相互配合，可获较佳疗效。

在具体治疗过程中，采用的方法可有所侧重，或以心理咨询与治疗为主，配合精神药物治疗及躯体疾病治疗；或以药物治疗为主，辅以心理咨询与治疗。例如，支气管哮喘采用支气管扩张剂治疗，高血压采用降压药治疗，溃疡病采用制酸剂治疗等。由于这些疾病都有组织结构方面的病理改变，躯体治疗一般能够缓解症状，达到一定治疗效果，但疗效可能不理想，停止药物治疗后症状很可能会复发，所以，非常需要适当的精神药物治疗和心理咨询与治疗。精神药物作用于中枢神经系统，可以影响人的认知、情感和行为，但对正常精神活动无明显影响的药物，精神药物的应用应当在心理医生的指导下进行。

三、老年心理健康公共服务的作用和意义

（一）老年心理健康公共服务的作用

1. 老年心理健康公共服务有助于促进社会服务体系的完善

习近平总书记强调，要“加强社会心理服务体系建设，培育自尊自信、理性平和、积极向上的社会心态”[①]。人类发展的本质是人的发展，而人的发展取决于一个国家（地区）的基本公共服务供给状况。因此，基本公共服务是人类发展的重要条件，也是人类发展的重要内容。对于个人来说，健康具有重要的本体性价值，是衡量人的身体素质的主要指标。从社会角度讲，健康构成一个社会人口素质的基础，投资于健康就是投资于未来经济发展，社会拥有了健康就是拥有了“财富”。世界精神卫生联盟提出：“没有健康就无法发展，没有心理健康就无法真正实现健康。”因此，老年人心理健康服务不仅能够保障人民健康、惠及民生，还能有效促进社会服务体系的完善，建设和谐社会。

2. 老年心理健康公共服务有助于建立更加完善的社会保障体系

根据《中华人民共和国宪法》的规定，中华人民共和国公民在年老、疾病或者丧失劳动能力的情况下，有从国家和社会获得物质帮助的权利。权利公平就是指人人都有权得到相应的保障，得到社会保障是公民的权利。党的十九大报告指出：“坚持人人尽责、人人享有，坚守底线、突出重点、完善制度、引导预期，完善公共服务体系，保障群众基本生活，不断满足人民日益增长的美好生活需要，不断促进社会公平正义，形成有效的社会治理、良好的社会秩序，使人民获得感、幸福感、安全感更加充实、更有保障、更可持续。”[②]人人都会变老，老年人需要得到相应的赡养和照料，所以我们应该加强养老保障体系建设，通过培养具有专业知识和职业素养的人员，满足老年人的心理健康服务需求。

3. 老年心理健康公共服务有助于完善公共资源整体配置

社会问题主要是民生问题，这些问题往往会出现在教育、就业、收入、社保、医疗卫生、食品安全、环境保护、扶贫济困、社会救助、弱群保护等方面。社会资源配置是老年人生活需求的保障，马斯洛从心理体验的角度把人的需求由低到高划分为“生理需求—安全需求—社交需求—尊重需求—自我实现需求”五个层次。老年人不仅需要注重营养，参加健身活动，拥有健康的身体，而且需要维持良好的人际关系，得到社会的尊重，享有参与社会事务的权利，提高生活幸福感，拥有健康的心理。如果我们只重视老年期躯体疾病的诊断和治疗，不重视老年期精神卫生，其结果可能是延长了老年期的生命时间，但不能使老年人度过安宁舒畅的晚年生活。现代老年精神医学已不再以封闭式的精神病院内的老年患者作为唯一服务对象，已扩大到要为社区内的老年群体服务，为综合医院老年病房内或门诊中许多老年患者服务。采用政府部门主导，结合多元化竞争方式来配置包括人力、物力、资金、技术、知识等社会服务资源，

① ② 习近平．决胜全面建成小康社会，夺取新时代中国特色社会主义伟大胜利——在中国共产党第十九次全国代表大会上的报告[M]．北京：人民出版社，2018．

有利于完善全社会资源配置和改善国民整体福利，因此老年心理健康服务是当前亟待建设的公共资源配置服务项目。

4. 老年心理健康公共服务有助于强化党对公共服务的统一领导

历史实践证明，中国特色社会主义发展必须坚持中国共产党的集中统一领导，因为只有党才能站在代表人民根本利益的战略高度，总揽全局、协调四方，保证从决策、部署、指挥、资源整合到具体实施，都能够始终沿着正确的政治方向，做出科学的决策，制定切实的政策，并确保政策的执行和效力。随着我国经济水平的提高，老年人在基本生活得到保障后，对精神层面的需求不断提升，心理健康方面的基本公共服务关系直接影响老年人心身健康水平的提高。为了加强党对精神文明建设工作的领导，老年心理健康公共服务工作也必须加强和坚持党的领导。老年大学或社区大讲堂是社会生活的重要公共场所，是贯彻执行党的路线方针政策、落实党对人民群众关心爱护的重要载体，是为人民群众提供心理健康教育、促进人民心身健康的重要部门，是坚持党要管党、全面从严治党的重要组成部分。

（二）老年心理健康公共服务的意义

1. 有利于推进和谐社会建设

在我国努力建设社会主义和谐社会的进程中所面临的一个重要问题，就是社会人口老龄化现象日益加重。根据国际上的统计，在未来的 25 年中，中国老年人口数增量将比世界老年人口数增量多 21%，2050 年，我国的老年人口数量将会达到全国人口总数的 1/3，从第七次全国人口普查的数据可知，我国人口老龄化正在高速发展。老年人的心理健康水平直接影响着老年人的生活质量和健康水平，迅速扩大的老年人群体，已经成为影响我国社会和谐健康发展的一个重要因素，因心理健康问题层出不穷，老年人的心理健康问题已经成为社会性问题。为老年人提供基本而有保障的心理健康服务，补充社会化养老体系内涵，减轻居家养老独生子女负担，有助于缓解我国当前经济社会中所面临的人口老龄问题，顺利推进和谐社会建设。社会主义核心价值观中的“和谐”是中国传统文化的基本理念，集中体现了病有所医、老有所养等生动局面，是社会主义现代化国家在社会建设领域的价值诉求，是经济社会和谐稳定、持续健康发展的重要保证。

2. 有利于实现积极老龄化的基本要义

2002 年，在西班牙马德里召开的联合国世界老龄大会就提出面向 21 世纪的积极老龄化战略——《2002 年老龄问题国际行动计划》，其主要含义有两点：其一，老年人不是社会的包袱，而是全社会、全人类的宝贵财富，同时还是可持续发展的资源；其二，倡导老年人自身要以积极的、健康的姿态参与社会发展。这就为全世界的老年人更加舒适、更有尊严、更有价值的生活提供了全球性的制度保障。“健康、参与、保障”成为积极老龄化的三大支柱。

积极老龄化最重要的思想在于将战略计划建立在“尊重”“权利”的基础上。它不仅承认老年人具有的积极品质，并将其转化为社会发展动力，而且是应对老龄化，保证经济社会协调发展的重要策略。积极老龄化的实现不是某个群体、某个部门努力就能实现的，而是需要国家统一指导，多方协同努力才能切实加以推进的。

3. 有利于提高老年人的生命质量

近年来，人们逐渐认识到，在追求生命长度（数量）的同时，更应追求生命的宽度（质量）。人到中年以后开始衰老，生理机能的老化是不可避免的，只有老年人心理健康状况良好，晚年生活中过得开心，给自己的生活带来乐趣，才能真正做到欢度幸福的晚年。老年人的身心健康不仅关系到老年人个人幸福和生活质量，而且也涉及家庭幸福和社会的和谐。

4. 有利于传承中华美德和弘扬敬老文化

爱老敬老是中华民族的传统美德，随着中国社会事业的发展，爱老敬老越来越引起社会的广泛关注。在新的历史时期，传统的爱老敬老文化被赋予了新的内涵。精神文明体现着一个国家和社会的发展程度，当前各国都注重精神文明建设，关注心理健康是精神文明建设的重要表现，在当今社会人口老龄化的历史时期，我们应该更加关注老年人心理健康，弘扬中华敬老爱老的美德。

第二节 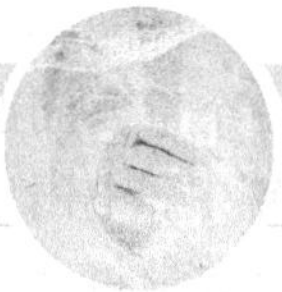 老年心理健康公共服务的运行机制

一、我国老年心理健康公共服务的政策

根据中国医学科学院和北京协和医学院卫生健康管理政策学院裴晨阳等人的统计研究，我国老年健康服务政策演变可划分为三个主要阶段：第一阶段（1984—2008 年），此时政策发展处于起步酝酿阶段，出台文件数量较少；第二阶段（2009—2016 年），随着新一轮医改展开，老年健康服务政策进入快速发展阶段，各项政策陆续出台，年均发文 11 份，政策内容涵盖老年健康服务各领域；第三阶段（2017 年之后），在《“健康中国 2030”规划纲要》《“十三五”健康老龄化规划》出台及国家卫健委老龄健康司正式成立的背景下，各项政策密集出台，年均发文达 23 份。这一阶段，政府正式提出建立完善老年健康服务体系，政策演变呈现体系化发展特征，进入了系统整合阶段。

2002 年，卫生部、民政部、公安部和中国残疾人联合会颁布的《中国精神卫生工作规划（2002—2010 年）》，将老年人群纳入精神卫生工作的重点人群，将老年痴呆症列为重点疾病之一。

2009 年 3 月，《中共中央、国务院关于深化医药卫生体制改革的意见》出台，老年健康服务政策进入了快速发展的阶段。同年，卫生部出台《关于促进基本公共卫生服务逐步均等化的意见》，将老年人健康管理、慢性病管理纳入国家基本公共卫生服务项目，改变了以往健康管理工作仅停留在政策层面、落地实施难的状况。

2012 年 6 月，卫生部颁布的《中国精神卫生工作规划（2012—2015 年）》强调，

老龄组织要在老年人及其家庭成员，尤其是离退休、丧偶等生活发生变故的老年人和农村留守老年人中，开展老年心理健康宣传，普及预防老年痴呆症、抑郁症等精神障碍和常见心理问题的知识，促进早期发现和治疗老年期精神障碍。2012 年 7 月出台的《国家基本公共服务体系“十二五”规划》从实践操作层面制定了基本公共服务国家基本标准，在规划中提出，65 岁以上老年人免费享有登记管理、健康危险因素调查、一般体格检查、中医体质辨识，疾病预防、自我保健及伤害预防、自救等健康指导。2012 年 10 月 26 日，《中华人民共和国精神卫生法》（中华人民共和国主席令第 62 号）颁布，提出发展精神卫生事业，规范精神卫生服务，维护精神障碍患者的合法权益，加强心理健康促进和精神障碍预防工作，提高公众心理健康水平，有针对性地开展心理健康教育。

2013 年，国家把老年人精神赡养首次写入《中华人民共和国老年人权益保障法》，这从一个角度说明，对于老年人的心理关爱被重视，并被纳入体系中。在老年人物质生活得到保障的前提下，《中华人民共和国老年人权益保障法》第十八条特别强调：家庭成员应当关心老年人的精神需求。

2014 年 9 月，国家发展和改革委员会、民政部、财政部下发《关于加快推进健康与养老服务工程建设的通知》（发改投资〔2014〕2091 号），重点关注老年人的身体健康和心理健康。

2015 年“两会”上，通过何种方式满足老年人的精神需求、提高其生活满意度，更是成为讨论的焦点。

2016 年 5 月 27 日，习近平总书记在主持“我国人口老龄化的形势和对策”的中共中央政治局学习时强调“坚持应对人口老龄化和促进经济社会发展相结合，坚持满足老年人需求和解决人口老龄化问题相结合，努力挖掘人口老龄化给国家发展带来的活力和机遇，努力满足老年人日益增长的物质文化需求，推动老龄事业全面协调可持续发展”。同年，国务院出台《“健康中国 2030”规划纲要》，提出要立足全人群和全生命周期两个着力点，实现全民健康，其中老年人更是被作为重点人群提及。

2017 年 10 月，党的十九大上第一次正式提出“社会心理服务体系建设”。同年，国家卫计委等 12 个部门联合制定《“十三五”健康老龄化规划》，明确了“健康老龄化”的理念及实施路径，即从生命全过程的角度，对所有影响老年健康的因素进行综合、系统的干预，这成为指导老年健康服务发展的理念目标。2018 年，国家卫健委新组建成立“老龄健康司”，整合了老龄相关工作职责，为老年健康服务体系建设提供了强有力的组织管理保障。

2018 年 12 月 29 日，第十三届全国人民代表大会常务委员会第七次会议第三次修正《中华人民共和国老年人权益保障法》，对社会养老服务体系的建设、改善老年人心理健康条件提出了要求。

国家卫健委于 2019 年 4 月印发《关于实施老年人心理关爱项目的通知》，明确 2019—2020 年在全国选取 1 600 个城市社区、320 个农村行政区开展工作，增强老年人自我保健、自我防卫、自我调适的能力，提高老年人的心理健康水平。2019 年 6 月 10 日，国家卫健委在北京举行新闻发布会，国家卫健委老龄健康司司长王海东表示，国家卫健委正积极推进老年人心理关爱项目，着力改善老年人心理健康状况。2019 年 7 月，国务院印发《国务院关于实施健康中国行动的意见》，其中“老年健康促进”作为 15 个重大专项行动之一，将“健康老龄化”落实到行动层面。同年 11 月，国家卫健委等部门联合发布《关于建立完善老年健康服务体系的指导意见》，提出构建“健康教育、预防保健、疾病诊治、康复护理、长期照护、安宁疗护六位一体的综合连续、覆盖城乡的老年健康服务体系”，成为我国首部建设老年健康服务体系的指导性文件，明确了老年健康服务体系的顶层设计，整体推动服务体系完善和服务水平提升。

二、我国老年心理健康公共服务的主体

构建全民均等享有的基本公共服务体系是构建社会主义和谐社会的目标之一，是促进社会公平公正、维护社会和谐安定、确保人民共享发展成果的重大举措。世界精神卫生联盟提出:“没有健康就无法发展，没有心理健康就无法真正实现健康。”心理健康问题已成为 21 世纪人们普遍关注的重点问题。老年人作为一个特殊的群体，他们的心理健康问题引起了社会的广泛关注。

中国政府提出了基本公共服务均等化的目标，但在操作层面必须明确界定基本公共服务的内容。从中国的现实看，可以运用基础性、广泛性、迫切性和可行性四个标准来界定。所谓基础性，是指那些对人类发展有着重要影响的公共服务，它们的缺失将严重影响人类发展。所谓广泛性，是指那些影响到全社会每一个家庭和个人的公共服务供给。所谓迫切性，是指事关广大社会最直接、最现实、最迫切利益的公共服务。所谓可行性，是指公共服务的提供要与一定的经济发展水平和公共财政能力相适应。从上述标准判断，老年健康服务，是广大城乡居民最关心、最迫切的公共服务，是建立社会安全网、保障全体社会成员基本生存权和发展权必须提供的公共服务，成为现阶段我国基本公共服务的主要内容。

在公共服务提供过程中，政府是决定性因素。由于老年心理健康公共服务的内容包括了心理健康教育服务、心理评估服务、心理咨询服务、心理治疗服务、心理危机干预服务及心身疾病综合治疗服务等多项内容，所以，提供老年心理健康公共服务的机构应该是以正式的政府机构为主体，可以是公立医院、高等院校、老年大学等专门的公共服务机构，还可以补充具有公益性质的民间团体、社会组织，以及能提供相应服务的公司。

总的来说，以政府为主导、以社会团体和私人机构等为补充的供给主体，为老年公民及其组织提供基本而有保障的公共服务，保护老年群体最基本的生存权和发展权，满足老年群体基本尊严和基本健康的需要，主要表现为政府主导、社会参与，这样有利于构建中国特色社会主义和谐社会，有利于促进全国人民在和谐幸福的环境中推进社会不断进步，以此在提升公共服务水平的基础上，提升人民的幸福感。

三、我国老年心理健康公共服务的体系建设

我国正处于由计划经济体制向社会主义市场经济体制转型、传统的农业社会向现代的工业社会转型，新旧观念交织在一起，观念的冲突和利益的冲突成为转型社会的一个突出特征，因此，加强老年心理健康公共服务体系建设，塑造老年群体积极健康的人格，培育自尊自信、理性平和、乐观向上的社会心态，才能提高社会文明水平，促进和谐社会建设。

党的十九大报告明确指出要“加强社会心理服务体系建设，培育自尊自信、理性平和、积极向上的社会心态”。党的十九届四中全会再次强调：“健全社会心理服务体系和危机干预机制，完善社会矛盾纠纷多元预防调处化解综合机制。”由此，社会心理服务体系建设正式成为国家战略，加强老年心理健康公共服务体系建设是其主要内容。

心身健康是老龄健康的完整内涵，这两者相互依存又相互促进，是不可分割的有机统一体，均与老年生活质量密切相关。肯塔基大学的流行病学博士 David A. Snowdon 和他的同事在 1986 年开始实施著名的“修女毕生追踪研究”，研究范围包括了美国圣母学校修女会的 7 所修院，研究对象为 678 名年龄在 75 至 106 岁的修女。结果发现，乐观老年人寿命比消极老年人长 10 年，且慢性病和痴呆发病率更低。2002 年，世界卫生组织发表了《积极老龄化——一个政策框架》的报告，提出老年人不仅需要积极、提早参加各种健身活动，拥有健康的身体，而且需要得到社会的尊重，享有参与社会事务的权利，才能提高生活幸福感，拥有健康的心理。心身健康被认为是积极老龄化的前提条件，也是以往有关老龄化研究中关注的焦点。

根据基本公共卫生服务规范的要求，当前实际开展的老年人健康管理的内容可以划分为两类：① 直接的老年人保健工作，主要包括生活方式和健康状况评估、体格检查、辅助检查、健康指导和每年为老年人提供 1 次中医药健康管理服务等 5 个方面。② 基本公共卫生服务项目中包含的老年人保健工作，如健康档案、教育教学、慢性病管理、中医药体质辨识中针对老年人的服务。

从国家的基本公共卫生服务规范之中虽然可以了解目前对老年人健康管理的内容，但是更多只是对老年人身体健康的服务，忽略了老年人心理健康管理需求的特征与变化，缺乏从生理、心理和社会支持的角度为老年人提供“以人为本的一体化卫生服务”，难以满足老年人的健康需求。

老年心理健康公共服务的体系建设是政府建立健全养老保障体系的重要内容之一，伴随着我国经济的快速发展和综合国力的不断增强，人民生活水平得到提高。伴随着人口老龄化的到来，人民对老年健康公共服务也提出了更严格的要求，这也是对中国政府的一大考验。结合我国实际情况，针对性建设老年心理健康公共服务管理体系，在个体发展层面上是促进身心健康，在国家建设层面上是实现国泰民安，为人民的美好生活而努力，这是国家繁荣的重要基础。

在老年心理健康产品和服务的提供方面可以妥善运用市场竞争机制，可以通过政府、市场、社会力量等多元主体通过多种途径来提供，即公共服务供给方式多元化，实现提供主体与提供方式多元化。

第三节 老年心理健康公共服务优化策略

目前，政策层面和社会层面都已关注老年人心理健康，例如宁波大学于 2019 年首次招收培养老年心理服务方向的应用心理专业硕士研究生，探索培养老年心理研究与服务专门人才的培养模式，推动更多高端的人才走进社区，为社区提供真正合适的服务。此外，为老年人提供适当的心理服务的机构和个人心理咨询工作室也开始出现，例如山东泰安就搭建“泰安市老年人心理疏导咨询服务热线”平台，为全市老年人和一线医务人员及其家属提供心理健康咨询服务；广东省东莞市厚街镇社区卫生服务中心的社区全科团队与社区老年人家庭进行签约式服务，提高老年人的心理健康。总体来说，对于老年人心理健康的关注是朝着积极的方向发展，各种研究也都在积极开展中。

一、政府主导老年心理健康公共服务的策略

健康老龄化既是个体诉求，更是国家建设健康中国的战略目标之一。2019 年，国务院印发《关于实施健康中国行动的意见》，国务院办公厅印发《关于印发健康中国行动组织实施和考核方案的通知》(简称《行动》)，国家层面成立健康中国行动推进委员会，并发布《健康中国行动（2019—2030 年）》，在“老年健康促进行动”方面，《行动》明确到 2022 年和 2030 年，三级中医医院设置康复科比例分别达到 75%和 90%。同时鼓励个人学习并运用老年人中医饮食调养，改善生活质量。此外，政府应积极宣传适宜老年人的中医养生保健方法；扩大中医药健康管理服务项目的覆盖广度和服务深度，根据老年人不同体质和健康状态提供更多中医养生保健、疾病防治等健康指导；中医医院与老年护理院、康复疗养机构等开展合作，二级以上中医医院开设老年医学科，增加老年服务资源，提供老年健康服务；发展中医药特色医养结合服务。

作为具有很强的公众福利性质的心理健康事业，其发展在很大程度上要依赖政府在政策和经费上的扶持。在中国大陆地区，心理健康工作开展得比较好的几个城市，政府在政策、经费上扶持的力度都较大。如杭州市政府成立有专门的心理健康办公室，由专人负责协调学校、医院、社区等心理健康工作。中国台湾地区不仅是所有华人社区中最早开展心理辅导的地区，也是心理健康事业发展较好的一个地方。究其原因，关键是从 20 世纪 60 年代开始，台湾地区的行政机构一直重视并提供了有力支持。再如美国的心理健康研究所之所以能开展如此广泛的研究，并使其研究成果一直保持世界领先水平，很大程度上取决于政府在经费上的大力支持。1999 年，这个心理研究所的财政预算是 8.59 亿美元。伴随着我国社会的急剧转型，人们的生活方式、价值观、社会利益格局也发生了改变，老年人由于自身的适应性较弱，他们对改革开放带来的一系列变化难免会产生思想上的迷惘、观念上的滞后，感到自己被社会遗忘，出现孤独、不满、固执、自私、多疑和偏见等心理变化。这些心理问题如果长期得不到解决，

老年人就会产生焦虑、抑郁等心理疾病。如何提高老年群体的心理健康水平，让他们身心愉快地安度晚年，共享经济和社会发展成果，将是关系到我国能否持续、快速、稳定发展的一个重要因素，也是构建社会主义和谐社会的一个重要内容。

第一，政府建立健全养老保障体系，保证老人最低生活保障。特别是针对经济收入低的空巢老人心理问题发生率较高的情况，建议政府修改现行的居民最低生活保障制度，适当提高空巢老人的补贴标准。完善社会养老机制，大力兴办养老院、敬老院、老人公寓、托老所等养老机构，建立空巢老人心理慰藉网络，为老年人提供便捷的学习和沟通交流平台，深入“摸底”我国老年人心理健康的状况和需求。同时鼓励医疗机构心理科或精神科、社会心理机构、大学心理院系积极参与养老机构建设，开设专门的心理咨询室或心理门诊、老年人心理健康的咨询热线等，把基层工作人员培训起来，能够识别老年人早期的心理问题，提升心身疾病的鉴别与诊疗能力，由专业人员对老年人的心理问题或心身问题进行诊治和疏导，对老年人的一些心理困惑进行解答，持续提供老年心理健康专业服务，使他们体会到来自社会的关爱。

第二，作为一种国家治理模式，政府购买公共服务的绩效关乎政府职能转变和治理水平的高低。作为社会福利政策中的重要目标对象，属于传统弱势群体的老年人在社会发展中的需求已经发生了较大的变化，由于养老、医疗保险和社会救助体系的基本覆盖使得大多数老年人的基本经济保障不成问题，故大部分老年人最为需要的健康服务是情感认知和心理方面的需要。影响老年人的心理健康状况的因素很复杂，但老年人的经济状况和家庭关系是主要原因，其他如受教育水平、家庭关系、个人性格、有无爱好等都对老年人心理有较大的影响。因此，促进老年人心理健康是一项系统工程，政府引领健康全程服务。以大卫生、大健康的理念引领老年健康服务体系建设，将健康融入所有政策，着眼生命全过程，对影响心理健康的因素进行干预，并提供基础心理健康教育的全程服务。

第三，老年心理健康公共服务数量和质量的供给要精准。基本公共服务发展包括规模的扩大和结构的优化，最直接的因素是公共服务需方与供方的匹配。人口老龄化的不断深化，将带来一些政治、经济、社会问题，这就对政府及社会提出了养老保障、医疗保障、生活保障等方面的更高要求。传统社会中的中国老年人对老年生活的期待是子孙满堂、颐养天年，但随着社会转型，传统的家庭逐渐解体，小型化和核心化家庭逐渐成为社会的主体，独居、空巢老年人的比例越来越高，老年心理健康公共服务的数量剧增。心理健康服务方便可及是基本公共服务均等化的具体方向，可获得性和方便性是服务得以落实的重要衡量因素。首先，要健全服务网络，这就需要在全国范围内合理布局，以基层为重点，提高服务效能，保障经济困难的失能老人、计划生育特殊家庭老人的基本心理健康服务，促进资源优化配置，逐步缩小城乡、区域差距，实现城乡间、地区间在基本心理健康服务公共资源配置的均衡，促进老年心理健康服务公平可及。其次，提高针对老年心理健康领域的基本公共服务的设施标准化水平，使基本公共服务需求者能方便地获得相应的服务。比如，提高心理咨询机构、心理治疗机构设施的标准化是老年人获得便捷的心理教育、心理健康信息、咨询与治疗服务的基础。最后，要完善老年心理健康公共服务的规范化、专业化和信息化。

第四，履行政府在制定规划和政策、引导投入等方面的职责，发挥市场在资源配置中的决定性作用，统筹资源，激发市场活力，鼓励社会多方面的力量参与，共同促进老年心理健康服务发展，满足多层次、多样化的老年心理健康服务需求。比如，建立社区心理关怀服务与家政生活服务等多元化的社区工作者队伍。社区服务在给老年人提供生活服务的同时，应多关注老年人的心理健康，帮助老年人确立合理的心理期望值，增强其自身的心理调适能力，必要时还可为老年人提供心理咨询。这需要大学心理专业、职业教育学校及社会心理机构共同培养一批不仅具有家政服务技能，并且具有一定心理知识的专业化社区工作者队伍。

第五，政府引导高校或社会开展老年心理学研究。我国开展心理学研究时间不长，进行老年心理学研究的人更是寥寥无几。像我国这样的老年人口大国，老年心理学研究就显得尤为重要。所以政府应该重视此学科的发展，整合科研力量，多出一些成果，为老年人心理健康问题提供理论上的支持，确立老年人心理健康评估标准，积极推动老年人心理健康信息数据共享与应用。

二、老年心理健康公共服务精准性的策略

政府购买社会力量公共服务肇始于 20 世纪 70 年代末的西方国家，是新公共管理运动对政府失灵的反思和变革。政府购买社会力量公共服务已成为克服公共服务供给主体单一、服务成本过高、服务效能低下等弊端的治理模式创新。

“精准性”是习近平新时代中国特色社会主义国家治理的价值目标和价值要求，强调“以人民为中心”、国家治理与群众需求精准适配的价值观。政府购买社会力量公共服务作为新时代国家治理现代化的关键部分，亦需体现习近平新时代中国特色社会主义国家治理“精准性”理念。具体而言，通过社区调研“群众诉求”是逻辑起点，老年人心理健康需求服务数量、质量和结构的变化能通过需求表达渠道向政府进行反映。“政府购买”即政府在精准识别老年群体心理健康公共服务需求和审查购买对象资格及能力的基础上，通过签订合同等方式向社会力量转移自身职能，以获取专业化、高效率的公共服务供给。“社会力量生产”即社会力量以公开竞争的方式承接政府职能、获取公共服务项目，并按合同要求发挥自身专业优势、主动承担社会责任、实现服务的高质量生产。

从国际先进经验看，老龄产业无不经历从专注医疗到专注健康的过程。在推进国家治理体系与治理能力现代化的背景下，国家公权力和社会私权力不断相互适应，由不良互动逐步走向良性互动，社会组织也得以不断发挥在资源配置中的重要作用。所谓社会资源的开放配置，就是放弃公共部门（如养老服务、卫生与健康服务、教育服务、就业服务、弱势群体服务、公益与慈善等）对社会服务领域的计划思维和封闭性做法，采用多元和竞争方式来配置包括人力、物力、资金、技术、知识、责任等社会

服务资源。进一步说，就是把“让市场在资源配置中起决定性作用”的理念同样贯穿于社会服务和公益慈善领域中，逐步形成公共服务供给的社会选择机制，从而降低社会资源配置成本，提高社会服务供给的效率和公平性。各类社会组织既是重要的社会资源，同时又是其他社会资源的配置主体之一，其组织性、公益性、非营利性、自主性和专业性，成为凝聚和配置社会资源的重要平台，在促成第三次分配、化解社会问题、满足人的自我价值实现需求等方面，具有独特优势。2019 年 4 月，国家卫健委发布关于实施老年人心理关爱项目的通知，通知指出，各地要积极贯彻党的十九大提出的“为人民群众提供全方位全周期健康服务”“积极应对人口老化”“加强社会心理服务体系建设”等要求，促进老年人心理健康。

我国香港特别行政区从 20 世纪 70 年代就开始探索将部分社会公共服务职能转移给社区和社会组织，取得了较好的效果。目前香港绝大部分社会公共服务是社区和社会组织承办，社会组织已经成为社区事务的积极参与者和社会公共服务的有效提供者。具体来说，就是经费以政府提供为主，民间筹措为辅；服务则以民间提供为主，政府提供为辅。政府通过竞争性投标的方式，购买大量的社会工作专业服务。香港政府与社会组织之间“官管民营”的伙伴关系不断完善，向着“合约关系”转化，构建了健全的政府购买服务制度体系，建立了较为详细和科学的服务监察和评价方法，并通过专业社会工作者提供服务，较好地保证了服务的质量，值得我们借鉴和学习。

第一，目前我国老年心理保健教育方面的普及水平还很低，需要国家和社会广泛宣传，积极引导广大老年人树立保健的新理念。通过医院、高校、社会服务机构等宣传教育，增强老年人心理健康意识，为引导社会组织加入老年心理健康服务搭建平台，通过线上线下多种方式摸清群众最需要的心理健康知识，群众参与政府购买公共服务过程、精准表达其服务需求，全社会应采取积极措施支持老年心理保健工作，不断提高全社会老年心理保健的意识。

第二，政府以优惠贷款和给予免税等方式支持企业赞助心理健康事业，鼓励民间开办合法的心理健康咨询机构、个体心理诊所。以医院心理科和高校心理院系为主导，规范心理咨询师和心理治疗师的培训与认证以及业务流程。

第三，借鉴国外先进经验，根据医疗保险购买级别的不同，将心理咨询和心理治疗纳入医保体系。因此，我国政府在医保的不断改革与调整中，也应适当关注人们的心理健康问题，早日将其纳入医保体系，让更多有心理问题的人能坦然接受心理咨询和心理治疗。

第四，政府引领社会力量为老年人建立娱乐服务体系，以丰富他们的老年生活。通过协同社会力量共同创办老年学校等多种形式的文体活动，满足老年人的精神需求。鼓励健康、有技能专长的退休老年人参与老年社会活动，投身于老年健康相关的社会公益事业，发挥余热等。引导大学心理学专业教职人员或医院心理科、精神科进入社区，对老年心理健康需求信息进行综合研判以针对性地开展一些老年心理保健研讨活动，及时总结推广科学的老年心理保健知识。并利用新闻媒体等现代手段，组织一些通俗易懂的老年心理保健的专题讲座，介绍一些科学的心理保健方法。

第五，通过政府引导企业、事业单位、社会私人机构接纳老年人参与社会事业体系，在多个领域实现政府购买社会力量承办的公共服务。社会力量承接政府公共服务项目后，充分发挥自身优势，对社会问题进行排查、讨论和处理，实现专业力量对行政力量的补充。政府通过组建专业团队对社会力量公共服务情况进行全程跟踪，加强对购买对象公共服务工作效率和质量的监督。

思考题

1. 心理咨询和心理治疗的区别是什么？
2. 老年人的情绪情感特点是什么？
3. 老年心理健康公共服务的作用和意义是什么？
4. 老年心理健康公共服务的主体是什么？

第四章阅读教材

第五章

养老公共服务

本章要点

1. 掌握：我国养老公共服务的概念、体系及类型。
2. 熟悉：我国养老公共服务的运行机制。
3. 了解：我国新时代养老公共服务的优化策略。

本章课程思政目标

通过学习养老公共服务的概念、体系及类型，熟悉我国养老公共服务的运行机制，了解我国新时代养老公共服务的优化策略，培养珍视生命、关爱他人的人道主义精神，强化新时代大学生赡养、扶养老年人的责任意识，发扬光大我国传统孝道精神，促进家庭老少和顺，塑造敬老孝亲的良好家风。

导入案例

近年来，湘潭县委县政府把改善民生、增进福祉作为构建和谐湘潭县的重要举措，紧盯养老服务发展的“痛点”“难点”问题，多措并举助推农村养老服务体系建设，创新构建的“党建+莲湘颐老”模式，提高了养老服务的可及性和均等化水平，莲乡老年人及其子女的幸福感、满意感、安全感明显增强。“党建+莲湘颐老”工作经验被省政府给予“真抓实干成效明显”表扬激励通报，入选省委深改办“湖南基层改革探索100例”。

一、坚持协调联动，汇聚发展合力

该县建立了高位调度的领导协调机制，成立了以县委常委、组织部部长任组长，相关部门负责人为成员的湘潭县“党建+莲湘颐老”农村养老服务体系建设领导小组，全面统筹协调、定期听取汇报、专题研究部署，及时解决工作中存在的问题；建立了协同高效的部门联动机制，各乡镇、县直机关有关单位将“党建+莲湘颐老”农村养老服务纳入了重要议事日程，坚持全县一盘棋，各职能部门履职尽责，协同解决职能交叉、服务缺位等问题，高效推进养老服务建设，真正做到互联、互通、互动、互补；建立了奖优罚劣的绩效考核机制，出台了“湘潭县‘党建+莲湘颐老’农村养老服务体系建设工作考评办法”，将17个乡镇、29个县直单位列入考评对象，建立了目标责任考核制度，力争做到考评精准、激励有效，确保各项工作落实落地。

二、坚持问题导向，补齐服务短板

在政府过紧日子的大背景下，该县坚持节用为民，千方百计保障养老服务资金。一方面抓好资金整合，全面整合养老服务、社会救助等资金，严格资金管理，确保福彩公益金70%以上用于养老服务，提升财政资金使用效益，破解财政资金紧张难题；另一方面抓有效盘活现有闲置资产，充分利用闲置农村学校、村部和社区用房，设置日间照料中心和村级邻里互助点，利用小区自有物业用房、居民自有房屋等，建设“守望之家”等养老设施，确保物尽其用。同时抓好投资融合，鼓励社会力量和个人兴办民营养老机构，在政策优惠、资金补贴、行业监管上实现“一盘棋”，以此撬动社会资本参与养老服务。稳妥推进“放管服”改革，加大“公建民营”改革力度，在一定程度上满足社会老人的刚性需求；加强乡镇养老机构硬件设施提质改造和软件提升，消防安全隐患“清零”、养老服务质量提升。

三、坚持模式创新，打造示范样本

该县推行特色养老，聚焦“养老不出县”，推行县级“医养学融合”康养模式，围绕医养、康养、学养（老年大学）等主题，创新养老服务方式，提升养老服务水平。提升集中照护，聚焦“养老不出乡”，由乡镇牵头，构建集中照护体系，使失能、半失能和有意愿的特困人员全部入住乡镇敬老院，有意愿的其他社会老年人就近入住当地养老机构；探索邻里互助，聚焦“养老不出村”，构建日间照料、休闲互助、长者饭堂等养老互助体系，着力破解老年人精神慰藉、心理疏导等缺失的养老困境；创新居家养老，聚焦“养老不出组”，构建“党员+村民小组长（网格）+志愿者+就医联系人”的巡访、关爱、服务守望体系，每半径500米以内设立一个“守望之家”，为所有刚需老年人解决日常生活困难，确保“生活有人问、困难有人帮、生病有人理”；推进云上养老，聚焦“养老不出门”，以信息化平台为依托、志愿服务为载体、订单式预定为延伸，推行“智慧养老”服务模式，打造没有围墙的“云上”养老院。同时，湘潭县把党的建设融入“党建+莲湘颐老”农村养老服务体系建设中，充分发挥党的领导核心作用、基层党组织战斗堡垒作用、党员的先锋模范作用，推动党建工作与养老服务事业发展深度融合、纵向推进。

面对日益严峻的人口老龄化形势及其挑战，湘潭县委县政府审时度势、抢抓发展窗口机遇期，破除发展障碍、健全市场机制，既促进健康老龄化，更引导和推动积极老龄化，持续完善居家社区机构相协调、医养康养相结合的养老服务体系，使莲乡老年人不仅老有所养、老有所依，还确保了老有所乐、老有所安。

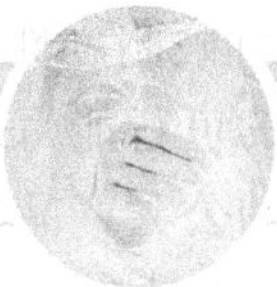

第一节　养老公共服务的概述

一、养老公共服务的理论基础

（一）需求层次理论

美国社会心理学家亚伯拉罕·马斯洛认为，“人类的需求是分层次的，自身的各类需求是人行为的动机，也即内在动力”。[①]人类的需求可以分成生理需求、安全需求、情感需求、尊重需求和自我实现需求，而这些需求如同阶梯一样按层次逐级递升，低层次的需求得到满足后，人会产生更高层次的需求。根据马斯洛的理论，老年人的需求也可以分为生理需求（吃、穿、住、用）、安全需求（健康、安全）、情感需求（友情、亲情、归属感等）、尊重需求（尊严、尊重、认可）和自我实现需求（自我价值）。养老公共服务体系建设就是要根据老年人日益增长的多元化、多层次的需求，做出相应的制度性安排，提供高质量的公共服务，不断满足老年人的新期待、新需求。

（二）公共产品理论

公共产品是一个经济学概念，最早由美国著名经济学家萨缪尔森在《公共支出的纯理论》中给出经典定义：任一个人的消费都不会减少其他个人对这类物品的消费。一般而言，现代社会要求政府积极履行公共财政职能以提供好的公共产品（如便捷的基础设施、健全的市场秩序），以提高每个人的福祉，增进全社会的整体福利。市场失

① A. H. MASLOW. A theory of human motivation[J]. Psychological Review，1943（50）.

灵有可能会产生坏的公共产品（如环境污染、信任危机），进而危害所有人的福利，政府就需要对市场进行有效干预。养老公共服务具有受益的非排他性及消费上的竞争性，属于准公共产品。从供给侧来看，由政府、社会或市场单一主体来提供养老公共服务，都会出现效率低下、供给质量不高、有效供给不足等情况，因而养老公共服务体系建设不仅要加大政府供给力度，而且要提高市场化程度，积极引入社会资本进入养老公共服务领域，探索政府、社会、市场多元共治的服务模式，才能更加有效满足我国老年人对美好生活向往的需求。

（三）可行能力理论

阿玛蒂亚·森认为，无论是功利主义、自由主义，还是罗尔斯、德沃金等人，他们的平等主义分配理论，在选择正义的分配原则之时，都不同程度地将排除了一些重要的信息，从而远离了真正的平等诉求。针对各种平等主义理论缺陷，森提出了以可行能力（capability）为核心的平等观念。他认为，自由既是发展的目的，也是增进人类发展与福祉不可取代的手段。而可行能力，就其实质而言是“实现各种可能的功能性活动组合的实质自由”。为了实现可行能力的平等，就要打破制度性、机会性的不平等，使得人们享有平等的自由发展的机会和条件。根据森的可行能力理论，要实现养老服务均等化，一方面要求养老公共服务不仅要提供现成的公共产品，而且要提供各种更多的可供选择的机会，因而养老公共服务的提供主体应该是多元的，要兼顾政府、市场、社会团体以及个人等各种主体在实现平等目标中的重要作用，不偏不倚地对个体提供均等的社会机会，满足其维持体面生活的需求。另一方面应该改变养老公共服务是国家福利政策的“施舍”的观念，清除阻碍个体发挥其能力的各类障碍，允许人们参与到养老公共服务均等化的公共决策过程中来。

二、养老公共服务的历史演进

养老保障制度是养老公共服务制度体系中最重要的组成部分。一般来说，养老方式可以划分为家庭养老、自我养老和社会养老，因此养老保障制度也可以分为家庭养老保障、自我养老保障和社会化养老保障。从历史沿革来看，原始社会时期和前工业时期主要是自我养老保障和家庭养老保障。进入工业社会后，社会化养老保障得到了迅速发展。与此同时，自我养老保障和家庭养老保障依然是养老公共服务体系中非常重要的组成部分。

（一）原始社会时期老年人的生存境遇

马克思认为，经济基础决定上层建筑。人类活动受到生产力的制约。在原始社会，很多部落都有“弃老”或“杀老”的习俗。人类学家西蒙斯在进行跨文化研究中发现，在他考察的保持原始文化习俗的 39 个部落中，有 18 个部落存在虐待和抛弃老年人的习俗。①正如黑格尔所说，“存在就是合理的”。这种习俗是自然选择的结果。

① （美）马克·赫特尔. 变动中的家庭——跨文化的透视[M]. 杭州：浙江人民出版社，1988.

（1）满足部落群体的生存需求。在原始社会，生产力水平极为低下，生产剩余几乎没有，一旦陷入食物极端匮乏的境遇，为了保证整个群体有存活的机会，人类社会就不得不受自然法则的支配，即根据每个个体对族群的价值来分配食物，失去劳动能力的老年人往往会成为种族最早淘汰的对象。在中央爱斯基摩人中，一个人可以把年老的双亲杀死；很多印第安人部落有杀死和抛弃老年人的习俗；在格陵兰东海岸的古代部落中，濒临死亡的老年人有时被溺死或自行溺死；古代日本的某些农村，老年人会被带进深山，坐以待毙。

（2）确保部落群体的安全需求。原始部落之间经常为了争取生存资源而引发战争。在战争中，老人体力衰弱，最容易成为战俘或人质，成为要挟部落的工具。为了减少或避免老年人及其家庭乃至整个部落群体在肉体或情感方面遭受凌辱、痛苦或打击，杀死老年人也是解决后顾之忧的自然选择。一旦战败，部落必须长途跋涉，开辟新的领地。在迁徙过程中，老年人往往成为一种拖累和负担。而且进入新环境后，由于抵抗力差，老年人患病的可能性大大增加，杀死患病的老年人也是为了防止疾病的传播，避免给整个部落带来灾难。

（3）履行部落群体的道德义务。在原始社会，与其他动物一样，人类依赖大自然而生存。人的生存成本不能超过他的生产能力，否则就是部落群体的负担。为了部落群体的生存和繁衍，抛弃或杀死老年人并不是子女的无礼和冷酷，而是一种代与代之间的互惠。在老年人看来，死于亲人之手，既是一种两害之中取其轻的价值选择，也是为了履行对部落群体的道德责任。

（二）前工业社会时期的老年保障思想

进入农业社会后，人类开始了定居生活。生产工具的改造与使用不仅减少了对老年人体力上的挑战，而且提高了生产力水平，生产剩余虽然有限，但足以保障老年人的温饱。在农业生产中，老年人的阅历与经验成为人们把握生产规律的宝贵财富，老年人的作用开始凸显，从而提高了老年人的社会地位，关于保障老年人晚年生活的思想开始萌芽，也开始出现了一些解决养老问题的制度性安排。

（1）孝道。我国古代社会是一个伦理本位的社会。其中，孝道是我国传统伦理思想的核心。孝道包含从天子到庶民的伦理价值体系，并把孝和忠关联起来，认为忠是孝的拓展，建立基于孝道伦理的官吏选拔制度，由此孝道上升为国家伦理。费孝通先生认为，我国传统家庭的亲子关系是一种反哺模式，孝道则是这种反哺模式的意识形态化。从社会保障的视角来看，这种反哺模式的社会基础就在“养儿防老”。人的一生可以分为幼壮老三个时期，其中只有壮年时期能依靠劳动养活自己，幼年和老年在不同程度上都要依赖他人来养活。一个社会共同体要能长期维持下去，就必须解决抚育幼儿、赡养老人的问题。由此，共同体的成员间就必须贯彻均衡互惠的原则，孝道就是贯彻这种原则的一种行为模式，即上一代在壮年时负责抚育子代，年老后由子代履行赡养义务，由此而形成父母与子女之间的双向循环养老模式。在农业经济条件下，国家难以承担全民性的养老责任，家庭是提供老年社会保障的基本单位，子女是赡养义务的主要承担者。因此，对于国家来说，孝道实际上是一种变相的养老储蓄机制，统治者通过大力提倡和干预，来克服代际契约中的证实和承诺问题，从而确保代与代之间的反馈模式得以执行。此外，从南北朝时期开始，我国就成立了早期的社会保障机构。例如，南朝梁武帝建立孤独园，唐代寺院创办福田院，北宋沿用唐代旧例，在开封设置东、西福田院，南宋时期开始出现养济院，明代将养济院推广至州县。

（2）家长权。西方文明发源于爱琴海地区，由于生存环境的限制，人们聚集在城邦生活，很早就致力于发展手工业和商业，经常流动、迁徙或者在地中海沿岸拓展殖民地，使得西方社会比较彻底地摆脱了氏族社会的束缚，强调法律在社会关系调节中的核心作用。其中，家长权就是调节家庭成员之间权利与义务关系的核心范畴。在古希腊，家长权从对奴隶的占有逐步扩大到对财产和家庭成员的占有和支配。当然，这种家长权往往止步于子女的成年。儿子成年后，他有权获得家里财产中应得的份额，接着便是结婚，建立新的家庭。古罗马的家长权进一步拓展权力范围。罗马皇帝查士丁尼非常自豪地说："我们对于子女所享有的权利是罗马公民所特有的，任何其他民族都没有我们这种对子女的权利。"[①]这种扩大家长权体现在三点：一是古罗马社会的主流家庭类型是包括父母和已婚儿子，而且只有家长死亡，隶属于他的家庭成员才能成立独立的家庭；二是家长权是财产权利的唯一主体，即便是家庭成员挣得的财产也要全部上交给家长，只有家长去世，才能进行财产权的代际传递；三是在罗马社会，收养现象非常普遍。公元 2 世纪的著名法学家乌尔比安认为："家父在家中有着最高的地位，即使他没有儿子，依然用这一称谓。家父不仅仅是指他这个人，也是指一种支配权。"[②]祖父收养某个孙子，或叔伯收养某个侄子，甚至收养比自己年纪还大的人，真正有血缘关系的子女未必会成为家长，而没有生儿育女、甚至从未结婚的人却可以因为被收养而成为家长。显然，古罗马的亲子关系已经从属于家长权。进入中世纪后，以夫妻与子女组成的核心家庭成为盛行的主流类型。财产的代际传递没有罗马那么严苛，通常在家长在世时就会进行。子女一旦成年结婚，就分离出去组建新的家庭，子女会得到一笔财产。在中世纪欧洲的城市里，很多贵族早年便成为基督徒，步入老年后常常将大量财富捐赠给修道院，从而进入宗教团体，进而解决了老年的赡养问题。很多手工业者则会将作坊传给家中学徒，在行业工会的管理下，由徒弟承担赡养义务。要言之，西方传统社会老年社会保障是一种接力模式，以财产权为核心的家长权，是确保老年人晚年生活的制度性安排。

（三）早期工业社会的养老服务体系

进入工业社会后，以家庭为生产单位的社会关系逐步让位于雇主与雇员之间的关

---

① 金尧．欧洲历史上家庭概念的演变及其特征[J]．世界历史，2004（4）．

② （意）斯奇巴尼．婚姻、家庭和遗产[M]．费安玲，译．北京：中国政法大学出版社，2001．

系，以婚姻和血缘关系为基础的现代家庭概念开始成熟，家庭养老依然是主要的养老模式之一。不过，随着工商业的迅速发展，西方社会城乡的养老模式出现了明显的差异性。

（1）退休权利的安排开始出现。在广大农村地区，起源于中世纪早期的退休权利安排在早期工业社会日益普及。从爱尔兰到苏台德，从挪威到阿尔卑斯，整个中西欧都出现了规定退休权利的制度性安排。当年迈的农场主进入退休状态，农场的经营管理权就会移交给获得继承权的子女，根据签订的退休协议，子女负责赡养父母。没有继承权的子女则很早就离开家庭，不承担养老义务。

（2）契约化的养老方式日渐成熟。在欧洲城市，家庭式作坊越来越少，依靠学徒养老的模式难以为继；从事商业的人们无法获得退休的权利；其他诸如建筑工人、矿工、邮差、车夫、水手以及守夜人也很难从家庭中获得养老保障。于是，通过加入宗教团体保证老年赡养的做法得到进一步推广与发扬，不仅是贵族，很多普通民众也开始加入进来。而且这种赠予逐步采取契约化的方式，与老年人签订养老契约的机构也不再局限于教会，还包括地方政府、兄弟会、友爱社等组织，甚至还出现了专门提供养老契约的专业机构。

（3）社会化的养老方式出现突破。随着商品经济的发展以及工业化水平的提高，农业在整个社会的产业体系中的地位不断下降。年轻人进城从事商业或工业生产获得更高的收入，老年人依靠家庭产业转移来养老越来越困难。与此同时，自由竞争的商品经济使得劳动者面临失业的巨大风险，仅仅依靠传统的家庭养老或国家的临时性救济已经不能充分解决老年人的养老保障问题。于是，人们开始突破原有的养老契约，根据自己的有效需求，与专门的保险公司签订商业养老保险合同，从而解决老年社会的保障问题。德国在1889年率先推出社会养老保险，采取了养老契约在劳动者之间分散风险的机制。此后，西欧各国相继建立了社会养老保险制度。[①]

三、养老公共服务的制度体系

根据社会保障制度的筹资方式、保障范围以及项目模式等特点，大部分国家的社会保障制度可以概括为三种模式：福利型、社会保险型和强制储蓄型。

（一）福利型社会化养老保障制度与体系

福利型社会化养老保障制度与体系以英国和瑞典为代表。从总体上看，英国养老保障制度体系非常复杂，但从体系结构上可以分为三大部分。第一部分由英国联邦政府提供，覆盖全体公民，旨在确保所有人获得最低水平的退休收入保障。在筹资方式上，采取现收现付的方式，通过向受雇人员（包括自我雇佣者）征收“国民保险费”，也通过一般性税收收入筹集。第二部分仍然通过国家保险体系来实现，旨在以雇员的

① 张海川．西方家庭养老的时代演进及其启示[J]．人口与发展，2008（2）．

收入所得作为依据，提供进一步的老年收入保障。在筹资方式上，要求雇员按照收入所得的一定比例来缴纳（设定上限和下限），保障收益则根据缴纳的情况加以确定。第三部分主要是私人养老保障制度，包括个人自愿加入的职业养老金计划和个人养老金计划，旨在将个人收入所得在生命周期的基础上进行再分配。从筹资方式上来看，英国政府不参与融资，资金来源于雇主及雇员的自主缴纳。

瑞典的社会化养老保障制度分为三个部分：基本养老保险制度，补充养老保险制度和部分养老保险制度。其中，基本养老保险制度由国民基础养老保险和国民附加养老保险构成。国民基础养老保险制度是一种全体国民强制加入的制度，主要由老年养老保险、遗嘱养老保险和残疾养老保险三部分组成。该制度的加入条件对于所有行业与产业都是相同的，主要包括两类人：第一类是瑞典人，包括强制加入的居住者和具有国民附加养老金领取条件的海外居住者；第二类是外国居住者。国民基础养老保险不设定财产收入限制，旨在保障最低生活标准，由雇主与个体经营者缴纳费用，实行现收现付方式、统一的保险费率以及定额支付。国民附加养老保险制度是一种与收入相关联的养老保险制度，旨在保障老年人达到现役劳动者收入的一定比例，也分为老年养老保险、遗嘱养老保险和残疾养老保险三部分。从1962年开始，国民附加养老保险制度规定加入条件分为两类人：一类是瑞典人，具有基础金额以上收入和居住者，被雇佣人员强制加入，个体经营者自愿加入；另一类是瑞典人以外的人，具有基础金额以上收入且年满16岁以上的定居者，自愿加入。保险费由雇主和个体经营者缴纳，1985年以来，被雇佣者开始负担，实行部分现收现付模式。

瑞典的补充养老保险具有如下特点：一是普遍性雇员和自雇佣者都可以参加；二是养老津贴具有综合性，不仅提供退休补充养老金，而且提供残疾和幸存者补充保险津贴；三是强制性，雇主必须为所有雇员缴纳补充养老保险税；四是全部补充养老金的费用由雇主承担，雇员不承担任何费用；五是补充养老金与收入相关联并与生活费用支出水平相联系。补充养老保险制度下的养老金与国家基础养老保险制度下的养老金合并发放，其开始领取的时间、提前与推迟领取的时间等方面的规定与国家基础养老保险制度一致。

部分养老保险制度是保障劳动者在从工作向退休过渡时期由于劳动时间的减少而导致收入减少的一种制度，它既有别于国民基础养老保险制度，也有别于国民附加养老保险制度。部分养老保险制度的缴费全部由雇主和个体经营者负担。养老金的领取以基础金额的一定倍数为上限，领取金额是劳动者收入减少部分乘以一定比例。

（二）社会保险型养老保障制度与体系

社会保险型养老保障制度与体系以德国、日本和美国为代表。德国是最早建立养老保障体系的国家，主要分为三个部分：法定养老保险、补充职业养老保险和私人养老保险。法定养老保险属于强制性缴纳，所有处于依附地位的工人和雇员原则上都有义务缴纳，从事廉价工作和政府机构的公务员不参加。还包括由医生、律师组成的专业联合会以及其他自主经营者如农民组织和管理的独立养老保障体制。法定养老保险由养老金受益者和雇主设立一个双方平等参与的委员会，共同参与日常运作管理，受益水平、缴费率以及部分关键性制度由有关法律法规进行明确和界定。法定养老保险分为年老养老金、就业能力降低养老金以及投保人死亡后的遗嘱养老金，遵循保障生活标准、养老金和缴费与工资挂钩以及活化养老金原则，具有工资替代和赡养的功能。补充养老保险制度中最主要组成部分是职业养老保险。它主要分为两部分：一是针对企业雇员的企业补充养老保险，主要是通过个人就业合同、企业对所有员工的承诺协议或者集体就业协议来签订的，而公共部门的雇员补充养老保险通常采用集体协议的形式；二是针对政府其他公共部门雇员非政府公务员的强制性的补充养老保险。私人养老保险主要是采用商业寿险形式，把对伤残、护理、死亡和年老的承保都包括在内。保单持有人可按需要选择保险总额，可以确定一次付齐还是定期支付保险费。在保险的偿付上，保单持有人可以在养老金和两全保险承兑期满或死亡时的一次性支付间做出选择。由于商业寿险的自愿性质，使商业人寿保险不局限于某一特殊群体，这使得大部分德国居民都拥有私人养老保险。

日本社会化养老保障制度由国民年金、共济年金与厚生年金、补充年金以及个人储蓄年金组成。加入国民年金制度达 25 年，且年满 65 岁的日本境内所有人员（含外国人），均可获得老年基础年金给付（60 岁也可减额给付）。老年基础年金的标准金额以 20 ~ 60 岁加入制度满 40 年为标准设定。符合一定条件的国民年金被保险人死亡时，其妻子和未成年子女还可获得遗属基础年金支付。厚生年金、共济年金的领取资格与国民年金相同，为加入制度满 25 年，年龄达 65 岁（满 60 岁可获特别支付）。年金的支付额为工资的一定比例，外加一部分根据妻子及子女数确定的增付年金。遗属厚生年金、共济年金的给付金额约为死者生前工资比例部分年金的 3/4。补充年金在内容上包括两个方面：一是农业年金。分经营权转让年金与老年年金两部分。农民年满 65 岁，缴费 20 年且在 65 岁之前实际转移了经营权，可获经营权转让年金。若尚未转移经营权，可获老年年金。二是国民年金基金和厚生年金基金。分别以自营业者和厚生年金被保险人为保障对象，通过雇主厚生年金和雇员缴费，政府给予税收优惠的方式积累资金对成员给予补充保障。厚生年金基金等企业补充年金主要由雇主与商业保险公司签订协议来实施。个人储蓄年金主要有两种方式：一是由生命保险公司、证券公司、银行、邮局举办，由个人自愿投保、支付期为一年的定期养老金储蓄；二是个人自愿投保、交足保险费，可以终身享受的长寿养老金储蓄。

美国的养老保障制度分为三个层次：社会养老保险制度、雇主退休金计划以及个人养老储蓄计划。社会养老保险制度是一项强制性计划，覆盖私人企业所有获得报酬的员工，联邦公务员，非营利性宗教、慈善和教育组织的雇员，州和地方政府雇员、自我经营者、农场经营主，农场工人，家庭工人，收取小费的雇员，牧师，军人，铁路员工，自我就业员工等。主要包括老年养老金、遗嘱养老金和伤残养老金，由雇员、雇主和自我经营者缴纳社会保障税，雇主和雇员各负担一半，自我经营者根据雇员和雇主的综合税率缴纳。雇主养老金计划是企业自愿建立，不具有强制性。如果不实现这一计划，企业在招聘雇员时必须说明。个人储蓄养老金计划是一个完全由个人自愿参加的计划。按照美国现行规定，所有 70 岁以下且有收入者都可以开设个人退休账户，而且不论其是否参加了其他养老金计划。政府对个人开设退休账户提供税收优惠，包括普通的税收优惠和对特殊形式个人退休账户的税收优惠，银行储蓄利息、投资收益等是要纳税的。但是由于有税收优惠，所以对注入个人退休账户的资金也有限额。

（三）强制储蓄型社会化养老保障制度与体系

强制性储蓄型社会化养老保障制度以新加坡和中国香港为代表。新加坡的养老保障制度包括中央公积金制度（CPF）、社会救济制度、公务员无须缴费的养老保险制度、遗嘱养老保险制度，以及国家社会服务委员会（NCSS）和新加坡共同募捐基金等民间团体举办的事业。其中，中央公积金制度占据主要地位，在新加坡受雇于企业、团体、个人的所有员工都要开设中央公积金账户，其雇主有义务向 CPF 缴纳保险费。按照不同用途，中央公积金分为五个账户：一是普通账户，该账户存款可以用于取得政府住房、购买国有企业股票，还可在一定范围内流向特别账户。二是医疗储蓄账户，可用于支付住院和医药费用。三是特别账户，该账户存款原则上仅限于满 55 岁，或永久出国，或者身体残疾时才可以提取。四是退休账户，该账户在年满 55 岁时开设，根据法律规定从普通账户、特别账户等 CPF 存款中转移最低存款额以上的数额，其利率比普通账户与医疗储蓄账户高 1.5%。五是投资账户，用于活用投资。中央公积金由雇主和雇员共同缴纳，缴纳数额比例根据年龄大小有所不同。

中国香港强制性公积金主要包括：集成信托计划、雇主营办计划和行业计划。根据强积金条例，原则上所有就业人士（无论是雇主还是员工），都必须注册强积金计划并供款。一是凡年龄在 18 ~ 64 岁，雇佣合同受聘满 60 日或以上的全职或兼职雇员；二是强积金专门为流动性高的行业，如饮食业及建造业，设有行业计划，这些行业的临时雇员，无论受雇时间长短，都在覆盖范围之内；三是 65 岁以下的自雇人士，如出租车司机、私人职业医生和大律师等。前两类的雇主必须确保其参加注册强积金计划，并为雇员向强积金计划供款。自雇人士需自行加入注册计划和供款。

第二节　养老公共服务的运行机制

习近平总书记强调：“有效应对我国人口老龄化，事关国家发展全局，事关亿万百姓福祉。”截至 2020 年 11 月 1 日，我国 60 周岁及以上老年人口为 2.64 亿人，其中 65 周岁及以上老年人口为 1.9 亿人，占总人口比重达 13.5%。预计 2025 年，我国 60 岁以上老年人口将突破 3 亿人。到 2040 年，65 岁及以上老年人口占总人口的比例将超过 20%，其中 80 岁及以上高龄老年人将达到 7 400 多万人，人口老龄化程度继续加深。“十四五”规划和 2035 年远景目标纲要提出，“实施积极应对人口老龄化国家战略”“促进人口长期均衡发展”。从国家战略高度应对人口老龄化，意义重大而深远。

一、我国养老公共服务的历史变迁

在漫长的历史长河中，我国的养老公共服务资源主要是老年人自己、家庭或家族提供的。新中国成立以后，我国养老公共服务经历了计划经济时代和市场经济时代两个阶段，从嵌入计划经济形态向建立独立的养老公共服务体系迈进。

在计划经济时代，中央政府对基本生活资料实行统购统销和配给制度，养老公共服务被纳入计划经济体制之中，养老公共服务实行城乡二元结构性安排。在城市“国家—单位”制下，我国制定并实施《劳动保险条例》，由政府提供资金支持，通过发展集体劳动保险事业，向城市职工直接提供养老服务，单位和家庭负责满足老年人的养老服务需求，少数孤老、孤残老人可以入住政府举办的福利院等机构；在农村，建立人民公社等组织，为贫困农户提供口粮和基本生活保障，还通过社会救济、五保供养、合作医疗等制度，向农村居民养老提供资金和服务，孤寡老人由乡镇敬老院提供养老服务。

改革开放后，这些计划经济时代的养老服务机制无法适应市场经济改革的步伐。由此，我国养老公共服务开始建构养老公共服务体系，并加快发展养老服务业，积极主动地应对老龄化社会的到来。1994 年年底，中央政府开始正视人口正在迅速老龄化和传统家庭保障能力逐渐弱化的事实，当时的国家计委和民政部等十部门联合出台《中国老龄工作七年发展纲要（1994—2000 年）》。1996 年，全国人大常委会颁布实施关于养老服务的标志性法律——《中华人民共和国老年人权益保障法》，规定要从家庭赡养与扶养、社会保障、社会服务、社会优待、宜居环境、参与社会发展等方面向老年人提供保障。该法后经 4 次修订或修正，明确积极应对人口老龄化是国家的一项长期战略任务。2000 年，中共中央、国务院发布养老服务方面的纲领性文件——《中共中央 国务院关于加强老龄工作的决定》，对老龄工作的指导思想、原则和目标进行了规定，要求采取有效措施，加快老龄事业发展。党和政府推动建立了初步的养老公共服务制度与体系。2001 年后，我国进入老龄化社会，中央政府进一步加快推动养老服务产业的发展，先后在 2013 年和 2019 年出台《国务院关于加快发展养老服务业的若干意见》《国务院办公厅关于推进养老服务发展的意见》，要求统筹规划发展城市养老服务设施、网络，加强养老机构建设和农村养老服务，繁荣养老服务消费市场，推进医疗卫生与养老服务相结合，拓宽养老服务投融资渠道，扩大养老服务就业创业和消费，促进养老服务高质量发展和基础设施建设，完善养老服务机制。两个《意见》进一步完善和改进了我国养老公共服务体系，提高了组织管理体制的效率。

三、我国养老公共服务的发展理念

（一）从单一责任主体向多元责任主体转变

在计划经济时代，大多数老年人依靠家庭代际赡养获取养老服务，这种情况持续到20世纪末。2000年，民政部、教育部等十一部委出台《关于加快社会福利社会化的意见》。2001年，国务院印发《中国老龄事业发展“十五”计划纲要（2001—2005年）》，明确提出坚持家庭养老与社会养老相结合的原则，社会和市场开始成为养老服务的主体。[①]2006年，《中国老龄事业发展“十一五”规划》明确政府是提供养老服务的主要责任主体。[②]《“十三五”国家老龄事业发展和养老体系建设规划》进一步提出，坚持政府引导、市场驱动，大力弘扬孝亲敬老、养老助老优秀传统文化，为老年人参与社会发展、社会力量参与老龄事业发展和养老体系建设提供更多更好支持。[③]

（二）从单一政策应对向综合政策建构转变

改革开放以后，计划经济体制下的养老服务机制逐渐丧失了活力，新的养老服务机制又尚未建立起来。在国家财政能力有限的条件下，中央政府不得不将有限的资金投入针对特殊老年人群体和困难老年人群体的养老服务机构中，更多是遵循单一政策应对的施政思维。随着人口流动加速、空巢独居老人持续增长，老人高龄化和失能半失能老年人数不断增加，党和政府先后出台《中国老龄工作七年发展纲要（1994—2000年）》《“十三五”国家老龄事业发展和养老体系建设规划》，全国人大不断修订《中华人民共和国老年人权益保障法》，逐步建构起我国养老公共服务的综合政策体系。

（三）从宏观制度建设向提高供给质量转变

党的十八大以来，我国养老公共服务理念开始从注重宏观制度建设转向提高养老公共服务供给质量。一是养老公共服务政策更加注重养老服务的供给质量。我国出台并实施了关于公办养老机构改革、鼓励民间资本参与养老服务业发展、公共设施老年人无障碍改造、老年优待等具体方面的多项政策文件。二是养老服务标准化建设取得进展。近年来，我国发布并实施了一系列关于养老服务的标准。如《养老机构基本规范》《社区老年人日间照料中心服务基本要求》《养老机构等级划分与评定》等，进一步规范了我国养老服务体系的有序发展。三是充分利用现代化技术提高养老服务的效率和质量。近年来，党和政府鼓励各类养老服务机构加强现代化技术改造和升级，在

---

① 全国老龄工作委员会办公室. 老龄工作文件选编（中央卷）[M]. 北京：华龄出版社，2002：42-47.

② 全国老龄工作委员会办公室等. 中国老龄工作年鉴（2006）[M]. 北京：华龄出版社，2008：77-81.

③ 国务院. 关于印发“十三五”国家老龄事业发展和养老体系建设规划的通知[EB/OL]. [2017-03-06]. http://www.gov.cn/zhengce/content/2017-03/06/content_5173930.htm.

养老公共服务中充分利用大数据、互联网、物联网、人工智能等技术工具，提高服务资源的供给效率，已经初见成效。

三、我国养老公共服务的主要模式

（一）居家养老模式

所谓居家养老，是指老年人不需要离开住所，以社区为依托，在自己的家中可以享受社会所提供的养老服务的一种社会养老模式。[①]根据2008年发布的《关于全面推行居家养老服务工作的意见》，居家养老服务是指政府和社会力量依托社区，为居家的老年人提供生活照料、家政服务、康复护理和精神慰藉等方面服务的一种服务形式。[②]居家养老符合中国传统文化的思想，满足老年人不离家的养老需求。居家养老没有改变老年人多年生活环境、生活习惯以及人际交往的生活圈等，老年人在熟悉的环境养老，精神上就不会感到孤独和寂寞。此外，居家养老也符合中国传统文化中尊老孝亲的思想和尊老为本、敬老为先的观念，老年人在家庭中颐养天年，能够满足老年人情感上的需求。

（二）社区养老模式

社区养老服务是指老年人住在家里或长期生活的社区里，在得到家人照顾的同时，由社区的相关组织承担养老工作或托老服务的养老方式。[③]它由正规服务、社区志愿者及社会支持网络共同支撑，为有需要的老人提供帮助，使他们能在熟悉的社区环境中维持自己的生活。[④]社区养老是居家养老的重要依托，具有社区日间照料和居家养老两大功能。我国社区养老服务从20世纪80年代开始，截至2017年年底，全国共有各类社区服务机构和设施40.7万个，其中社区服务指导中心619个（其中农村16个），社区服务中心2.5万个（其中农村1万个），社区服务站14.3万个（其中农村7.5万个），其他社区服务设施11.3万个。社区服务中心（站）覆盖率25.5%，其中城市社区服务中心（站）覆盖率78.6%，农村社区服务中心（站）覆盖率15.3%。社区志愿服务组织9.6万个。社区服务机构和设施、社区养老机构和设施、社区互助型养老设施、各类型养老床位数以及社区服务机构覆盖率等多项指标呈现逐年上升的趋势。[⑤]

（三）机构养老模式

吴玉韶等人（2015）对养老机构的概念进行了界定，他指出养老机构是指为老年

① 秦勃.我国居家养老服务体系建设的难点及其突破[J].中南林业科技大学学报（社会科学），2012（6）.

② 全国老龄委办公室，发展改革委，教育部，等. 关于全面推进居家养老服务工作的意见[EB/OL].[2008-02-25]. http://www.gov.cn/zwgk/2008-02/25/content-899738.

③ 黄少宽. 我国城市社区养老服务模式创新研究综述[J]. 城市观察，2018（4）.

④ 朱晓卓. 宁波模式：社区居家养老服务的发展路径研究[J]. 老龄科学研究，2016（6）.

⑤ 中华人民共和国民政部. B-2-18 社区服务机构和设施[Z]. 中国民政统计年鉴——中国社会服务统计资料，2017.

人提供集中居住照料、康复护理、精神慰藉、文化娱乐等服务的老年人服务组织，其主要服务对象是失能、半失能老年人。[①]从概念界定可看出，养老机构对老年人的服务是全方位的，提供从最基本的生活照料服务到需求层级较高的文化娱乐服务，能够满足不同老年人的多层次需求。尤为重要的是，养老机构能够弥补居家和社区养老的不足，多数失能半失能老年人无法在家养老，养老机构可以满足此类老年人照料和护理需求。养老服务机构和设施根据服务对象的不同分为城市养老服务机构、农村养老服务机构、社会福利院、光荣院、荣誉军人康复医院、复员军人疗养院、军休所等七类。2017 年，我国城市养老服务机构有 9 618 个，农村养老服务机构 15 006 个，社会福利院 1 578 个，光荣院 948 个，荣誉军人康复医院 43 个，复员军人疗养院 37 个，军休所 1 540 个。截至 2017 年年底，各类养老床位合计 744.8 万张，比上年增长 2%，每千名老年人拥有养老床位 30.9 张，其中社区留宿和日间照料床位 338.5 万张。[②]

（四）医养融合模式

医养融合模式是一种新型养老模式，它将现代医疗服务技术与养老保障模式有机结合起来，秉持“有病治病、无病疗养”的理念，实现医疗资源和养老资源有效整合，既能增强养老机构的医护功能，又可提升基层医疗机构的养老功能。2015 年 12 月，全国医养结合会议在青岛召开，吹响了医疗卫生和养老服务融合发展的号角。近 6 年以来，仅仅中央和部委层面，就先后出台了指导医养融合服务的政策性文件 10 多个，推动我国医养融合养老模式迅速发展。与传统养老模式相比，医养融合模式至少具有以下两个优势：一是医养融合养老模式是实现社会福利最大化的必要选择。作为一项服务于老年人群体的公共产品，养老服务不仅仅局限于日常生活照料，还应包括医疗健康、精神慰藉，尤其是对于那些患病、失能、失智的老年人，将医疗资源与养老服务优化整合，是一种实现社会福利最大化的积极探索。二是医养融合养老模式是满足我国养老服务刚性需求的有效手段。2021 年 5 月 11 日，根据国家统计局发布的第七次全国人口普查数据，我国 60 岁及以上人口为 2.6 亿人，占 18.70%（其中，65 岁及以上人口为 1.9 亿人，占 13.50%）。与 2010 年相比，60 岁及以上人口的比上升 5.44 个百分点。与此同时，家庭户规模仍然在继续缩小，平均每个家庭户的人口为 2.62 人，比 2010 年的 3.10 人减少 0.48 人。一边是高龄老人越来越多，一边是家庭规模越来越小。有些家庭，一对年轻夫妻需要赡养 4 位老人、抚养 2 个小孩，居家养老很难照顾到高龄老人的健康水平，医养融合养老模式无疑是我国积极应对人口老龄化、实现健康老龄化的有效手段。[③]

---

① 吴玉韶，王莉莉，孔伟，等.中国养老机构发展研究.[J].老龄科学研究，2015（8）.

② 中华人民共和国民政部. 2017 年社会发展服务统计公报[Z]. 2017.

③ 王成利，王洪娜. 医养融合养老：供给途径、实践困境与政府责任——基于公共产品理论的视角[J]. 东岳论丛，2017，38（10）.

四、我国老年公共服务的严峻形势

（一）我国老年公共服务需求迅速增加

（1）人口老龄化程度加速。2020 年，中国 65 岁及以上人口为 1.9 亿人，较 2010 年上升 4.63 个百分点。2001—2010 年，中国老龄化程度年均增加 0.2 个百分点，2011—2018 年，年均增加约 0.4 个百分点。2019 年，中国老龄化程度在全球经济体中位居第 61 位，高于中等偏上收入经济体 2.2 个百分点。

（2）未富先老问题突出。美国、日本、韩国、中国人均 GDP 达到 1 万美元分别在 1978、1981、1994、2019 年，当时 65 岁及以上人口占比分别为 11.2%、9.2%、5.8%、12.6%。美国、日本、韩国、中国 65 岁及以上人口占比达到 12.6%分别是在 1990、1992、2015、2019 年，当时人均 GDP 分别为 2.4 万、3 万、2.7 万、1 万美元。

（3）老龄化速度前所未有。中国 2001 年 65 岁及以上人口占比超过 7%，进入老龄化社会。从 65 岁及以上人口占比超过 7%的老龄化过渡到超 14%的深度老龄化，法国用了 126 年、英国用了 46 年、德国用了 40 年、日本用了 24 年，中国预计将于 2022 年进入深度老龄化社会，不到 21 年；从深度老龄化到老年人口占比超 20%的超级老龄化，法国用了 28 年，德国用了 36 年，日本用了 11 年。中国预计将于 2033 年前后进入超级老龄化社会，不过 11 年。

（4）老年人口规模庞大。2020 年，中国 65 岁及以上人口已达 1.9 亿人，预计到 2050 将达 3.76 亿人，2058 年达 4.14 亿人的峰值。届时，大致每 3 个中国人中就有 1 个 65 岁以上的老年人。

（5）高龄化问题日益突出。2019 年，中国 80 岁及以上高龄老人超过 3 200 万人，占比 2.3%。预计 2030 年将达约 5 300 万人，占比 3.8%；2050 年将达 1.3 亿人，占比 10.3%；2073 年将达 1.74 亿人的峰值，占比继续升至 17.1%；2100 年为 1.56 亿人，占 20.8%。1980—2015 年，中国人口年龄中位数从 21.9 岁升至 36.5 岁，预计 2030、2050 年将分别升至 43.0、50.7 岁。从年龄中位数来看，2015 年美国、欧洲、日本、印度人口年龄中位数分别为 37.6、41.4、46.4、26.8 岁，到 2050 年将分别为 42.7、47.1、54.7、38.1 岁。到 2050 年，中国人口年龄中位数将明显高于美国、欧洲、印度。①

（二）我国养老公共服务供给严重失衡

（1）养老公共服务政策供给不足。自 2016 年以来，我国先后出台了《关于全面放开养老服务市场 提升养老服务质量的若干意见》《关于推进养老服务发展的意见》《国家积极应对人口老龄化中长期规划》《关于建立健全养老服务综合监管制度 促进养老服务高质量发展的意见》《关于促进养老托育服务健康发展的意见》等，并将“实施积极应对人口老龄化”上升为国家战略。中央相关主管部门按照统一部署，在推

① 任泽平，熊柴，周哲.中国人口老龄化的特征与趋势[N].中国老年报，2020-09-02（4）.

进居家养老、社区和机构养老融合发展、健全养老服务综合监管等方面积极作为，进行了诸多有益探索，形成了良好的社会效果。但从公共政策结构上来看，我国养老公共服务政策依然存在以下结构性失衡：养老公共服务体系在城乡之间的失衡、养老公共服务机构在公办与民办之间的失衡以及养老公共服务质量在硬件与软件之间的失衡。

（2）养老公共服务资金供求失衡。目前，我国的养老公共服务主要用于建设养老机构、发放养老补贴、支付员工工资及培训费用以及老龄事务管理等项目。资金来源渠道较为单一，主要分为两种：财政性资金和社会资本。由于社会资本参与风险大，投入非常有限，我国养老公共服务主要依靠中央和各级地方政府财政投入以及国家福利彩票公益金筹集。2011 年，社会养老服务设施建设投入 37.9 亿元，占当年社会保障和就业支出的 0.34%；2015 年，中央财政支持各地老年养护机构、农村幸福院以及配套福利设施建设资金拨付累计 52 亿元，仅占 2015 年社会保障和就业支出的 0.27%。由此可见，相对于我国不断增加的养老服务需求，政府财政资金缺口仍将继续扩大。[①]2016 年，我国社会福利事业（包括养老服务）的财政投入共计 753.4 亿元，仅占当年国家财政支出的 0.47%，相当于当年 GDP 总量的 0.01%，很难满足我国老龄化加速带来的养老公共服务需求。2017 年，我国基本养老保险基金征缴收入 34 213 亿元，基本养老保险基金支出 40 424 亿元，剔除养老补贴，我国养老保险基金缺口已经达数千亿元。[②]

（3）养老公共服务市场化程度低。2015 年 2 月，十部委联合发布《关于鼓励民间资本参与养老服务业发展的实施意见》。2015 年 4 月，民政部、国开行发布《关于开发性金融支持社会养老服务体系建设的实施意见》，社会资本开始进入养老公共服务业。截至 2015 年年底，我国有民办养老机构 13 677 家，占全国养老机构数量的 29.3%。2017 年，我国社会资本建设的养老机构占比已达 45.7%，2019 年，这一比例已超过 50%。但民办养老服务机构的经营状况不尽如人意。一方面，与公办养老机构相比，民办养老机构享受不到政策支持，在市场竞争中处于劣势，“吃不饱”现象非常普遍，床位空置率较高，增加了社会资本的投资风险；另一方面，养老服务业投资规模大、回报周期长、盈利微薄以及市场性融资渠道狭窄，造成已经进入养老服务业的社会资本减少投资甚至撤资，处于观望状态的社会资本则望而却步。以上两种因素导致我国养老公共服务发展市场化程度不高。我国市场化程度不高，在一定程度上就意味着养老公共服务供给缺乏竞争，进而导致公办养老机构缺乏足够的激励来提升服务质量和建设养老护理人才队伍，从而制约了养老公共服务的发展。

---

① 刘东生. 养老公共服务供给侧改革——主要短板与策略选择[J]. 天津行政学院学报，2018，20（3）.

② 徐宏，商倩. 中国养老服务资金缺口测算及 PPP 破解路径研究[J]. 宏观经济研究，2019（2）.

五、我国养老公共服务的政策评估

（一）养老公共服务体系初步建立，但养老服务资源供给存在结构性失衡

经过近 70 年的发展，我国养老服务体系已经从少量机构养老服务发展到居家养老、社区养老、机构养老以及医养融合养老等多种养老模式并存，居家为基础、社区为依托、机构为补充、医养融合为丰富的多层次养老公共服务体系。党的十八大以来，支撑我国养老公共服务发展的财政资源、物质条件和人力资源供给体系也初现雏形。但从养老服务资源供给上来看，我国养老公共服务资源还存在结构性失衡的问题。在政策供给上，中央政府逐步明确居家养老、社区养老在养老公共服务体系中的主体地位。但近十来年的地方实践中，我国养老公共服务资源主要流向了机构养老和医养融合，对居家养老、社区养老的支持力度相对有限。此外，在不少城市和地区，城区、公办的养老机构“一床难求”，而郊区、民办的养老机构却“大量闲置”。在财政资源分配上，由于养老公共服务在政策实施过程中涉及财政部、民政部、税务部门、卫健委等多个部门，有的地方对养老服务机构根据床位数而非入住床位数提供运营补贴，有的地方采取了按入住床位数提供运营补贴的方式，但却对养老服务机构的入住数据缺乏有效监督，导致养老服务机构利用失实的入住数据套取公共补贴，有的地方对社区居家养老服务中心的运营补贴并未考虑实际服务老年人的工作量，一些地方的长期护理保险、医疗保险、老年人补贴等存在重复覆盖老年对象的状况，造成养老服务体系建设中的财政资源的错配、浪费和效率。①

（二）养老公共服务市场化程度有所提高，仍需要进一步社会化和本土化

从 21 世纪初开始，我国养老公共服务政策开始支持社会力量参与养老服务体系的建设，主要包括民间资本投资兴建养老服务机构、社区居家养老服务中心或兴建医养融合养老服务中心，或者由慈善基金支持养老服务机构。但仍存在不少问题。一是许多地方的公办养老服务机构转民办或进行民营化改革，由于受到部门利益、权责归属问题或人员分流问题而停滞不前。二是大部分地方政府对民间资本参与养老服务体系建设的支持停留在文件上，未真正兑现已有政策所承诺的支持。三是养老公共服务政策还不够完善。由于信贷政策尚未健全，民间资本举办的养老服务机构因缺乏抵押物，而难以获得贷款。四是我国“银发经济”产业化程度不高，很多民办养老机构处于亏损状态或勉强维持收支平衡，财务恶化又会降低这些机构的服务质量，形成恶性循环。五是许多地方政府热衷于向西方发达国家学习借鉴社会化养老服务的经验，但有些经验不符合我国国情，未充分将这些国家的典型经验与中国的优良传统和社会经济环境相结合，从而造成经验借鉴过程中的本土不适应性和制度缺失。②

---

① ②郭林. 中国养老服务 70 年（1949—2019）：演变脉络、政策评估、未来思路[J]. 社会保障评论，2019，3（3）.

第三节 新时代养老公共服务的优化策略

一、我国养老公共服务制度的体系化

党的十八大以来，以习近平同志为核心的党中央立足战略大局，引领养老服务迈入高质快速发展的新时代。党的十九大报告指出，要在“老有所养”等方面不断取得新进展，构建养老、孝老、敬老政策体系和社会环境，推进医养结合，加快老龄事业和产业发展。[①]这是我国新时代养老公共服务发展的根本遵循。为了优化我国养老公共服务体系，解决老年人日益增长的美好生活需要和不平衡不充分的发展之间的矛盾，我国养老公共服务制度的体系化建设中应该遵循四个基本原则：第一，公共资源的布局要严格落实社区居家为主、机构为辅的原则；第二，提升公共投入的效率，用简捷有效而非繁杂冗余的制度，建立起公共资源向养老服务供方和需方输送的准确路径和清晰边界，防止输送路径不畅或扭曲与边界模糊而造成资源浪费；第三，针对现有养老服务机构入住率偏低的状况，不应为单纯提高入住率，提供违背老年人意愿的养老服务，而是要根据老年人实际需要和消费能力，优化资源配置，提升养老服务质量；第四，适当提升农村养老服务设施的服务能力，补齐农村养老服务的短板。

养老服务体系的构建需考虑老年人的收入分层与需求分类，这是形成可及性强的三层次养老服务体系的关键所在。三层次的养老服务体系包括：政府兜底层次；政府主导下由市场主体与社会力量提供的基本服务层次；完全开放、营利性的市场化养老服务层次。一是在市级区域供给市、区（县）、街道（镇）和社区（村）四级养老服务资源的过程中，以常住老年人为对象，在对老年人养老需求进行科学评估的基础上，以老年人经济条件和失能（失智）状况为主要依据，合理划分老年群体，针对多元化养老服务需求，分层分类提供相应服务。二是在分层方面，低收入老年人由政府发挥兜底作用，向其提供基本养老服务或为其购买基本服务；中等收入老年人和高收入老年人根据自身及家庭经济状况，选择价格中等的一般性养老服务或质优价高的服务，政府可对此给予一定补贴。三是在分类方面，对身体健康、具有自理能力的老年人，政府、社会和家庭要在社区布局资源，创造条件引导其居家自主养老，并由家庭和社区提供辅助服务；轻度失能老人、较年轻的独居和空巢老人等可自行选择在社区、家庭或机构中进行养老；失能程度较重和失智老人、75 岁以上高龄老年人等重点老年人

① 习近平. 决胜全面建成小康社会 夺取新时代中国特色社会主义伟大胜利——在中国共产党第十九次全国代表大会上的报告[M]. 北京：人民出版社，2018.

对长期照护服务特别是医疗护理需求更多，政府和社会可向其供给护理型机构养老服务资源或嵌入社区、入户服务的护理资源。

二、我国养老公共服务供给的精细化

我国养老公共服务供给要继续走精细化的发展思路，一是全面精准统计当期并客观预测未来户籍人口与常住人口中，60岁以上老年人的健康状况、分年龄段不同失能（失智）程度的人数及其占比等反映老年人具体需求的数据；二是民政、公安、卫健等部门联动，通过整合数据或详细调查等手段，在把握老年人口包括失能老人、空巢老人、独居老人等群体的地理空间位置及其流动趋势基础上，根据老年人的共同需求与各类老年群体的差异需求及各种服务资源的辐射半径，合理配置社区居家养老服务、机构养老服务、医养结合等多样化资源，保障老年人的服务选择权，在保证养老服务供给效率的同时，实现养老服务资源的可及性；三是在省级或市级层面，整合现有或新建养老服务信息资源平台，充实细化老年人需求、机构运行、服务质量等方面的数据，切实做到实时全面反映该地养老服务的供需状况，并实现预测功能；四是针对当前国家标准和行业标准主要面向机构养老服务的状况，强化关于社区居家养老服务的标准化建设。①

在优化居家养老模式上，一是要精准定位居家养老的内涵与范围。实践中，当前基本形成了以“六助”（助餐、助浴、助行、助医、助急、助结）为基础，向精神陪护、休闲娱乐拓展的居家养老服务范围。但是在服务对象范围的划定上，则呈现出明显的地区差异性。要以国家规定的年龄标准为基准，即以60周岁老年人为基本范围，再由各省依照统一标准并结合地方实际，统筹决定区域内的设定标准以及服务程度，二是提高居家养老服务的供给质量。当前各地都在积极探索智慧养老，尤其是经济发展水平较高的地区，如杭州、温州等地，按照“一只呼叫终端、一个服务平台”的思路，引进技术服务商为老年人打造“互联网+”形式的“私人订制”，方便老年人及时联络和获得远程在线服务。毋庸置疑，这有利于提高居家养老服务质量，值得提倡和推广。但同时也需审慎对待，因为居家养老服务不仅仅包括联络服务人员进行基本的保障服务，还包括精神上的关爱，而这种人文关怀是无法交由“冷冰冰”的机器来完成的。所以，居家养老服务的生产、提供不能完全借由技术路线来实现，应当保证形式的多元化。三是完善居家养老服务管理的体制机制。目前在国家层面上，1999年，民政部、财政部、人力资源和社会保障部等28个部门联合成立了全国老龄工作委员会。有些地方也成立了老龄工作委员会，用以专门统筹、协调养老服务的发展，但是这些

① 郭林. 中国养老服务70年（1949—2019）：演变脉络、政策评估、未来思路[J]. 社会保障评论，2019，3（3）.

单位普遍层级偏低，甚至只是民政厅内部的机构，难以有效地承担起相应的职能。而且，一些地方由于条块间的分割，关于房地产、用水用电、税收等方面的补贴和扶持政策很难有效地落实到具体的对象上，也造成了公办的、城市的、示范的机构或企业更容易获取支持的不平等现象。而在定价上，虽然普遍建立起机构星级评定标准以及相对应的补贴标准，但是欠缺适应老年人需求变化的完善的退出机制与弹性的标准调整机制。此外，在有些地方的居家养老服务与管理的有关规定中，对所有的服务项目都不加区别地设定了固定的服务时间，但服务人员可以根据不同服务项目的难易度而倾向于更多地选择更容易完成的工作，但却无法与服务的满意度挂起钩来。因此，完善居家养老服务的有关制度和规定势在必行。①

在优化机构养老模式上，一是明确养老机构分类标准，加强对养老机构的分类管理。依据养老机构的营利性质可分为公益性、非公益性。公益性机构提供机构养老基本公共服务。公益性的对象是社会全体成员。非公益类机构面向市场提供各类服务，是追求利润的。依据养老机构的创建主体可分为公办机构、民办公助、民办机构。公办机构提供机构养老基本公共服务，具有保障基本养老服务的职能。民办公助的养老机构是指政府为民办养老机构提供场地、资金、设施等投入的机构，不包括税收、水电煤诸项优惠。由于接受了政府的资助，占用了公共资源，因此民办公助型养老院应当具有非营利性质，属于公益性养老机构。民办机构是指国家政府以外的组织或个人作为主体举办者，一般在工商部门登记，遵循市场规则，自负盈亏。依据功能内容及服务对象可分为养老院、护理院、老年公寓。养老院面向正常或需要轻度照护的老年人提供集中居住的条件，并面向中度、重度失去自理能力的老年人提供医养结合服务。护理院为自理有困难，或者无自理能力的老年人提供居住、医疗、保健、康复和护理的配套服务设施，这种服务包括一定的特殊技术护理和相对完整配套的服务设施。这类机构的对象通常生活可以自理或需要别人一定的帮助。老年公寓面向有自理能力和经济实力的老年人提供独立或半独立家居形式的居住建筑，以栋为单位，具有相对完整的配套服务设施，面向的群体是能够自理并有一定经济能力的老年人。各级地方政府根据不同类型的养老机构进行分类管理，一是明确不同养老机构的服务对象、服务范围及水平、收费标准。二是要明确政府在公办养老机构中的兜底职能，在民办公助养老机构中的补助、支持及监督职能定位，在民办养老机构中的调控、指导及监督职责。三是构建不同类型养老机构的服务评估体系，包括统一公益类养老机构设施的标准化配置、建立公益类养老机构服务的等级化标准以及构建非公益类养老机构设施及服务的星级标准体系。四是对不同类型的养老机构进行分类引导和管理，包括大力鼓

① 秦芳菊. 居家养老服务的模式选择与优化——以公共产品理论为视[J]. 税务与经济，2019(4).

励市场类非公益养老机构的发展、加强民办公助类养老机构的培育以及加快公办养老机构的转型。[①]

在优化医养融合养老模式上，构建包括预防、治疗、康复、照护、临终关怀、殡葬服务等环节的整合性医养服务体系。一是促进人群健康管理。在生活自理人群的健康管理方面，对 40 岁以上中年人体检时加入生活行为调查，监测健康风险演变。对60 岁以上老年人进行身体虚弱评估，早期进行身体功能训练，预防或延缓失能、失智发生。二是合理划分医养服务节点。医疗和照护、医疗保险支付范围和长期护理保险支付范围的划分与被服务者身体状况所处时期有关。一般来说，疾病发生 6 个月之内的服务属于医疗服务，可以分为疾病高度急性期、急性期、亚急性期、稳定期以及护理型恢复期，以减少失能为治疗目标。医疗服务需求包括疾病治疗、医学护理、医疗康复等。医疗服务由医疗保险给予资金支持。疾病发生 6 个月以后提供的服务，以减轻失能、提供慢性医学护理、慢病管理以及生活照护为主，属于养老服务。养老服务需求包括生活照护、慢性医学护理、社会康复、生活支援等。养老服务应由长期护理保险给予资金支持。之所以将生活不能自理状态持续 6 个月作为医养服务的分界点，是因为康复医疗服务的疗程通常以 6 个月为界限。6 个月以前康复医疗服务的目的是减少失能；6 个月以后康复服务的目的为减轻失能，该时期的康复服务被称作社会康复，即恢复社会参与能力的康复，不属于医疗范畴。[②]三是各类机构有效衔接。根据服务功能，将为老年人服务的机构分为急性医疗机构、急性后期医疗机构、医养机构、康复为主的养老机构、生活照护为主的养老机构、临终关怀机构、殡葬服务机构等不同类型。各类机构有机衔接，向有相应需要的老年人提供服务，形成整合性医养服务格局。

在优化农村养老服务供给上，一是进一步明确地方各级政府在农村养老服务的兜底责任。一方面，要明确政府兜底的老年群体。将敬老院服务对象从“五保”老人、“三无”老人等特殊群体向一定年龄阶段的所有老人转变，确保传统意义的“三无”（“五保”）老人优先得到无偿的照顾与服务；为享受农村低保的贫困老人提供无偿或低偿的养老服务；为低收入老年人提供低偿或有偿的养老服务。另一方面，根据各地经济发展水平明确地方政府的服务内容。农村老年人数量庞大，老龄化严重，地方政府在财政能力有限的情况下，主要满足老年人最基本的养老生存需求，提供生活照料、医疗卫生等服务；有一定经济基础的，可以通过政府购买等方式提供精神抚慰等中等养老服务内容。二是培育和扶持社会组织，充分发挥社会组织在农村养老服务中的主力军

① 孟兆敏，李振. 养老机构分类标准及分类管理研究[J]. 江苏大学学报（社会科学版），2018，20（1）.

② 刘晓梅，张莹. 我国医养结合面临的问题与政策建议[J]. 中国社会保障学会民生专报，2017（3）.

作用，将供给对象从弱势或特殊老年人拓展到中等收入农村老年人，提供低偿或有偿的养老服务，弥补政府或市场供给农村老年人社会养老服务的真空地带，形成耦合。三是全面开放农村地区的养老服务市场。积极引入市场机制参与农村养老服务的经营管理，为养老服务机构赢得盈利空间，刺激其触角延伸至农村寻求发展；鼓励和扶持养老服务业成立行业协会，加强行业自律与标准化建设；鼓励农村养老服务市场向集团化、连锁化、品牌化、网络化、小型化发展，支持跨区域联合和资源共享，推动建设一批具有知名品牌和较强竞争力的农村养老服务机构。[①]

三、我国养老公共服务的整合性发展

我国养老公共服务体系的建设，需要进一步整合政府、市场和社会的力量，提高政府养老公共服务资源的配置效率，规范养老公共服务市场的有序性，鼓励支持社会力量提供养老公共服务，推动养老公共服务供给主体的多元互动和整合性发展。

（1）将养老设施纳入建设规划，在市级层面出台利用闲置资源发展养老服务业的具体操作性政策文件，建立民政、自然资源、发改委等部门的有效协调机制，并将此项工作纳入政府督查的范围。在利用闲置资源发展机构养老服务和社区居家养老服务的过程中，可首先考虑利用公共性闲置资源，并采取公建民营的方式运行，对民间资本租赁这些资源给予优惠，引导其积极参与养老服务体系建设；其次是采取民办公助的方式，鼓励民间资本直接租赁使用民间闲置的房屋等资源，由政府给予补贴或政策支撑；三是置换整合资源，并通过公建民营或民办公助的方式运行。针对公办养老机构改革滞后的局面，建议实施科学有效的公办机构人员分流政策，并按照“公开、公平、择优”的原则，建立招投标机制，采取公开招标方式确定运营管理的中标者，引入高资质的民间资本，同时对政府新建养老机构主要采用公建民营的方式。改制后养老服务机构应在保障“三无”“五保”老人中失能半失能者入住的同时，也向其他失能半失能老年人开放，不断提高入住率、运行效率、服务质量。对民间资本参与养老服务体系建设，要利用公共闲置资源的民间资本应采取民非型的组织形式，其养老服务提供体现出一定的公益性。对民非型组织的公共支持与对营利性养老服务企业的公共支撑要有所差别。对前者的公共支持力度应大于对后者的公共支撑，并让前者承担起与其所获公共支持相应的公益责任。后者主要按市场规则运行，政府不宜进行过多干预，对后者的公共支撑主要发生在其创建的前期，如后者在运行中提供具有公益性的服务，应获得相应的公共支持。同时，需对二者提供服务的质量进行有效评估和管理。

① 刘艺，范世明.公共产品理论指引下建构农村养老服务供给主体支持体系研究——基于不平衡不充分的视角［J］.湖南社会科学，2018（3）.

对民间资本给予可行的信贷政策扶持，对参与社区居家养老服务体系建设的民间资本，要注重对其资质和服务能力的考察，可落实现有政策规定，重点鼓励具有护理院或养老服务机构等资源的民间资本运营社区居家养老服务中心。这有利于在社区居家养老服务需求潜力短期内难以充分释放的背景下，使社区居家养老服务中心具有持续挖掘需求潜力和提升服务质量的能力。在采用公共政策支持民间资本之时，需注重把握支持均衡点，让民间资本在获得支持的同时保持市场活力，要强调通过竞争推进民办养老服务提供者加强自身可持续发展的内生动力。

（2）形成引导现代慈善养老、传统伦理互助养老、家庭成员养老的公共政策机制。第一，创设良好政策环境，激励慈善组织参与养老服务体系建设。特别是要采取公共政策引导，大力培育针对老年人的服务型慈善组织。第二，采用公共资金补贴的方式，引导社区内或临近社区内低龄老年人向高龄老年人、健康老年人向半失能老年人，提供日常探视、生活照料等基本服务。其意义有三：一是给养老服务专业护理人才培养和充实留出缓冲期；二是社区内或临近社区内老年人之间的互动具有较强的熟人社会性质，服务的精神慰藉性较佳；三是为老年人通过社会参与实现自身价值提供机制和平台。第三，实施积极的家庭政策，采用公共政策引导家庭成员的服务覆盖社区居家养老服务、机构养老探视等各个方面，促使家庭成员作为赡养人按照《中华人民共和国老年人权益保障法》的规定向老年人提供养老服务。第四，制定操作性强的邻里互助或熟人互助的养老服务机制，并全面实施。第五，通过广播电视台、具有公信力的网站等媒介，以公益广告等方式，宣传中华传统美德，努力在整个社会形成家庭养老和互助养老的良好氛围。

（3）循序渐进壮大养老服务人才队伍，建立部门协同联动与有力考核、督查机制。落实 2019 年《国务院办公厅关于推进养老服务发展的意见》要求，建立完善养老护理员职业技能等级认定和教育培训制度，设置政府购买服务岗位并给予社会保险补贴，在建立养老服务褒扬机制的基础上，健全对专业养老服务管理人员和护理人员的直接公共补贴机制，以进一步提升其待遇水平，并构建体现职业价值的工作岗位体系。这有助于让社会成员更快认可养老服务工作的社会价值和个人价值，增强养老服务业对专业人员的吸引力。明确民政部为各部门养老服务联动工作的考核部门，并出台相应奖惩措施，为实现养老服务发展中各部门的真联实动提供保障。在各省、地市层面成立“养老服务发展领导小组”，政府主要领导任组长，分管领导任副组长，民政、卫健、老龄办、人社、发改委、财政、税务、司法、自然资源、住建、公安、工信、教育、文化、广电等部门与下一级政府分管领导为成员，对养老服务发展提供部门联动支撑。充分发挥政府督查部门的作用，强化对养老服务各项政策落实情况的督查力度，保障养老服务政策切实产生积极效果。

思考题

1. 养老公共服务是如何演进的？
2. 养老公共服务的制度体系主要有哪些？
3. 我国养老公共服务的发展理念是什么？
4. 我国养老公共服务有哪些模式？
5. 如何加强我国养老公共服务？

第五章阅读材料

第六章

老年医疗卫生公共服务

本章要点

1. 掌握：老年医疗卫生公共服务的概念；我国老年医疗卫生公共服务运行机制。

2. 熟悉：我国老年医疗卫生公共服务体系建设概况。

3. 了解：我国老年医疗卫生公共服务的优化策略。

本章课程思政目标

通过学习我国老年医疗卫生公共服务的概念和运行机制，以及我国老年医疗卫生公共服务的优化策略等内容，使学生树立正确的老年医疗卫生公共服务观念和基层医疗卫生服务的责任意识,培养学生对于老年医疗卫生公共服务工作的奉献精神。

导入案例

甘肃省兰州市安宁区，位于黄河北岸，是中国闻名的四大蜜桃生产基地，素有“十里桃乡”之美誉。该区的公共卫生服务实现了对全区大型养老院老年人医疗卫生服务的全覆盖，入住养老机构的老年人在本区内的养老机构即可获得卫生服务。2015年11月，安宁区建立了甘肃省首家“公建民营，医养结合”智慧养老试点基地老年医养结合中心，开展了养老机构与社区医疗服务结合的新模式，实现了医疗机构进驻养老机构，更好地满足了老年人需求化的健康养老服务需求。

第一节　老年医疗卫生公共服务概述

“尊老、敬老、爱老、养老”是中华民族的传统美德，也是中国社会重要的文化伦理。随着时间流逝，人体机能慢慢出现衰老和弱化，各种疾病接踵而至，对于医疗卫生服务的质量要求高，老年人群体是医疗卫生公共服务覆盖的特殊群体。对于老年人来说，“老有所养”和“老有所医”是个人晚年生活的最大期盼和向往，也是事关老年人身心健康、颐养天年的重要生活依托。根据第七次全国人口普查的数据，2020年11月1日，中国60岁及以上的老年人口达到2.64亿人，占总人口的18.7%，65岁及以上老年人口达到1.9亿人，占总人口的13.5%，根据报告统计预测，我国将在2022年左右，正式进入老龄化社会，届时65岁及以上人口将占总人口的14%以上。随着老龄化社会的到来，老年人生活的日常照料、医疗保健、康复护理等需求将会急速增长，我国的医疗卫生服务体系也将面临更大压力，尤其是针对老年人的医疗卫生服务。

一、我国老年医疗卫生公共服务的状况

近年来，我国老年医疗服务体系发展稳步发展，主要以居家照料为主，社区关心为辅，养老机构和医院为依托的老年医疗服务体系初步建立，老年医疗卫生事业发展取得了一定成绩。

我国基本公共卫生服务内容不断丰富，服务项目不断增加，覆盖人群日益扩大，财政投入不断提高。根据《2013 基本公共卫生服务中医药健康管理服务技术规范》，截至2018年，人均国家基本公共卫生服务经费的财政补助标准由2009年的15元提高至55元，服务项目由最初的9类21项扩展到14类55项。针对老年人医疗卫生的公共服务内容不断调整，多次修订，例如在2011年增设了老年人健康状态自评的内容，主要是了解其基本健康状况、生活自理能力情况，体检项目增加了口腔检查；2013年增加中医药健康管理；2017年增加腹部B超检查，每年为老年人提供1次健康管理服务，包括生活方式和健康状况评估等内容。需要特别注意的是，65岁及以上老年人将

得到基层医疗机构提供的每年 1 次的中医药健康管理服务，其主要服务目的在于，通过对于老年人身体健康的检查，获取老年人身体素质信息，并分析其身体素质特质，同时将分析结果告知老年人，辅助中医药保健指导，为老年人提供运动、保健、饮食调理等服务，达到“调养身心，健康养老”的最终服务目的。

但是，我国老年医疗卫生公共服务目前存在的问题也十分突出。比如我国老龄人口众多，老年医疗服务与需求不匹配，供给失衡；老年人的医疗保障制度不完善，长期看护费用较高，很多费用其本身和赡养人无法承担；老年康复护理专业人才培养制度不完善；医疗卫生服务与养老服务不匹配；老年医疗服务产品无法满足老年人特殊需求等问题。养老问题是社会系统问题，老年医疗卫生公共服务是综合性问题，需要社会、政府、医疗机构、社区、家庭和个人共同面对。

二、我国老年医疗卫生公共服务体系建设

2016 年，习近平总书记在全国卫生与健康大会上强调，要努力为人民群众提供全生命周期的卫生与健康服务，为老年人提供连续的健康管理服务和医疗服务。2017 年，国家卫生计生委联合国家发展改革委等 13 部门共同印发的《“十三五”健康老龄化规划》，正式提出了“老年健康服务体系”的概念。2019 年，国务院印发《关于实施健康中国行动的意见》，启动实施老年健康促进行动。2020 年 11 月 3 日，《中共中央关于制定国民经济和社会发展第十四个五年规划和二〇三五年远景目标的建议》（简称《建议》）发布，《建议》强调构建居家社区机构相协调、医养康养相结合的养老服务体系。老年医疗卫生服务体系的建设是健康老龄化的基础，也是“老年健康服务体系”的重要组成部分。

（一）我国老年医疗卫生公共服务的相关政策

2015 年修正的《中华人民共和国老年人权益保障法》第四十九条规定：“各级人民政府和有关部门应当将老年医疗卫生服务纳入城乡医疗卫生服务规划，将老年人健康管理和常见病预防等纳入国家基本公共卫生服务项目。鼓励为老年人提供保健、护理、临终关怀等服务。国家鼓励医疗机构开设针对老年病的专科或者门诊。医疗卫生机构应当开展老年人的健康服务和疾病防治工作。”①

2017 年，《国务院关于印发“十三五”国家老龄事业发展和养老体系建设规划的通知》提出，推进医养结合，完善医养结合机制。统筹落实好医养结合优惠扶持政策，深入开展医养结合试点，建立健全医疗卫生机构与养老机构合作机制，建立养老机构内设医疗机构与合作医院间双向转诊绿色通道，为老年人提供治疗期住院、康复期护理、稳定期生活照料以及临终关怀一体化服务。大力开发中医药与养老服务相结合的系列服务产品，鼓励社会力量举办以中医药健康养老为主的护理院、疗养院，建设一

① 2018 年修正的《中华人民共和国老年人权益保障法》将本条修正为第五十条。

批中医药特色医养结合示范基地。支持养老机构开展医疗服务，支持养老机构按规定开办康复医院、护理院、临终关怀机构和医务室、护理站等。鼓励执业医师到养老机构设置的医疗机构多点执业，支持有相关专业特长的医师及专业人员在养老机构开展疾病预防、营养、中医养生等非诊疗性健康服务。对养老机构设置的医疗机构，符合条件的按规定纳入基本医疗保险定点范围。

2019年，《关于建立完善老年健康服务体系的指导意见》提出，全面落实老年人医疗服务优待政策，医疗机构普遍建立老年人挂号、就医绿色通道，优化老年人就医流程，为老年人看病就医提供便利服务。开展老年友善医疗卫生机构创建活动，推动医疗卫生机构开展适老化改造，开展老年友善服务。到2022年，80%以上的综合性医院、康复医院、护理院和基层医疗卫生机构成为老年友善医疗卫生机构。强化标准建设。制定老年人健康干预及评价标准，建立健全长期照护服务标准和管理规范，制定长期照护专业人员职业技能标准，制定老年医疗、康复、护理、安宁疗护等老年健康服务机构基本标准和服务规范，制定综合医院老年医学科建设和管理指南，制定老年友善医疗卫生机构标准。研究完善上门医疗护理和家庭病床服务的内容、标准、规范及收费和支付政策，建立健全保障机制，鼓励相关机构投保责任险、医疗意外险、人身意外险等，防范应对执业风险和人身安全风险，适当提高上门服务人员的待遇水平。强化政策支持。各地要积极出台实施扶持政策，在土地供应、政府购买服务等方面对老年健康服务发展予以支持和倾斜。鼓励社会力量举办老年医院、康复医院、护理院、安宁疗护中心等。加大对贫困地区老年健康服务机构建设的支持力度，推动实现城乡、区域老年健康服务均等化。全面建立经济困难的高龄、失能老年人补贴制度，并做好与长期护理保险制度的衔接。研究建立稳定可持续的筹资机制，推动形成符合国情的长期护理保险制度框架。强化学科发展。推进老年医学研究中心、国家老年疾病临床医学研究中心等创新基地建设，打造高水平的技术创新与成果转化基地。加强老年健康相关科学研究，通过各级财政科技计划支持老年健康相关预防、诊断、治疗技术和产品研发。加强老年健康相关适宜技术研发与推广，引导普通高校和职业院校开设老年医学、药学、护理、康复、心理、安宁疗护等相关专业和课程，开展学历教育。

北京市健康北京行动中提出，要优化老年医疗卫生资源配置，制定老年人医疗服务优享制度。到2022年和2030年，北京市二级以上综合医院设老年医学科比例分别达到50%和90%；三级中医医院设置康复科比例分别达到75%和90%。健康北京行动中的老年健康促进行动提出，到2030年，老年友善医院建设率将达到90%，65岁及以上人群老年期痴呆患病率增速减缓。

上海市《2020年上海市卫生健康工作要点》的通知提出，提升老龄健康服务水平。制定贯彻落实《关于建立完善老年健康服务体系的指导意见》的本市实施意见。推动老年健康宣传、健康管理和健康行动，建立老年人健康服务数据库。继续推动长护险试点。贯彻落实医养结合发展相关意见，鼓励社会力量兴办医养结合机构。推进社区综合为老服务中心设置卫生服务站或家庭医生工作室。夯实社区卫生服务中心与养老机构签约合作，加大家庭医生签约服务。开展医养结合服务质量提升行动。推进智慧医养，促进服务深度融合。落实老龄办工作职责，做好老龄事业发展“十三五”规划终期评估及“十四五”规划编制工作，组织开展“敬老月”等活动。

天津市卫健委发布的《加快老年护理服务发展工作方案》的通知指出，积极应对人口老龄化，进一步加强老年护理服务，增加提供老年护理服务的医疗资源供给，提高老年护理服务能力，拓展老年护理服务模式，逐步满足老年患者多样化、差异化的护理服务需求。着力推进基层医疗卫生服务机构和有条件的医疗机构为居家失能老年人提供家庭病床服务和特需上门服务；开展老年人用药监测，加强老年人用药指导；开展社区和居家中医药健康服务，促进优质中医药资源向社区、家庭延伸。

贵州省发布的《关于建立完善贵州省老年健康服务体系的实施意见》中指出，坚持疾病诊治为核心，实现健康老龄化。完善老年医疗资源布局，加大老年病医院建设力度，加强贵州省老年医学学科建设，提升贵州省老年医学诊断、治疗的科研及临床水平。建立老年医学专业医疗质量控制中心，保障老年医学医疗质量水平。推动老年医疗服务从以疾病为中心的单病种模式向以患者为中心的多病共治模式转变。促进中西医结合，发挥中医药、民族医药的特色诊疗作用。立老年医学专业医疗质量控制中心，按照《医疗质量管理办法》相关要求，开展老年医学专业医疗质量控制工作，保障老年医学专业医疗质量水平。建立高校与社区合作机制，提供老年健康相关专业学生社区实习、就业机会，扩大老年护理服务队伍，补齐服务短板，到 2022 年基本满足老年人护理服务需求。

（二）我国老年医疗卫生公共服务的模式

当今社会，人口老龄化发展迅速，老年人对于医疗卫生服务体系建设需求增加，老年医疗卫生模式如何更好地满足老年人迫切的健康需求，如何确保医疗卫生服务机构体系能够保证老年医疗卫生事业的可持续发展，这些医疗卫生问题的解决对于老年人保证晚年生活质量至关重要。

2016 年，中共中央、国务院印发《“健康中国 2030”规划纲要》（简称《纲要》），《纲要》明确提出促进健康老龄化。实现健康老龄化是老年医疗卫生的服务宗旨，也是实现“健康中国”战略的重要组成部分。根据老年人衰老变化周期特点以及对于医疗卫生服务的特殊需求，老年医疗卫生服务模式依次为预防与保健、急病救治、慢病防控、中期照护、长期照护和临终关怀六个主要阶段。

（1）预防与保健。人体健康随着年龄的增长而逐渐发生变化和衰落，在医疗卫生服务中，“预防为主”的观点主要体现在将疾病消灭在初始程度，使疾病无法继续发展或是无法产生，起到从根源上遏制疾病发生的作用。自我保护是老年人本能的健康意识，多数老年人一般身患慢性疾病，或具有面临突发疾病的风险，自我保护、自我保健意识在老年人日常生活中是维持健康生活方式的重要手段。增强老年人健康意识和自我保护意识，对老年生活的疾病预防、心理健康、康复护理等方面起到了支撑作用。近年来，我国社区医疗卫生机构以及地方康养中心等机构，不定期组织老年健康与医疗卫生讲座等多种形式的健康宣讲活动，向老年人传递疾病预防和自我保护的健康意识。

（2）急病救治。老年人突发急病、大病的救治时间是争分夺秒的，老年患者的急病救治是老年医疗卫生体系建设的重中之重。老年患者由于身体机能下降，尤其是现在独居老人日益增多，一旦其身体抱恙或是发生意外，容易耽误抢救和治疗最佳时间。目前，我国越来越多的综合医院开设了老年医学科，为老年患者提供“一站式”服务，缩短了排队挂号、候诊时间，使老年患者快速就诊，及时得到专业治疗，缓解病痛症状。

（3）慢病防控。老年人是慢性病的高发群体，慢性病不仅给老年人及其家庭带来经济负担增加、住院看护时间较长、治疗风险增高、痊愈程度低等问题，而且老年人承受病痛困扰，增加了身体和心理的健康负担。慢性病的防控一直都是老年医疗卫生体系的服务重点，做好老年慢性病的管理和预防保健工作，对于老年健康生活具有十分重要的意义。2019 年，国家卫健委印发了《老年医学科建设与管理指南》的通知，通知中明确指出各级医院老年医学科资质的规范化管理，在老年人慢性病的卫生防控方面起到了的支撑作用。

（4）中期照护。目前，对于中期照护的具体定义，全世界尚未形成统一标准的概念。2000 年，英国卫生部颁发的《国家健康服务计划》中首次提出了“中期照护”的概念。中期照护是一系列的整合照护服务，其服务目的在于预防在家接受长期照护的病患，由于病情加剧或病情康复缓慢而入院治疗，帮助病患提升康复能力，能够达到独自生活的健康水平。以在距离老年患者住址就近的医疗机构的照护为宗旨（主要以社区医院为基础），以避免住院照护和加强自我保健康复为目标，使老年患者可在相应的医疗机构得到完整的医疗护理照护，增强自我康复能力。中期照护医疗卫生模式是医疗机构为老年患者进行医疗服务的延续。

（5）长期照护。目前，我国长期照护主要模式有家庭式、养老机构式和社区居家式三类。基于我国社会长期以来的社会伦理及养老观念，以家庭为单位的长期照护是我国老年医疗卫生体系里的基本单位，也是老年长期照护的主要模式。家庭式长期照护模式，主要以家庭成员互相承担照护费用和照护工作为主。随着人口数量的下降以及现代家庭结构的转变，家庭式长期照护面临越来越多的压力和挑战，养老机构式和社区居家式越来越受到社会大众，特别是老年人的重视。近年来，多种形式的老年长期照护养老机构如雨后春笋般出现，如敬老院、托老所、老年服务中心等，养老机构的建立缓解了老年长期照护机构缺失的压力，为老年医疗卫生环境的改善提供了便利。社区居家式长期照护模式为我国老年人居家养老服务和康复护理服务提供了重要平台，起到了居家养老、组织医疗服务、进行康复护理工作的关键作用。社区居家式长期照护模式，使老年人可以在自家居住，而且在熟悉的社区中生活，还可以得到完整的养老照护服务，使老年人身心愉悦，对于健康防护有着积极作用，也减轻了家庭式照护的负担。我国老年人普遍对于居家养老非常认可，社区居家长期照护模式也越来越受到我国人民的关注和欢迎，可以考虑为我国优先发展的长期照护模式。

（6）临终关怀。随着生命衰老至生命终结，生命的消逝是每个人都不可避免需要面对的生命状况。尊重生命价值，缓解病痛症状，维护老年人生活尊严，保证老年人的生活质量，使老年患者可以安心地度过生命的最后时光是老年医疗卫生体系的重要环节。目前，我国养老服务机构和医疗卫生机构对于老年人的临终关怀服务起步较晚，服务发展较为落后，缺少掌握临终关怀技能的专业医疗和看护人员。

三、我国老年医疗卫生主要的服务机构

2019 年 10 月 28 日，国家卫生健康委员会联合国家发改委、教育部、民政部、财政部、人力资源社会保障部、国家医保局、国家中医药局等八个部门印发《关于建立完善老年健康服务体系的指导意见》（简称《意见》）。《意见》明确指出，开展老年友善医疗卫生机构创建活动，推动医疗卫生机构开展适老化改造，开展老年友善服务。到 2022 年，80%以上的综合性医院、康复医院、护理院和基层医疗卫生机构成为老年友善医疗卫生机构。鼓励医疗卫生机构为居家失能老年人提供家庭病床、巡诊等上门医疗服务。

我国老年医疗卫生主要的服务机构可分为四大类：大型综合性医院、基层医疗卫生机构、养老机构、老年医院。

（1）大型综合性医院是医疗诊治和教学研究相结合的技术中心，承担了较多的公共卫生服务，也承担着更多急危重症患者和疑难复杂疾病诊疗和抢救任务，对于老年患者来说，大型综合性医院是提供综合性医疗卫生服务的主要机构。但是大型综合性医院治疗费用普遍较高，挂号和候诊时间较长，医疗物资配置较为紧张。

（2）基层医疗卫生机构主要包括乡镇卫生院、社区卫生服务中心、乡村卫生室等机构。基层医疗卫生机构是直接为城市社区、农村乡镇老年人提供服务的医疗卫生机构，是老年人卫生健康的“守门人”，主要承担针对老年人的基本公共卫生服务项目，比如老年人常见病、慢性病、多发病的诊疗和护理康复服务；老年人突发急病现场抢救和治疗任务；向上级医院转诊超出自身服务能力的危急和疑难重症病人等公共服务项目。

（3）养老机构主要是提供老年人日常照护和基本医疗服务的机构，主要由敬老院、老年康复中心、老年公寓、老人疗养院、老人护理院等组成。老年医疗卫生发展与养老机构合作是密不可分的，医养结合是我国养老体系建设的重要组成部分。养老机构可以为老年人提供专业的养老和医疗卫生服务，比如其拥有较为专业的看护人员，完善的养老基础设施，定期为机构内的老年人组织健康体检，关注老年人的精神健康等服务。2020 年 12 月 11 日，国家卫健委发布了《医疗卫生机构与养老服务机构签约合作服务指南（试行）》，该文件明确提出，养老机构可探索将内设医疗卫生机构交由签

约医疗卫生机构管理运营，同时，鼓励养老服务机构优先与周边的基层医疗卫生机构及康复、护理、安宁疗护等接续性医疗机构签约合作。

（4）老年医院主要是为老年人提供专业医疗保健、慢病防控、康复护理的医疗机构，是针对老年患者诊治病症的专科性医院，尤其是在老年综合征、防治老年痴呆等老年患者特殊病症方面，老年医院是主要的康复治疗中心。但是，我国老年医院的建立起步较晚，医院基础设施建设不足，医疗资源配置不充分，老年医学发展较为缓慢，学科研究基础薄弱等问题制约着我国老年医院的发展。《关于建立完善老年健康服务体系的指导意见》中指出，应完善老年医疗资源布局，以老年医院和综合性医院老年医学科为核心，相关教学科研机构为支撑的老年医疗服务网络。

第二节 我国老年医疗卫生公共服务运行机制

一、我国老年医疗卫生公共服务运行机制概况

老年医疗卫生服务的运行机制是为老年人提供公共医疗卫生服务的基础，直接决定着公共医疗卫生服务工作的质量和效率。老年医疗卫生服务体系的运行机制主要包括六个方面：一是老年友善医疗机构的运行机制，比如大型综合性医院老年病诊室、老年医院、基层医疗卫生机构等机构提供的医疗卫生服务，为老年人营造舒适便利的就诊环境，加强老年疾病的诊治疗效。二是老年医疗卫生服务的技术规范和持续改进机制，制定医养工作服务流程标准。三是老年医疗卫生服务的理论基础与专业技能等继续教育和在职培训的长效机制，提高老年护理的服务质量。四是政府卫生管理部门创建的老年医疗卫生服务评估机制，规范老年医疗卫生机构的服务行为。五是老年医疗卫生服务的绩效奖励机制，发挥绩效薪酬激励作用，加强医疗服务质量，提升服务意识。六是医疗卫生服务和养老服务相结合的双向运行机制。老年医疗卫生公共服务运行机制构建的过程中，应该考虑机制内外部环境影响，强调工作协调机制，完善老年医疗卫生服务的资源调配制度。

二、我国老年医疗卫生公共服务机制存在的问题

由于老年人对于医疗卫生服务的需求具有迫切性，加上老年人对于医疗卫生服务范围需求的扩大化，老年人对于医疗卫生服务具有依赖性，同时，医疗费用也正在快速增长，老年医疗卫生服务的问题带给社会巨大的医疗卫生压力，由此也引发了较多的社会问题，严重制约了老年医疗卫生公共服务机制的良性运行。

（一）老年医疗卫生政策落实问题有待解决

医疗卫生政策在面向全社会的实施过程中，常常会受到各种因素的制约。经济发

达地区，政策运行机制较为完善，但是对于经济欠发达和落后地区，受政策环境、经济环境、文化环境等因素的制约，难以达到预期的政策效果。不管是经济发达地区或是经济欠发达、经济落后地区，老年人对于医疗卫生服务的需求问题都急需解决，而且刻不容缓。

（二）医疗卫生资源分配不均

大型综合性医院具备专业人才、高端诊疗设备、完整的康复护理服务，而基层医疗卫生机构资源短缺，不能够很好地满足老年人的诊疗和健康需求。老年医疗卫生资源与老年人的多样化医疗需求出现供给不平衡的矛盾，造成了大医院“扎堆看病”，小医院“无人问津”的现象。

（三）老年人医疗卫生服务问题与社会养老问题

老年人医疗卫生需求呈现多样化的发展，由于老年患者的慢性病诊疗、康复护理等医疗需求需要长期照护的服务模式，而老年人又是慢性病高发，急病风险高的人群，失能、失智老年人群体增加，给传统居家养老模式的家庭带来相当程度的经济压力和生活压力。而我国长期照护服务体制不健全，难以应对日益增多的长期照护需要。因此，长期照护和居家养老压力也制约着健康老龄化战略的实现，由于医疗问题导致的养老问题，更容易导致家庭矛盾从而上升为社会矛盾，进而影响社会和谐稳定发展。

（四）老年医疗保障体系不健全、收费机制监管不到位

对于老年人的医疗卫生和养老服务必须具有公益性的服务目的，充分考虑老年人的退休收入和消费能力。我国老年医疗保险已经实现全覆盖，但是城镇资源分布不均，城市老年人参保意愿较强，保险种类选择较多，农村老年人参保意愿不强，保险种类单一。个别医疗卫生机构和养老机构针对老年患者的服务，存在乱收费、乱升药的现象，以及老年患者缴费机制监管不到位，资金去向模糊不清等问题。

（五）老年医疗卫生服务人才培养方案不合理

老年医疗卫生服务人才考核、管理、薪酬计划、奖惩机制建设不健全。传统的人才管理模式不能够满足现代的人才管理机制的需要，老年医疗卫生服务人才队伍建设和结构优化是人才培养工作的重点。一些医疗卫生机构缺乏老年病专业医生，多数从业人员缺乏老年病学和康复护理的专业技能知识，而某些医疗卫生和养老机构管理不规范，不重视管理的重要性。一些医疗卫生和养老机构管理人员的医学知识和专业素养普遍偏低，管理知识普遍匮乏，管理能力、经验不足，导致部分医疗卫生和养老机构留不住老年医疗卫生服务的专业人才，内部管理混乱，缺乏职责规范，业务能力受到严重影响。

第三节 我国老年医疗卫生公共服务的优化策略

一、大力发展老年医学

（一）老年医学的发展现状

随着全球人口老龄化现象的加剧，老年人群的医疗诊治、康复护理、慢病防控等需求增长迅速，而且要求医疗卫生服务专业性强，因此专门针对老年人的医疗保健服务的老年医学已成为现代医学发展的前沿学科。截至 2020 年 11 月 1 日，我国 65 岁及以上人口数量达到 1.9 亿人，占我国总人口比重的 13.5%，联合国老龄化社会的标准是一个地区 65 岁以上老人占该地区总人口的 7%，就可以判定该地区进入老龄化社会，而我国早已进入老龄化社会，因此发展老年医学，加强老年医学的学科建设具有重要意义。

在老年医学的历史发展中，美国和英国率先开始了老年医学的研究。1909 年，美国医生 Ignatz Leo Nascher 首次提出了老年医学（Geriatrics）的概念，并撰写了世界上最早的老年医学教科书——《老年病及其治疗》，他也因此被誉为“老年医学之父”。随后，老年医学在美国的医疗卫生体系中得到了越来越多的重视，其医疗服务水平和医疗教育水平不断提高，使老年医学学科建设不断完善，逐渐形成了一门理论与实践结合较为完善的学科。1942 年，全美老年医学会成立；1945 年，全美老年学会成立；1965 年，美国政府开始实行针对老年人和残疾人的全国统一的国家医疗保险计划；20 世纪 70 年代后期，美国公共卫生服务健康资源服务部完成了与老年医学相关的课程规划，并于 1974 年成了老年研究所；1988 年，美国老年病研究教育临床中心与南得州老年病教育中心的成立，标志着美国医疗卫生体系中老年医学教育的临床教育迅速发展；1998 年，美国老年病协会发表了《老年病专科研究生训练指南》，详细地归纳了老年医学的研究生阶段的主要教育内容。美国老年病的诊治医生定期对其负责的患者进行医学评估，及时调整医疗服务的内容，对疑难杂症或需要特殊诊治的病例请专家医生会诊，使患者得到及时有效的治疗。为保证老年患者的生活质量，医生允许老年患者能够生活在其熟悉的生活社区，尽量减少入院治疗和长期看护的频率，使其身心愉悦地接受医学治疗和康复护理，减轻医疗费用带来的经济压力。

英国作为世界上第一个实行全民医疗保险制度的国家，老年医疗保险、老年医学学科的建立对于世界老年医学的发展起到了积极作用。被称为“英国老年医学之母”的 Marjory Warren 博士是英国老年医学的创始人，她终身致力于老年医学建设，主张将老年医学列入医学临床专科，提出了老年医学综合医疗诊治效果的重要性，倡导了综合性医院应该根据老年患者的自身特点而设立独立病房，达到康复护理的服务目的，其老年医学的医疗康复理论已被现代老年医学服务模式所广泛采用。

与英美发达国家相比，我国的老年医学起步较晚，学科发展较为缓慢。目前，我国多数高等医学院校开设的老年医学课程较少，学生培养方案无法满足专业要求，学科研究基础较为薄弱，学科研究方向单一，没有系统的老年医学课程体系，甚至有些高等医学院校未开设老年医学相关专业和课程。随着我国老龄化社会现象的日益严峻，我国已逐渐重视老年医学的学科发展，综合性医院和基层医疗卫生机构也相继设立老年病房，加强老年医学的临床研究，高等医学院校逐步设立老年医学专业和课程。但是，与英美等发达国家相比，我国的老年医学教育和临床研究、康复护理、慢病防控等医疗卫生体系建设仍然存在不小的差距。

（二）老年医学发展的重要意义

随着我国进入老龄化社会，老龄化社会所带来的社会问题日益显著，比如老年病的防治工作，老年医疗保险的保障范围等社会问题受到了政府和全社会的关注。“老有所医”是老年人晚年生活质量的重要保证，老年医学的发展为推进老年医疗卫生体系的建设而服务，也是我国实现健康老龄化的重要支撑。老年人的医疗卫生服务质量的发展，是我国民生问题的重要体现，保证老年人的身体健康和生活质量可以促使整个社会保障体系良性发展。因此，老年医学的发展具有重要的社会意义和教育意义，加强老年医学的学科建设和人才培养势在必行，提升基层医疗机构和养老机构的医疗工作者康复护理的专业技能，也是保证老年患者健康恢复的重要措施。

（三）老年医学发展的具体措施

基于老年医学学科建设的急迫性，我们必须清楚地认识到老年医学学科发展的重要性。在借鉴西方发达国家老年医学学科建设成功的经验的同时，应充分结合我国国情，根据我国老年医疗卫生服务的需求，开展我国特色的老年医学教育，建立老年医学完善的教育模式和人才培养体系。

首先，老年患者具有慢性病多、共病症多、突发急病多的“三多”疾病特点，除此之外，老年患者还具有行动缓慢、治疗时间长、心理焦虑、对死亡担忧等不同于其他年龄阶段的生理和心理问题。因此，老年医学的教育工作者和临床研究人员应改变原有的医疗理念和医学模式，由单一的老年病医疗诊治及康复护理，转变为预防和诊治、中长期照护、心理干预的“一站式”的综合医疗理念和医学模式，以满足老年患者医疗的特殊需求。主要的实施措施包含：通过健康教育宣传、老年健康讲座、大型义诊、社区走访等形式向老年人普及常见老年疾病的预防知识；探索“医养结合”新型医疗和养老结合模式，发挥基层卫生医疗机构服务作用，综合性医院与养老机构联合服务，为老年人提供基本医疗卫生需要；针对有心理障碍的老年患者给予特定关注或是心理干预，积极为其开展康复治疗，减轻心理压力，缓解焦虑情绪；发展老年医院的特色专科诊疗项目，以上这些医疗理念及医学模式都应加入老年医学的学科建设中。

其次，学习发达国家老年医学的丰富教学经验，规范人才培养方案。老年医学的学科建设需要组建多学科、跨学科的联合师资力量。老年医学具有非单一诊疗康复的特点，因此老年医学的师资力量建设，更需要学科专业性与广泛性的联合设立。高等医学院校与临床医疗机构可以设立老年病学科的专业培养基地，加强理论知识与临床实践的结合。对于老年医学专业硕士及以上学历的人才培养，可以采用导师负责制，“一对一”或“一对多”的具有针对性的人才培养模式，在理论研究和临床实践上给予学生指导，使老年医学学科的人才培养向更加专业化的方向发展。进一步加强基层医疗卫生机构和养老机构中医疗工作者的专业技能培训，他们是常年服务于老年患者的基层医疗服务者，对于老年患者的具体情况比较了解，能够为老年患者提供较为满意的医疗服务。但是，目前我国基层医疗服务者的专业技能与老年人医疗卫生服务需求还存在诸多差异，因此可以加强针对基层医疗服务者的教育与培训，提高其专业技能，使其更好地服务老年患者。

最后，关心老年人的精神健康，加强人文关怀。老年患者面对高昂的治疗费用、身体的病痛，对于无人看护的担心等问题会出现精神紧张、焦虑、寡言少语，甚至抑郁等心理健康问题，进而出现不配合医学治疗，消极对待康复活动，甚至出现自残自杀等极端状况。因此，老年医学的学科建设不仅仅是培养医学专业人才的医疗护理专业技能，同时更应该培养人文情怀，使老年医学专业人才认同敬老、爱老、养老的社会伦理，提升思想道德水平和人文关怀意识，给予老年患者足够的尊重和关心，使老年患者感受到医疗工作者的共情。

二、提升医疗机构老年医疗卫生服务的能力

2020 年 8 月，贵州省卫生健康委、贵州省民政厅等 14 部门联合发文，提出要加快推进医疗健康服务和养老服务融合发展，全面提升养老机构医疗卫生服务能力，推进健康养老工程。为实现我国健康老龄化的发展要求，结合老年患者的康复需求，我国基层医疗机构的服务模式需要做出新的变化。基层医疗卫生服务机构要能够满足老年群体和老年患者，以基层医疗卫生服务质量的要求为目标，从制度创新、体系建设、资源配置、人才培养等方面入手，加强基层医疗卫生服务机构的服务体系建设。

（一）中国医疗保险制度的深度改革

1998 年 12 月，国务院发布了《国务院关于建立城镇职工基本医疗保险制度的决定》（国发〔1998〕44 号），部署全国范围内全面推进职工医疗保险制度改革工作，标着中国医疗保险改革拉开了序幕。2009 年，中共中央、国务院向社会公布的《中共中央 国务院关于深化医药卫生体制改革的意见》中明确提出，我国医疗保险“有效减轻居民就医费用负担，切实缓解‘看病难、看病贵’”的近期目标，以及“建立健全覆盖城乡居民的基本医疗卫生制度，为群众提供安全、有效、方便、价廉的医疗卫生服务”的长远目标。2021 年，国家医保局正式公布《关于建立健全职工基本

医疗保险门诊共济保障机制的指导意见》，标志着中国医疗保险改革 22 年以来最大的变化。

老年人为临近退休或是退休年龄人群，收入减少，随着身体机能的下降，面临的疾病风险增加，如果患病之后没有得到及时有效的诊治，晚年生活质量无法得到保障，而医疗保险就是老年人疾病诊疗、康复护理的保障基石。一方面，医疗保险可以为老年患者的长期治疗和短期诊治提供医疗诊费的资金保障，另一方面，医疗保险可以减轻老年患者本人及家属的经济压力。随后，国家医保局公布《关于建立健全职工基本医疗保险门诊共济保障机制的指导意见》(简称《意见》)，老年人的医疗保障得到了进一步的加强，《意见》明确指出，要针对包括在职职工和退休人员在内的全体职工医保参保人员，建立完善普通门诊医疗费用共济保障机制，支付比例为 50%起步，并适当向退休人员倾斜。以前无法报销的门诊费用、常见病、慢性病等医疗费用也将纳入医保统筹基金支付范围。

（二）发挥政府体系与市场机制共建

老年医疗卫生服务体系建设，主要是为提高老年医疗卫生服务质量，推进老龄服务体系建设的关键，也是健康老龄化的重要组成部分。老年医疗卫生服务体系的建立，完全采用政府主导或是完全采用市场机制为主导是错误的，应该是“两条腿走路”，政府主导行为与市场自由竞争机制相结合。老年医疗卫生服务体系的服务目标，主要是为我国老年人的公共卫生服务，构建政府体系为主导、结合市场自由竞争机制、鼓励社会力量协作的老年医疗服务体系。

政府体系与市场机制的有机结合，主要有以下意义：第一，老年医疗卫生是公益性服务事业，涉及公共卫生服务、医疗保障、慢病诊治、康复护理等方面，是满足我国老年人健康需求的公益性服务。而政府在老年医疗卫生体系建设中必须发挥主导作用，以保证老年人晚年健康和晚年生活质量为导向，切实落实好政府在养老制度、医疗保障规划、资金筹备、公共服务、监管体系等方面的责任，维护老年人在公共医疗卫生体系中的根本利益，坚持公共卫生服务的公益性。第二，健康老龄化是一个需要全社会共同协作的社会共同目标，需要市场机制的深度参与和服务。老年患者的健康维护和康复护理，需要医疗卫生服务体系的有力支撑，同时也需要养老机构和社会机构、城市社区、老年医院、个人家庭等在内的多方面的共同支持与配合。市场机制在社会服务中资源配置方面具有灵活性和便利性，筹资范围广，因此要大力发挥市场机制在配置资源方面的作用。社会力量具有积极性和创造性，医疗卫生体系引入社会力量参与共建，可以从多元化方面满足人民群众，特别是老年群众对于医疗卫生服务的需求。

（三）支持养老机构设立医疗机构

对于符合医学诊疗条件的养老机构内部设立的诊治、康复、护理等科室或机构，实行备案管理，简化行政审批要求，享受相关政策扶持。建议县市级综合性医院开展针对本地区的养老机构医疗巡诊服务，基层医疗卫生机构可以定期指派医务人员，为内部未设立医疗机构或未达到医学诊疗条件的养老机构进行上门式巡诊服务，为养老机构中的老年人提供老年常见病的治疗、药物合理使用指导、老年人健康保健知识宣传等服务。为养老机构建立便利的就医绿色通道，建议医疗卫生管理行政部门指定当地具有老年医学诊疗实力的医疗机构作为当地养老机构的支持机构，为老年人就医提供优先优质的医疗服务，整合利用医疗机构已有的医疗资源，配备专业的老年护理人员，保证老年患者的康复护理床位，收治需要看护的失能或半失能老人，为老年患者提供有质量保证的康复护理服务。

（四）加强老年医疗卫生服务人才队伍建设

医疗卫生服务人才是特殊人才，在医疗卫生体系中是病人诊治和康复的主要服务者。虽然我国的医疗基础设施建设成果明显，医疗卫生服务功能也日趋完善，硬件设施不再是制约医疗卫生体系发展的主要原因。但是，医疗卫生人才队伍建设相对落后，尤其是针对老年医学、老年康复护理等特殊专业的人才队伍建设，已经成了制约老年医疗卫生服务长效发展的突出问题。

目前，我国老年医疗卫生服务人才队伍建设主要有以下问题：

（1）老年医疗卫生服务专业人才匮乏，缺乏高精尖人才。由于我国老年医学起步较晚，学科基础建设比较薄弱，老年医学在医学体系学科中不受重视等原因，导致我国老年医学的研究范围不广泛，研究能力不突出；老年医疗卫生服务人才中，拥有高级职称的人才偏少，缺乏学科带头人；高学历人才比例不高，学术领头人匮乏；专业人才梯队出现青黄不接、人才断档、人才培养方案不明确等问题。基层医疗卫生服务者，存在专业知识不强、专业技能水平较低、专业培训时间不够、缺乏人文关怀素养培训等问题。

（2）基层医疗卫生人才流失严重。基层医疗卫生机构服务人才和养老机构的照护人员工资待遇普遍偏低，工作压力较大，致使基层卫生机构和养老机构中老年病的专业诊疗和照护人员流失严重，离职率较高，未能形成科学合理的人才队伍结构。基层医院和养老机构中，由于工作环境和工作条件的制约，许多基层医疗卫生专业人才不满其待遇、工作环境和工作平台，不愿意在基层医疗机构和养老机构服务，倾向于大型综合性医院或是资金雄厚的高端养老机构。有些甚至宁可自谋出路，也不愿意在基层服务，造成了基层医疗卫生机构本来数量就偏少的专业人才的大量流失。

（3）医疗卫生服务能力不足。老年患者需要先进便利的医疗卫生服务场所，更需要完善的公共卫生服务。基层医疗卫生机构承担的业务较多，但是总体服务能力较差。由于老年患者突发状况较多，导致基层医疗卫生诊治难度较高，给老年患者的诊疗和康复带来了相当程度上的困难。尤其是在乡村卫生机构中，由于其医疗技术能力有限，医疗基础硬件设施缺乏，除了完成基本的医疗服务和公共卫生服务之外，根本无法完成针对老年患者的医疗服务，造成乡村老年患者看病难、治病难、养病难、恢复难的状况。

近年来，虽然各级政府加大了针对医疗卫生机构的财政投入，为基层医疗卫生机构购置了先进的医疗设备和医疗用品，但是由于如医疗影像等特殊专业技术人才的缺失，造成了医疗设备无法正常使用进而浪费医疗资源的现象。基层医疗卫生机构未能为老年人提供绿色就医通道，也没有开设老年病专科门诊，老年人需要排队挂号候诊，未能够享受特殊服务。

加强老年医疗卫生服务人才队伍建设的关键在于，完善老年医疗卫生相关专业技能人才培养制度，以专业技能价值激励为导向的薪酬分配体系，提高专业技能人才的福利待遇，加强政府财政投入对于特殊医疗设备的倾斜，以及提高医疗卫生特殊人才的培养。支持基层医疗卫生机构、养老服务机构和相关社会机构开展有针对性的培训活动，建立老年医学相关专业培训基地，邀请老年医疗专家开展讲座和业务指导工作，支持专技人才参加进修学习和继续教育，鼓励老年病诊疗和康复的一线医务人员参加专业培训授课和康复指导服务。

三、促进医疗卫生与养老服务相结合

老年人的医疗卫生服务与养老服务是互相依托、互相配合、密不可分的。医养服务结合，是养老服务模式的创新，老年人医疗卫生服务质量是养老服务的基础，也是健康老龄化的支撑。为了提升我国医养服务质量，让更多老年人能够安享晚年生活，我国政府相继出台了一系列政策，为医养结合发展提供了政策支持。2013 年，国务院发布的《国务院关于加快发展养老服务业的若干意见》中提到推动医养融合发展。各地要促进医疗卫生资源进入养老机构、社区和居民家庭，卫生管理部门要支持有条件的养老机构设置医疗机构。医疗机构要积极支持和发展养老服务。2015 年，由国务院九部委联合印发的《关于推进医疗卫生与养老服务相结合的指导意见》中，明确了医养结合工作目标、重点任务和保障措施。医疗机构与养老机构合作，养老机构内设置医疗机构；推进医疗卫生服务延伸至社区、家庭；同年，民政部、国家发展改革委等 10 部门联合印发《关于鼓励民间资本参与养老服务业发展的实施意见》中，明确提出鼓励民间资本参与居家和社区养老服务、鼓励民间资本参与机构养老服务、支持民间资本参与养老产业发展、推进医养融合发展。2016 年，国家卫生计生委办公厅、民政部办公厅联合发布的关于确定第一批和第二批国家级医养结合试点单位的通知中指出，各试点单位要结合实际，统筹各方资源，全面落实医养结合工作重点任务；各省（区、市）要积极探索地方医养结合的不同模式，并积极协调解决存在的困难和问题。2019 年，由全国老龄办牵头联合多部委共同发布的《关于深入推进医养结合发展的若干意见》中指出，进一步完善居家为基础、社区为依托、机构为补充、医养相结合的养老服务体系，更好满足老年人健康养老服务需求。

随着我国医养服务结合政策的深入推进，越来越多的医养结合式养老服务机构和基层医疗服务机构涌现。目前，我国医养结合的服务机构主要有以下三种类别：

①“直接服务”医养结合式服务机构，由医疗卫生机构和养老机构自行独立提供医疗和养老双重服务，养老机构内设医疗机构或医疗机构内设养老机构，这种机构式的医养结合可以为老年人提供专业的养老服务和医疗卫生服务，但费用相对较高。②“联合服务”医养结合式服务机构，养老机构与医疗机构联合服务，由医疗机构提供医疗服务，养老机构提供照护服务，医疗机构指定专人定期为养老机构中的老年人提供诊疗、巡诊、康复护理等服务。③“社区服务”医养结合式服务机构，社区养老服务机构或养老照护中心，与本地区医疗机构联合服务，为社区内的居家老年人提供养老和医疗双重服务。老年人居家养老是我国社会伦理中长期以来推崇的养老模式，主要是指老年人居住在自己家里或是在其子女的家里，自我生活或是由其家人照顾生活的传统养老方式，占据我国养老服务中的主导地位。我国历史文化强调以孝文化为核心的养老文化，老年人能够居家养老是家庭和睦和社会和谐的重要体现，因此我国老年人有居家养老的意愿倾向。社区养老服务机构可以为社区内的居家老人提供便利的卫生和养老服务，为老年人在熟悉的社区和自己家里生活，也有助于老年人在患病后的康复和护理。

中医药健康养老服务是我国医养服务结合的特色服务。中国中医药文化博大精深，是我国传统医学发展的重要推手。中医药养生文化和老年保健文化，可以为老年健康服务提供理论基础和临床实践的教学经验，中华民族的养老模式离不开中医药。要发挥中医养生保健、治未病的特色优势，通过针灸推拿、中医保健、药膳调理等中医药特色健康养生方式，缓解老年人的衰老状态，融入中医药辩证的理论思想，提供有针对性的养老和医疗卫生服务。支持在基层医疗卫生服务机构中发展中医药特色的健康养老服务，使养老与养生相结合，将中医药养生保健文化、中医药治未病医学理念等具有中医药文化特色的诊疗和康复服务融入健康养老的全过程。

2017年，我国工业和信息化部、民政部、国家卫生计生委三部委联合印发《智慧健康养老产业发展行动计划（2017—2020年）》（简称《行动计划》），《行动计划》指出利用物联网、云计算、大数据等信息技术职能产品，推动个人、家庭、医疗机构、养老机构与健康养老资源的有效衔接，推动养老服务质量的发展。通过互联网技术辅助医疗卫生机构与养老机构的医养资源整合，缓解医养结合服务的供给不足压力，采用“互联网+”诊治新型医疗模式、线上医疗服务模式等创新医养结合服务模式，完善老年患者信息数据库创建工作，加强医疗和养老机构合作的信息化，为老年人群专业化、系统化的健康养老需求提供技术支持和服务。

四、积极探索老年人群医疗卫生服务多层次保障制度

目前，我国老年人群的医疗卫生服务正在快速发展，但是适合中国老年人的医疗卫生服务体系建设依然存在诸多问题。其中，老年疾病的预防和诊疗服务不全面、针对老年患者的康复护理服务功能不完善、老年病专业医疗卫生服务人才匮乏、老年人

的医疗保障制度不完善、农村老年人的医疗卫生和养老服务发展滞后等问题突出，严重影响了老年人的晚年生活质量，制约了我国健康老龄化战略的发展。

提升老年医疗卫生服务质量，才能更好地应对人口老龄化的加速，缓解人口老龄化带给社会发展的压力。探索老年人群医疗卫生服务的多层次发展，是提升老年医疗卫生服务质量的关键，要求我们必须具有健康中国的战略高度，统筹推进老年医疗卫生服务体系建设的顶层设计，完善老年医疗卫生服务中的各项工作，以保证老年人切身利益和晚年生活质量为基本出发点，加强构建老年医学学科发展、培养老年病医疗卫生服务人才、鼓励基层医疗卫生机构与养老机构联合发展医养结合式服务等多层次、多维度的老年医疗卫生与养老服务配套整合系统。

2019 年，国务院印发的《国家积极应对人口老龄化中长期规划》中指出，构建医养服务有机结合的多层次养老服务体系，扩大适老产品和服务供给，提升适老产品和服务质量。老年医疗卫生服务是公共卫生服务产品，如何提升服务质量，需要全社会从系统思维出发，加强保障制度。

（一）加强老年医疗卫生体系的建设

老年医疗卫生体系建设是重要的民生工程，必须由政府加强体系顶层设计，推进我国健康老龄化的战略发展，强化对于老年医疗卫生事业的领导，由我国卫生部门和养老服务部门作为牵头单位，统筹规划老年医疗卫生战略发展细则，制定养老和医疗卫生相关政策。在地方各级医疗卫生工作部门，设立专门的老年医疗卫生管理机构，负责落实老年医疗服务政策的实施，协调医疗资源，监督管理养老机构和医疗机构的具体工作。明确各级各类医疗卫生和养老机构的职能责任、服务范围和服务对象，制定服务质量标准。针对老年人医疗诊治和康复照护的特殊需求进行分级评估，确定评估标准。根据医疗卫生和养老机构的基础设施和诊治措施情况，为老年患者提供诊治服务、康复照护、健康养生、安宁陪护等具体服务内容。

（二）加强老年医学学科建设

基层老年医疗卫生服务能力关系到基层老年医疗卫生服务的质量，我国基层医疗卫生机构针对老年患者的诊治能力不高。重视老年医学学科建设，为老年医疗卫生人才制定完善的培养方案和学科发展规划，有助于老年医学的发展，提升医疗卫生机构的诊治能力。在高等医学院校中，以本科教育为基础，加强专业教育，培养老年病综合诊治方向的全科医生和针对老年病的专科医生。在专业护理学校中，增设老年康复护理专业，制定老年病的专业课程规划，重视专业护理型人才的培养工作，加强技能培训和理论知识的结合。通过人才培养方案，将职业培训和养老、医疗机构人员的在职教育、继续教育结合起来，大力发展医疗和养老专业技能人才的人力资源培养。

（三）完善基层医疗卫生机构和养老机构的资源配置

以基层医疗卫生机构和养老机构为支撑，以老年医院和大型综合性医院老年病科室为基础，构建老年医疗和养老的服务网络。重视老年患者的慢病防控、急病救治、康复护理、中长期照护和安宁陪护等工作。开展老年人就医绿色通道和特色就诊服务，大力推行老年患者友善医疗卫生机构的创建。针对中长期照顾护理服务体系建设，各级政府应加大对地区医疗机构和养老机构的财政投入倾斜力度。优先发展老年医疗卫生基础设施的建设，保证老年医疗卫生产品的质量，合理分配医疗资源。

（四）构建老年医疗特色服务平台

随着科学技术的发展，数字技术在社会发展中被广泛应用。老年人有参与社会发展、丰富自身生活、享受社会权益的需要，而不应该由于社会科技发展而被排除在社会生活之外。数字技术和数据平台的构建在健康老龄化发展中越来越被重视，以科学平台为支撑，协助老年人更好地融入数字时代的发展、享受更好的社会服务也是我国民生工程的重要内容之一。

各级各类医疗机构主动积极与养老机构对接，为老年人提供定期健康检查、健康知识普及、康复护理等上门式医疗服务；发挥大数据技术应用功能，创建引入智能化服务和居家养老医疗服务平台，提高医疗和养老服务智能化发展。同时，开展远程网络医疗服务；以老年医院和综合性医院老年科室为核心，建设老年病房和老年健康护理中心，具体诊疗数据可在云端网络中收集，推动老年健康大数据技术的应用和使用，促进老年医疗卫生产业的高质量、高效率发展。

（五）完善符合老年医疗卫生需求的医保制度

老年患者的诊疗和康复服务存在慢性病多、治疗费用高、康复时间长的特点，很多老年患者的门诊费用、大病费用、慢病费用、康复费用偏高，且需要自费诊疗，给老年患者及其家属大大增加了经济负担。老年人医疗保险可以帮助老年患者及其家属的减轻负担，同时保障了老年人的医疗卫生服务质量。鼓励基层医疗卫生机构提供低消费的诊疗服务、门诊服务和康复服务，支持综合性医院增设免费老年医疗卫生服务。建立老年中长期医保制度，扩大老年人中长期护理诊疗、药品支出、康复护理等费用的报销范围和报销比例。

（六）鼓励社会力量参与老年医疗卫生服务

2017 年，国务院办公厅印发的《国务院办公厅关于支持社会力量提供多层次多样化医疗服务的意见》中明确说明，支持社会力量参与服务老年人健康需求，鼓励社会办医疗机构建立方便快捷的就医流程，为老年患者营造舒适温馨的就医环境。社会力量可以通过市场化经营方式，开设医养结合机构。达到医疗卫生和养老条件的机构，可以按照相关规定享受财政补贴、物资供给和其他政策支持；养老机构内设医疗机构属于社会办医范畴的，按规定享受财政补贴和政策支持；对于社会力量参与建设的医疗机构，其老年患者的诊疗费用纳入医保基金的覆盖范围。鼓励社会力量投入社区养老机构建设，支持老年医院、照护中心、康复中心和其他符合条件的医养机构吸引社会资金注入，加强运营管理。整合健康养老、医疗诊治、康复护理各类资源，为我国老年人提供“一站式”健康服务。鼓励各级各类基层医疗卫生机构提供上门时家庭服务，实行“签约制”康复和健康管理服务，支持基本医保全覆盖支付范围。

思考题

1. 老年医疗卫生公共服务的概念是什么？
2. 我国老年医疗卫生主要的服务机构主要有哪些？
3. 如何开展我国特色的老年医学教育？
4. 中医药健康养老特色服务是什么？
5. 如何加强老年医疗卫生公共服务人才队伍建设？

第六章阅读材料

第七章

老年教育公共服务

本章要点

1. 掌握：老年教育公共服务内涵及内容；国外老年教育模式类型。

2. 熟悉：老年教育理论研究概述；国外老年教育经验介绍；我国老年教育公共服务运行制。

3. 了解：国内外老年教育发展历程；现代化老年教育公共服务体系构建挑战；中国特色老年教育公共服务发展趋势。

本章课程思政目标

通过学习老年教育公共服务内涵、形式、历史发展等内容，对我国老年教育公共服务运行机制进行梳理，提出中国特色老年教育公共服务未来发展趋势，培养学生对老年教育公共服务精神的理解，树立正确的老年教育公共服务意识及社会主义核心价值观，做新时代中国特色社会主义事业接班人和建设者。

导入案例

创新培养模式　丰富老年教育内涵

上海市安亭社会福利院属于“养教结合”老年教育试点单位，总占地面积7万平方米，建筑面积2万平方米，设计床位400余张，绿化面积占总面积的60%以上，是一所集生活、医疗、文化、娱乐为一体的综合型“为老服务中心”。拥有住养老人总数200余名，平均年龄86岁，护工46名。自2012年开始实行“养教结合”试点工作，建立“安亭银杏学苑”全面实施老年教育。2013年12月，安亭社会福利院被评为上海市“养教结合”示范基地，2016年1月，该院参与上海市嘉定区为老服务机构“养教结合”老年教育模式的拓展实验，并于2017年12月顺利结束试点实验。福利院对“养教结合”老年教育进行尝试性实践，在安亭图书馆举行了“耄耋之年书隽永”书画作品展，活动旨在展示“养教结合”老年教育的成果，让更多的人了解“养教结合”老年教育，走近安亭福利院，走进住养老人心中。安亭社会福利院通过嘉定区老年教育标准化学习点建设项目，在安亭镇老年学校及政府相关部门的大力支持下，顺利完成了老年群体学习点标准化建设，并正式挂牌“上海老年教育中心”。安亭福利院以形成“养教结合”新理念为原则，以提升住养老人生活品质为目标，加强老年教育资源体系建设，提升老年教育资源精准分配，借助社会新媒体优势，在政府相关部门的联手推动下被授予安亭镇关工委企业实践基地，为高质量、高效率培养“养教结合”青年人才和骨干职工提供后续力量的补充。

第一节　老年教育公共服务概述

一、老年教育公共服务体系内涵与特征

当前，我国已进入人口老龄化社会。第七次全国人口普查数据显示，截至2020年11月1日，我国60岁以上的老年人口约有2.64亿人，占总人口数的18.7%。其中，65岁以上老年人口约1.9亿人，占总人口数的13.5%。可见，我国正在步入历史上规模最大、增速最快的老龄化进程。与此同时，其引发的一系列社会问题显然已成为影响国家治理现代化进程的阻碍。因此，在倡导提升老年人生活保障品质的同时，进一步关照老年人的精神需求，确保老年人接受再教育的权利和机会，日益受到社会关注，同时也成为国家政府政策关注的焦点。构建完善的老年教育服务体系不仅有助于消解老龄化带来的一系列社会问题，增进民生福祉，同时能够促进社会和谐发展，提升老年人的幸福感、获得感和归属感。

（一）老年教育公共服务体系基本内涵

1. 国外对老年教育内涵的认识

在国外，老年教育又被称为第三年龄教育、高龄教育、长者教育等。对老年教育内涵的认识一般存在以下几种看法：

一是老年教育是养老教育。持该观点者认为，老年教育其实是对即将退休的或已退休人员所进行的养老教育，目的是解决老年人贫困问题和基本的精神问题。

二是老年教育是休闲教育。持该观点者认为，老年人退休后容易存在孤独的心理，为了减轻孤独感和边缘化心理，因此要丰富老年人的生活形式。

三是老年教育是潜能开发教育。持该观点者认为，老年人也是一种社会资源，老年教育可以不断激发老年人潜能，不断改善社会资源。

四是老年教育是参与适应教育。持该观点者认为，老年人有参与社会发展的权利，要充分参与社会发展进程，享有发展成果。

目前国际社会对老年教育内涵的主流认识主要是第三、四种看法。认为老年人也是社会资源的重要组成部分，老年人应充分参与社会发展并享受社会发展所带来的成果。

2. 国内对老年教育内涵的理解

在我国，老年教育一般被认为是以老年人为对象而进行的教育。《新编老年学词典》中，将老年教育定义为："由教育者按照一定的社会要求，向老年人施加有目的、有计划、有组织的影响，以使他们的身心发生预期变化的活动。"

我国老年大学协会认为我国老年教育应以增长知识、丰富生活、陶冶情操、促进健康、服务社会作为教育宗旨。

我国台湾学者黄富顺将老年教育称作"高龄教育"，主要指向年满55岁以上的老年人提供有计划、有目的、有组织、有系统的学习活动，其目的在于增进知识、丰富情感，以达成自我实现。

学界主流认为老年教育是"按老年人和社会发展的需要，有目的、有组织、有系统提供非传统的、具有老年特色的终身教育活动"。它是终身教育体系中老年阶段一切教育的总和，是终身教育中的最后阶段。

本书将老年教育定义为，按老年人和社会发展的需要，有目的、有组织为所属社会承认的老年人所提供的非传统的、具有老年特色的终身教育活动。它是终身教育体系中老年阶段一切教育的总和，包括不同性质、不同类型、不同层次、不同形式的老年教育，是终身教育中的最后阶段。该定义包含以下三种含义：

第一，明确了老年教育的双重目的——老年人终身发展和社会和谐发展。随着老龄化人口不断增长，老年人保障问题将成为社会关注的焦点。实现老年人的终身发展，让其更多地参与社会建设，保障其主人翁地位，也是社会和谐发展的一条重要路径。

第二，明确了老年教育的性质——"终身性"的教育活动。老年教育不是静止的，不是一成不变的，而是持续性、终身性的，正所谓“活到老、学到老”。

第三，明确了老年教育的特点——非传统的、具有老年特色。现代化的老年教育模式不仅仅是课堂教学，而应是内容形式丰富的多元模式，老年教育不仅要符合老年人的身体和心理特征要求，同时要具有老年特色，这样老年教育才能真正实现其服务老年人的目标。

（二）老年教育公共服务的属性

老年教育是面向老年人提供的有计划、有组织、有系统的终身教育活动，它以老年人群为特定服务对象，按照老年人的身心发展特点和规律提供全方位的服务，老年教育服务体系具有如下属性：

1. 人的终身发展属性

人类文明史表明，人的发展总是沿着一条客观轨迹而展开：由不充分、低级向充分、高级方向发展，由片面向全面方向发展，由依赖向自主方向发展。人的充分、全面而自主的发展，是人的本性之一，也是人类社会的最高目标。随着社会生产力的不断发展，人们生活水平的不断提高，人的这种本性反映日益明显，特别在老年阶段反映得尤为突出。其反映在教育活动领域内，就体现为老年人接受教育的终身性、非职业性、丰富性和个性化的特点。可见，老年教育的产生和发展，是人的终身发展的内在要求。换句话说，人的终身发展是老年教育产生和发展强有力的内在动力。老年教育是个体人通向充分、自由而全面发展的桥梁，使老年人与自然、社会保持和谐的协调发展。据此，老年教育具有人本属性，即人的终身发展属性。其实质是老年人终身发展教育。

2. 社会公益属性

第一，从老年教育产生背景和发展条件来看，西方发达国家早期老年教育均是在社会福利的大背景下产生的，从社会老年救济和福利事业中脱胎出来的。此后，老年教育得以发展，其中一个基本条件也是将老年教育纳入社会公共保障事业，由国家投资，纳入政府财政预算，或来自社会慈善彩票事业的捐赠。前一种情况，即为政府投资型模式，以法国、瑞典、日本和西班牙为代表，如法国老年大学是该国老年人福利内容的重要组成部分。后一种情况，即自治自助型模式，以英国、澳大利亚为代表，如英国第三年龄大学的经费，来自社会和私人多方面的捐赠。可见，国外老年大学发生和发展历程，充分反映出老年教育的社会公益性。

第二，从政策法规规定来看，综观世界老年教育史，大凡发展老年教育的国家和地区，均制定了关于老年教育的政策法规，从制度法制上保障老年教育发展。这些政策法规的一个共同特点是，规定了老年教育的社会公益性质。如美国自 1961 年始制定了有关老年教育政策。1965 年颁布了《美国老年人法案》，该法明确规定每个州政府要为老年人提供的资源和服务，其中，老年教育投入占整个教育投入的很大比重。纽约州立法机构还通过一项法律，为所有老年公民免费提供学习机会。就我国而言，根据宪法，于 1996 年颁布了《中华人民共和国老年人权益保障法》。该法于 2018 年完成第三次修正，明确规定“国家和社会应当采取措施，健全保障老年人权益的各项制度，逐步改善保障老年人生活、健康、安全以及参与社会发展的条件，实现老有所养、老有所医、老有所为、老有所学、老有所乐”。并规定：“保障老年人合法权益是全社会的共同责任。”并且把发展老年教育放在“参与社会发展”范围内。

第三，从国际社会共识来看，从 1982 年联合国召开第一次老龄问题世界大会通过的《维也纳老龄问题国际行动计划》，到 2002 年联合国第二次老龄问题世界大会通过的《马德里老龄问题国际行动计划》，均体现了老年教育的社会公益属性。特别是第二次行动计划明确指出，国家和社会要为老年人“提供机会、方案和支持，鼓励老年人参与或继续参与文化、经济、政治、社会生活和终身学习”。

3. 上层建筑属性

唯物史观表明，教育的性质为政治、经济所决定，并随政治、经济变革而变革。任何历史时代的文化教育总是从属于该时代的政治、经济，并受其制约和为其服务。具体而言，政治和经济决定着教育的性质，表现为教育的领导权和受教育权；教育的目的、方针政策；教学中某些内容以及教学中的思想政治方向。可见，教育具有上层建筑的社会属性。老年教育属于教育范畴，尽管其具有普惠性、人本性和社会公益性，然而其性质仍然受一定的社会政治、经济制约，体现其政治方向性。就我国而言，老年教育的政治方向性表现为：一是为建设社会主义文明和谐社会服务，为社会主义现代化建设服务；二是把提升老年人道德价值放在首位，强化老年人的爱国主义精神、中华民族的自尊心和自信心、实现中华民族伟大复兴的历史使命感；三是切实把社会主义核心价值体系融入老年教育全过程。尽管老年教育具有上层建筑属性，但它毕竟是一种终身教育实践活动，受其自身的规律性所制约，因而老年教育不能等同于上层建筑。当然，对低龄老年人（60 ~ 70 岁）的教育具有老年人力资源再开发的重任。这种教育还有着一定的生产力社会属性，然而其毕竟不是整个老年教育的主要部分和主要社会属性。

二、老年教育公共服务内容及形式

（一）老年教育公共服务内容

我国老年教育的内容比较宽泛，本书参照董之鹰的观点，把老年教育的内容分为基本理论教育、普及知识教育、社会实践教育和文化休闲教育四大板块。老年基本理论教育的内容主要包括与“老年学”和“老年教育学”相关的课程。普及知识教育主要包括：老年生理知识、老年心理知识、老年智力文化知识、个人兴趣活动。每一部分都有相应的理论知识和实践技能培训或检验。老年社会实践教育更能激发老年人的积极性，例如高科技产品的普遍使用，这就需要老年人及时调整自己，不断适应社会、融入社会。文化休闲教育是大部分老年人愿意参与的或者说积极参与的，一是符合老年人这一阶段的生理心理特点，二是文化休闲教育更有趣味性。但我们也看到，当前老年人活动的主要内容比较单一，大部分是麻将、扑克、广场舞一类的休闲活动。这些都需要社会各界的正确引导，使老年教育更加优质，从而真正提升老年人的幸福感。

（二）老年教育公共服务形式

老年教育的形式多样，包括：学校教育、社区教育、家庭教育和远程网络教育等。学校教育是老年教育的常见形式，因为学校中有源源不断且与时俱进的教学资源和高质量的教学品质，老年人不仅能接受知识，还能在各种不同环境中学到新颖的内容，同时学校教育专业设置广泛，有专门针对老年人开设的课程，让老年人体会到学习的快乐，老年教育开始走向规范化的发展道路。社区老年教育在西方发达国家比较常见，一般通过就近社区为老年人提供学习的场所，老年教育不仅是学习，同时可以根据社区服务需求，发挥老年人特长，提供一些志愿帮扶活动，从而实现老年人自我价值。家庭教育在老年教育中是最容易被忽视的一环。随着家庭结构的转型，代与代之间的亲密度在日益减弱，亲子关系日益疏远，老年人日益感到孤独，这也是老年教育需要直面的一个问题，因此家庭教育中要特别关注老年人与青年、幼年关系的构建，多让其参与到家庭的决策中，关注其心理变化及状况，这也是值得深入研究的重要课题。远程网络教育作为一种新的教育形式，通常利用电视、广播、电脑、通信科技等多媒体手段开展教育活动，为老年学习者提供便捷的学习途径和机会，通过开发各种各样的网络教育资源，为老年人提供优质的服务和交流平台，这种形式也日益成为一种受老年人喜欢的学习教育形式。

三、老年教育公共服务理论研究概述

老年教育理论及其研究成果关系到老年教育发展的价值定位和未来走向，对其进行研究有助于发现现阶段老年教育存在的问题，从而找到适合老年教育发展的良好路径。关于老年教育的研究理论较多，本书认为在我国一般而言，主要存在以下理论基础：

（一）生命教育理论

生命教育起源于20世纪的美国，由学者华特士提出并付诸实践。广义的生命教育是一种关于生命本质的教育，即以生命为基点，遵循生命之道，借助生命资源，不断追寻生命价值，实现生命意义的教育。狭义的生命教育是指：围绕生活中与生命有关的各个维度，解决潜在的生命问题与威胁的一种教育。比如安全教育、身体健康教育、环境教育、法制教育等。其主要目的是保护人类的生命权利，探索生与死对人类社会的意义。老年人的生命教育，主要旨在帮助老年人学会正确看待生老病死这一自然现象，促进身心健康发展的一种教育活动，不仅关注老年人寿命的延长，也帮助提升老年人生命质量。

（二）社区发展理论

美国社会学家 F. 法林顿于 1915 年在《社区发展：将小城镇建成更加适宜生活和经营的地方》一书中最早提出了“社区发展”这一概念。随后，美国社会学家 J. 斯坦纳、桑德森都提出了社区发展问题，从不同的角度论述了社区发展的基本理论和方法。社区教育作为社区发展的一个重要组成部分，在社区发展中发挥着重要的作用。1995 年，在泰国召开的第七届国际社区教育大会通过的《社区教育宣言》曾对此做过强调，“良好的社区教育能够加强社区建设；社区教育与社区文明、社区管理共同构成未来社会发展的三大基本动力。其中，社区教育又是发展的关键”。可见，社区教育是与社区发展融合在一起开展的，社区发展理论为社区老年教育的发展提供理论上的指导。

（三）学习型社会理论

“学习型社会”一词最早于 1968 年由时任美国芝加哥大学校长哈钦斯在 *Learning Society* 一书中提出。从 20 世纪年 70 年代开始，构建“学习型社会”逐渐在国际上成为主流的教育思潮。自 1990 年以来，西方的一些发达国家正逐步地把学习型社会的理念转化为具体的实施阶段，我国的一些学者也开始着手对“学习型社会”进行理论研究。学习型社会强调以学习者为中心，基于终身学习和学习型组织满足各种学习需求，进而实现人的可持续发展。

（四）公共物品供给理论

19 世纪 80 年代以前，“公共物品供给理论”论述主要出现在哲学、政治学著作中。20 世纪 70、80 年代，西方学者纷纷开始研究公共物品由多方供给的可能性，其中奥斯特罗姆夫妇（1976）提出公共物品供给的竞争性方法。萨瓦斯（1992）提出了公共物品供给的 PPP 模式。尽管现实中政府在公共物品供给中一直占据主导地位，但近年越来越多的学者倾向于研究多元供给模式，使得公共物品供给理论逐步完善。老年教育的供给模式也从原来单一的政府供给，走向多元供给模式，使得老年教育公共服务无论是供给效率还是品质上都有了很大提升，越来越走向科学化、规范化的道路。

第二节 国外老年教育公共服务发展

一、国外老年教育公共服务发展历程

国外老年教育发展起源于 19 世纪末，经历了孕育期、探索期、形成期和发展期四个阶段：

（一）第一阶段：老年教育的孕育期

19世纪末至20世纪初，受工业革命和当时社会环境影响，老年教育被认为是浪费资源的事业活动。进入20世纪以后，特别是在第一次世界大战后，发达国家人口老龄化问题慢慢显现，老年人的福利保障工作进入国家议事日程。这个时期的老年教育主要是民间自发个人行为，仅为有一定经济社会实力、身体健康的老年人提供简单的休闲服务。

（二）第二阶段：老年教育的探索期

20世纪40年代末至60年代中叶，随着世界范围内老龄化浪潮的出现和问题的凸显，各国都开始对老龄社会带来的种种问题进行研究和探索。这个时期普遍认为老年教育是解决老龄社会问题的有效途径，老年教育开始受到社会的关注。

（三）第三阶段：老年教育的形成期

20世纪60年代初期至70年代中期，老年教育的价值取向逐渐由单纯的福利观向教育观进行转变，发达国家根据各自的国情，通过探索实践，形成了可供其他国家借鉴的老年教育模式。同时，随着财富积累，中产阶级人数增长，对老年教育的观点逐渐从福利的观点走向教育的观点，培养老年人再工作的能力，使其为社会的进步与发展做出一定的贡献。

（四）第四阶段：老年教育的发展期

从20世纪中期开始，老年教育在终身教育理念的影响下获得了快速发展。对老年教育的迅速发展起到决定性推动作用的是20世纪70、80年代初期，由于终身教育观念逐渐普及所导致的国际老年教育运动，越来越多的老年人退休后重返职场，很多企业开始重视对老年人的职业技能培训。1982年在维也纳召开的联合国第一次老龄问题世界大会和2002年在马德里召开的第二次老龄问题世界大会，对老年教育发展起了巨大的推动作用。

二、国外老年教育的实践发展

当前，中国已经成为世界上老龄人口最多的国家。据预测，2025年，中国老年人口将突破3亿人，2034年则将突破4亿人，这为我国应对老龄化提出了严峻挑战。大力发展老年教育成为应对老龄问题的有效途径和举措，对其进行系统全面的研究显得日益迫切。相较于国外发达国家，我国老年教育起步较晚，存在经验不足的问题，因此十分有必要借鉴国外的成功经验。

（一）英国老年教育

英国是世界上进入老龄化社会较早的国家之一，大概在1930年就进入了老龄化社会。英国的老年教育活动可以追溯到20世纪50年代，那时，英国各地的老年团体开展了丰富的老年教育及休闲活动，到20世纪80年代，英国老年教育有了较为明确的发展方向。英国是最早关注到老年教育的重要性并制定政策付诸实施的国家之一，因此，英国的老年教育体系非常完善。

英国老年教育机构的类型很多，大体可以分为两类:一类是全国性的机构，如英国的高等教育机构和开放大学，另一类则是由英国政府和公立机关共同支持的具有地方性质的机构，最典型的是第三年龄大学，作为专门为老年人提供教育的组织，在英国有着广泛的影响力，也成为世界各国老年教育效仿的对象。从教学形式来看，第三年龄大学多采用小组方式，只要学习人数达到一定规模，就开设相关课程，既有学术性的也有娱乐性的。此外上课地点也比较自由，并不局限于学校或机构，经费采用自给自足的方式。

英国作为世界公认的高福利国家，老年人在退休后可以享受较高的福利，有能力根据自己的兴趣爱好，自由地组成学习小组，缴纳一定的会费，不单纯地依赖政府。老年教育完全以老年人为中心，教育方案的设定、课程设置、课程教授等，老年人均参与其中。

（二）美国老年教育

20世纪40年代，美国进入了老龄化社会，美国老年教育是20世纪50年代从成人教育体系中逐步发展而来，第一个专门以老年人为受众群体的课程在佛罗里达州首先设立，而后蓬勃发展起来。

20世纪60年代中期，美国颁布了《高等教育法》，特别规定大专院校放开年龄限制，老年人接受教育的平等权利得到了法律的认可和保障。美国非常重视终身教育体系的构建，为老年教育提供了完善的法律政策保障，世界上第一个《终身教育法》就是美国于1976年制定的。此外，《美国老年人法案》《禁止歧视老年人法》《美国老年人就业促进法》等一系列政策法规的出台为美国老年教育的健康发展提供了制度保障。为了支持老年教育的发展，美国政府还设立很多分支机构，如美国老年学会、退休联邦雇员全国协会、老年寄宿所等。美国老年教育机构很多，有政府投资办学、高等教育机构办学、民间力量办学等。

美国教育形式不仅局限于传统的课堂教学，而且采用了灵活多样的教育形式，主要分为正规教育、非正规教育和非正式教育三种形式，既有高等教育机构采取的正规教育形式，又有社区学院等方便灵活的非正规教育形式，还有各种民间教育机构的非正式教育形式，如老年补习班、退休人员大学、老年人俱乐部、老年人文化中心等。美国非常重视老年人力资源开发和利用，政府采取了一系列措施，规定退休而有意愿参与职业教育培训的老年人应享有学费减免的优惠条件，老年局及其老龄服务中心必须为退休老人提供各种信息和咨询服务，进行职业介绍和安排。据美国中老年协会2012年发布的数据显示，美国有超过20%的退休老年人在继续从事有偿性的社会服务，年满75岁的老年人有7%仍在坚持工作。美国健全的老年教育体系使老年人学有所长，学有所用，使老年人不但能从继续教育中获得需求满足，而且能为社会发展继续做贡献。

（三）法国老年教育

法国是最早进入老龄化社会的国家，早在1865年，法国65岁及以上老年人口比例就超过了7%，进入了老龄化社会。现在法国的老年人口比例已超过15%，成为“超老年型”国家。为应对老龄人口的持续增加，法国政府采取了积极的措施，鼓励学术机构或民间组织进行老龄化议题的相关研究，以了解老龄化以及老龄人口对社会经济方面的影响，出台了相关政策，多数侧重于社会保险、居家看护、医疗保健等层面，与老年教育有关的政策法规，主要有《拉罗克报告》《盖斯迪沃报告》等。法国的老年教育进行得较早，自1960年就兴起了终身教育理念，并于1971年颁布了《继续教育法》，给予老年教育制度化保障。1969年，大学实行开放政策，设立终身教育中心，采取多元化的目标，将老年人的休闲活动和学习活动作为一个重要组成部分。1973年，法国在图卢兹创办了世界上第一所老年大学，老年大学一般设在大学校园里，与大学在行政、财务、人员等资源上处于分享的关系。进入20世纪80年代，法国各地兴起了由各个大学主办的第三年龄大学，第三年龄大学成为法国实施老年教育的重要阵地，其开设的课程主要针对老年人需求设计，不仅包含休闲娱乐课程、医疗保健课程、职业技能课程等，还有很多代际活动设置，以提高老年人心理健康水平。随着老年人口的受教育程度越来越高，老年学习机构提供的课程越来越趋向学分认证方式，因为老年学员不大情愿为非学分课程付费。

（四）日本老年教育

1970年，日本65岁以上人口占总人口的比例超过7%，正式迈入了老龄化社会，根据日本政府发布的2015年高龄社会白皮书，到2014年10月1日为止，日本65岁以上的老年人已经达到了3 300万人，占总人口的比例为26.0%。早在20世纪50年代初期，以民间组织发起的“老年人俱乐部”为开端，日本开展了老年教育系列活动，标志着日本老年教育的发端。进入20世纪60年代，日本政府开始介入老年教育，实施了“高龄者学籍”制度。随着70年代进入老龄化社会后，日本政府加大了对老年教育的重视程度，由社会福利部门和教育部门联合推进老年教育的实施，日本负责推进老年教育的核心组织是日本教育促进会。为了保障老年教育制度化运作，日本政府发布了一系列政策法规，如《老人福祉法》《高龄者保健福祉推进十年战略》《高龄者就业安定法》等。

日本的老年教育活动大致有三种类型：一是老年教室，通常设立在学校、公民馆等场所，是一系列讲座形式的活动，旨在为提高老年人的社会活动能力提供娱乐休闲、学习知识、强身健体等机会，学习内容以艺术技能、健康知识、文化知识、职业技能等为主。二是老年大学，教育对象为60岁以上的老年人，通常受教育时间为两年以上，旨在培养老年活动的领导者，是一种资格认定。三是放送大学，是基于电视、广播和网络技术开展学习的远程教育大学。日本教育的一个突出特点是，不仅重视老年群体整体教育，而且重视老年领袖的培养，以他们的领导作用，带动老年人的社会参与。

（五）韩国老年教育

2000 年，韩国 65 岁以上老龄人口占总人口的比重达到 7.2%，步入了老龄化社会。韩国进入老龄化社会时间虽然较晚，但发展速度却非常快，韩国于 2017 年进入高龄社会，预计将于 2025 年左右进入超高龄社会。由此可见，韩国从老龄化社会发展到超老龄社会仅用 25 年，发展速度远远超过其他国家。

韩国的老年教育始于 20 世纪 40 年代，早期主要以扫除文盲为目的。1972 年，韩国成立了首尔终身教育学院，是最早从事老年教育的专门机构。1980 年，韩国的宪法规定国家一定要振兴终身教育，将包括老年教育在内的终身教育以法律的形式规定下来。1981 年，韩国颁布了《老年人福利法》，为老年教育提供了专门的法律保障。韩国老年教育有两个主要特点：一是重视老年职业教育。韩国政府一直致力于改善老年人就业的相关措施，推行老年人终身职业教育与训练，促进老年人能找到适应与自身能力相符合的工作，据调查，韩国有工作收入的老年人占全部老年人总数的 29%。二是重视老年教育过程中的代际融合问题。让老年人与年轻人在一个共同体内共同参与学习活动，增进两代人的沟通与交流，消除代际矛盾。

三、国外老年教育公共服务模式类型

国外老年教育模式类型较多，其中常见的有学校老年教育、社区老年教育、自助团体老年教育、远程网络老年教育、图书馆式老年教育、旅游式老年教育等，本书主要介绍以下几种模式类型：

（一）学校老年教育

该模式通常是由高等教育机构为老年人提供学习机会，其中包括专门为老年学习者开设的课程。学校式老年教育，代表性的有法国的第三年龄大学、日本的长寿学园等。1973 年，法国成立的第一所第三年龄大学是由法国图卢兹大学创立的。1989 年，日本开设的长寿学园是依托公民馆、博物馆、图书馆等已有的文化设施建立的。普通高校老年教育一般有三种形式：① 通过取消大学入学限制，跟班就读并取得文凭；② 将第三龄大学作为正规教育的一部分，通过研讨班、举办讲座、提供特殊教育开展老年教育；③ 在普通大学附设老年班，其宗旨是让老年学生体验学习的快乐，活动由学生自己组织。

（二）社区老年教育

该模式是为方便老年人学习，就近在社区内提供学习场所和设施，以便开展老年教育活动的一种常见形式。代表性的有美国社区“老年人中心”、日本社区“老年人教室”等。社区学院开展老年教育方面因其便利性、可及性、低成本等优势，颇受老年人欢迎。社区学院的教学活动课可以深入教堂、医院和老年之家等地，还可以发挥所长为社区服务。如从事各种志愿服务，帮助残疾、孤寡老人解决生活中的实际困难，担任幼儿园的辅导员和青少年的指导教师，既帮助了别人，又能实现自我价值。

（三）自助团体老年教育

该模式由一群志向或情趣相同的老年人，以自助助人精神为纽带组成学习团体，以会员制的概念运作，开展自主自治性的老年教育活动。自助团体式老年教育，代表性的有英国的第三年龄大学，以及沿用英国模式的其他国家和地区第三年龄大学。尽管其冠用“大学”的名称，但其实质正如剑桥第三年龄大学章程所指出的：“英国第三年龄大学是自治自助，由成员自愿付出努力经营的组织。”主要是在正规大学和非政府组织的支持下的老年人继续学习场所，享有很大自主权。加拿大的麦克基尔大学成立了退休人员学院，以便业余教育与正规教育同步进行。学校实行学员选举管理委员会制度，拥有大学的图书馆、互联网、师资以及后勤服务等。

（四）远程网络老年教育

该模式利用电视、广播、电脑、通信科技等多媒体手段开展教育活动，为老年学习者提供便捷的学习途径和机会。远程网络式老年教育，代表性的有英国开放大学、美国老年人网站等。远程网络教育不仅能满足老年人随时随地按照自己的需要选课程，而且具有收费低、不受年龄限制、灵活性强等特点，受到西方发达国家老年人的欢迎，许多老年人通过远程网络接受各种形式的教育，因此，许多西方国家都制定了网络教育规划，开发网络教育课程软件等。

（五）图书馆式老年教育

该模式主要指通过利用图书馆学习资源，从而开展有意识的老年教育活动。这是国外老年教育常见的一种学习形式。如美国图书馆协会成人服务部下成立了老年群体服务委员会，并制定了《公共图书馆对老年人的责任》的规定。目前，美国公共图书馆的老年人学习服务项目内容形式丰富多彩。

（六）旅游式老年教育

该模式组织老年人旅游，在旅游中实施寓教于乐的旅游学习，采取短期住宿形态的学习方式，将教育、旅游、休闲三种要素有机相结合。这是老年人最喜好的学习方式。具有代表性的有 1975 年美国创立的“老人游学营”，以及日本的“老人寄宿所”等。

四、国外老年教育公共服务发展启示

（一）制度保障趋于法制化

国外老年教育制度保障趋于法制化，通过完善法律体系为老年教育提供强有力的法律支撑和保障。例如法国出台了《拉洛克报告》《高等教育方向指导法》《盖斯迪沃报告》和《职业继续教育法》等法规政策；英国颁布了《史密斯报告》《1944 年教育法案》《成人教育章程》《继续教育条例》《教育改革法案》《扩充与高等教育法案》等有关成人继续教育的法律政策；美国出台了《老年人权益保障法》《美国老年人法案》《美国老年人福利法》《美国老年人就业促进法》《老年人保健法》《老年人护理保险法》《禁止歧视老年人法》和《老年人教育法》等专门的老年人法律；各国形成了相对完善的老年教育制度保障机制。总之，国外关于老年教育法律保障制度逐步形成了一套完整而又独立的门法律体系。

（二）办学主体趋于多元化

随着第三部门的兴起，国外老年教育的办学主体趋于多元化。法国形成了以政府投资为主体的第三年龄大学，兼有第三年龄俱乐部等非政府组织办学机构提供老年教育；英国形成高等教育机构、地方政府和自主自治三种办学主体，即专业教育机构、地方当局和志愿者团体提供的老年教育；美国老年教育办学机构呈现多样化，包括国家和地区性大学及社区学院，由各地社区管理委员会领导的非营利性机构——美国的老年中心，独立的非营利性组织——老年游学营、图书馆，私营非营利组织——美国退休协会。美国国家和地区性大学为老年人提供以教学为主的学分课程，老年人从中可以获得学位。老年中心、老年寄宿所和代际教育项目为老年人提供以教学为主的非学分课程，而图书馆和美国退休者协会则为老年人提供以自学为主的非学分课程。总之，办学主体多元化成为推动老年教育蓬勃发展的重要途径。

（三）经费投入趋于规范化

国外老年教育的经费投入趋于规范化，集中表现在经费来源的多渠道、经费筹措的多手段和经费投入比例关系的相互协调。法国形成了以政府拨款、社会捐赠和个人缴纳的多渠道经费投入机制；英国第三年龄大学自治自助的办学特色决定了经费的主要来源渠道为向学员收取费用和学员的资助，同时，高等教育基金会、慈善团体、社会福利机构和工会等也对英国老年教育予以支持；美国多种形式的教育机构促使美国老年教育经费投入呈现多样化，例如美国社区老年中心是由地方政府拨款给予扶持，而老年游学营的经费来自学员的学费，并于 1992 年推出年度基金，接受社会捐助。美国退休者协会则通过设立基金的形式提供经费支持，使得美国形成了政府拨款、社会捐赠和个人支持的多渠道投入机制，实现美国老年教育事业的长足发展。经费投入规范化是把老年教育纳入国家政府财政预算之中，并通过社会各界提供老年教育经费支持，确保老年教育正常运行的资金来源，这将成为保障老年教育事业发展的关键环节。

（四）教育内容和方式趋于多样化

国外老年教育的教育内容和方式趋于多样化，是由多元化的老年教育办学主体和老年人生理特点、身心发展规律共同影响和作用的。国外老年教育的内容极其丰富，包括素养教育、健康教育、社会服务教育、娱乐教育、生活教育、再就业教育、心理教育等。法国老年教育课程以生活应用和文化陶冶为主，如语言学习、手工艺制作及国际时事和社会热点问题谈论等。教学形式多元，有演讲、对话、辩论、旅游及实地考察等。英国老年教育以健身、技能和理论课程为主，如瑜伽、太极拳、绘画、音乐欣赏、文学及哲学等，覆盖面广。教学方式多种多样，有小组讨论、工作组、小团体和学习性旅行等。美国老年教育内容涵盖了退休前的准备教育、退休后教育和死亡教育，针对处于不同阶段的老年人而进行不同课程的老年教育。美国非常重视老年人的人力资源开发，再就业教育就显得尤为重要，同时也兼顾老年人身心愉悦等方面的休闲娱乐教育。教学方式丰富多样，有在地区性大学或社区学院进行学分课程的课堂学习，有以老年游学营组织开展的社会实践和旅游学习等。总体上看，教育内容和方式的多样化不仅满足了老年人多层次的学习需求，同时能够有针对性地激发老年人的潜能，施展其才华，充实老年人的物质和精神生活。

第三节 中国特色老年教育公共服务运行机制

一、我国老年教育公共服务发展历程

我国老年教育的历史可谓源远流长，从中国古代思想来看，2 500 年前的孔子就提出：“吾十有五而志于学，三十而立，四十而不惑，五十而知天命，六十而耳顺，七十而从心所欲，不逾矩。”(《论语·为政》)并践行“活到老，学到老”。虽然这个时期没有直接使用老年教育这一概念，但其思想无不蕴含着学习教育应贯穿人的一生的思想。我国专门针对老年教育的研究起步较晚，对老年教育的研究及实践起步于 20 世纪 80 年代，总体而言主要经历了以下四个阶段：

（一）起步阶段（1983—1988 年）

新中国成立初期，我国的老年教育主要指离退休老干部的教育活动，管理机构主要是各级老干部局。1982 年 10 月，为适应国际老龄事业发展，老龄工作管理机构“中国老龄问题全国委员会”成立。1983 年，我国建立了第一所老年大学——山东省红十字老年大学，这所老年学校的成立，标志着我国正规老年教育的诞生与兴起。此后，全国各地的老年大学如雨后春笋般纷纷创建。但彼时对老年大学的办学目的、发展目标、价值意义尚不明确，创办的老年大学多为安置退休老年人而办。随着老年大学在起步阶段获得的成果，国家逐渐认识到了老年大学的价值与功能。为更好地发展老年教育，方便全国老年大学之间的交流，经国务院批准，我国于 1988 年在武汉召开全国大会并宣布成立中国老年大学协会。中国老年大学协会的成立标志着我国老年大学之间联结成了一个共同体体系，也标志着我国的老年教育进入了推进阶段。

（二）推进阶段（1989—2001 年）

1989—2001 年可看作我国老年教育发展历程的推进阶段。1993 年年底，“全国老年大学（学校）数量发展到 5 331 所，在校学员 47 万人”。1994 年年底，由国家计委、民政部、劳动部等中央国家机关十个部委联合制定的《中国老龄工作七年发展纲要（1994—2000）》强调“老年大学、老年学校是老年教育的重要形式……到 2000 年各省、自治区、直辖市、有条件的地（市）、县（市）和大型企事业单位应有老年大学或老年学校，乡（镇）、街道有老年学校”。1995 年颁布的《中华人民共和国教育法》提出“完善现代国民教育体系，健全终身教育体系，提高教育现代化水平”。国家在各教育纲要及教育立法中都强调了老年教育的重要性。1996 年我国颁布了《中华人民共和国老年人权益保障法》，这是第一部涉及老年人的法律，这项法律明确规定了老年人享有继续受教育的权利，对老年教育的发展来说这是一次新的机遇，老年教育走向依法办学阶段。我国在 1999 年正式进入老龄化社会，虽不同发达国家是被动采取措施，但我国老龄化发展迅猛，仍旧给我国社会发展带来一定的压力，在应对老龄化时显得力不从心。2000 年发布的《中共中央　国务院关于加强老龄工作的决定》中将原有的老龄工作目标由五个“老有”变成为六个“老有”，并强调“老有所教，老有所学”。这一时期，上海老年大学开办了我国第一个“空中老年大学”，老年大学开始运用现代化的手段开展教学活动。

（三）深化阶段（2002—2011 年）

21 世纪初，随着我国老龄人口数量增多，老年人的学习需求不断增大，老年教育亟待发展。2002 年，党的十六大提出了“全面建成小康社会”的宏伟纲领，强调要形成“全民学习，终身学习”的学习型社会。老年教育是终身教育的最后一个环节，在建构终身学习、学习型社会中不可或缺，党的十六大促进了我国老年教育的深化发展。2003 年的十六届三中全会“落实和树立科学发展观”，2006 年的十六届六中全会上强调“建设现代国民教育体系和终身教育体系，保障人民享有接受良好教育的机会”。2005 年，西藏老年大学的成立，标志我国各省、自治区、直辖市已建立了老年大学。2006 年，《中国老龄事业发展“十一五”规划》要求“各级政府要继续加大对老年教育的资金投入，同时动员社会力量，因地制宜地办好老年电视大学。”2010 年，中共中央、国务院发布了《国家中长期教育改革和发展规划纲要（2010—2020 年）》，提出了“重视老年教育”的要求，这具有十分重要的意义，也为老年教育的发展指明了方向。

（四）繁荣阶段（2012 年至今）

2012 年，《关于进一步加强老年文化建设的意见》提出“老年人有继续受教育的权利”。2015 年，我国修订了在 1996 年颁布的《中华人民共和国老年人权益保障法》，其中继续强调政府加大投入的力度，并鼓励社会继续办好各类老年学校。2015 年年底，我国老龄人口已达2.22亿人，为积极应对人口老龄化，实现教育现代化，推进学习型社会，2016年，国务院办公厅印发了《老年教育发展规划（2016—2020年）》，这是我国第一个针对老年教育的专门规划，对老年教育的科学发展有着重要意义。2017年，《国家教育事业发展"十三五"规划》提出要丰富老年人的精神生活，发展老年教育，制定老年教育机构基础能力提升计划，力争到2020年，基本形成覆盖广泛、灵活多样、特色鲜明、规范有序的老年教育新格局。这些政策的发布与实施，使得我国老年教育进入繁荣发展阶段。

二、我国老年教育公共服务运行机制

近四十年来，在改革开放大背景下，我国老年教育呈现出从未有过的蓬勃发展之势，取得了前所未有的成就，其展开的范围之广、规模之大、类型之多、发展之快、收效之著，令世人瞩目。简而言之，我国老年教育公共服务确立了老年教育管理体制，坚持了"党委领导、政府主导、社会参与、全民行动"的老龄工作方针，形成了政府和社会相结合的运行机制。

（一）老年教育政策法规逐渐完善，开始依法实施老年教育

我国老年教育从创办到发展始终得到党和国家的重视和支持。中央政府发布了一系列政策法规文件，推进老年教育发展。1996年，《中华人民共和国老年人权益保障法》颁布，明确规定"老年人有继续受教育的权利""国家发展老年教育，鼓励社会办好老年教育"，并提出了"五个老有"的工作方针，即"老有所养、老有所医、老有所为、老有所学、老有所乐"。2000年，中共中央、国务院又下发了《关于加强老龄工作的决定》，要求"各地要重视发展老年教育事业"。直至2016年，《老年教育发展规划（2016—2020年）》的出台，展示了未来我国老年教育的发展蓝图。这一切，均体现了党和国家发展老年教育的意志和决心，为依法实施老年教育创造了十分有利的条件。在上述的背景下，有些地方人大及政府颁布了加强老年教育的地方性法规。天津市人大于2002年7月就通过了《天津市老年人教育条例》，自2002年9月起施行，进入了依法施教阶段。

（二）确立了老年教育管理体制，形成了政府与社会相结合的办学机制

经过近四十年的发展实践，我国老年教育确立了符合现阶段中国国情的管理体系，即党委领导，政府统筹，教育、组织、民政、文化、老龄部门密切配合，其他相关部门共同参与的管理体制。不仅如此，整个老年教育发展历程中，坚持了"党委领导、政府主导、社会参与、全民行动"的老龄工作方针，突破了传统的单一政府办学机制，形成了政府和社会相结合的办学机制，以及政府投资办、高等学校投资办、行业企业投资办、社会团体组织投资办、个人投资办等多渠道、多层次的老年教育办学格局。

（三）老年教育形式多样化，初步形成了老年教育框架体系

老年人群是一个多类型、多层次的复合的群体结构，学习需求具有明显的差异性特点。为了满足这种差异性学习需求的特点，我国老年教育经长期的实践积累，形成了多样化老年教育，包括教育模式多样化、课程内容多样化、教学形式多样化、教学手段多样化等。就教育模式多样化而言，既有以老年大学为代表的学校老年教育，又有大量的以学习共同体为特征的老年人自主教育，广泛的基层社区老年教育，还有线上线下相结合的远程老年教育，以及以社会公共文化设施为载体的社会老年教育等。就课程内容多样化而言，既有以大众的养生保健类、休闲生活类为主的课程，又有文化修养类的博雅课程，还有专（职）业类智能再开发课程等。就教学形式而言，除课堂式以外，又有活动式，还创新出现场体验式、养教一体式、游学结合式等。就教学手段多样化而言，除积极利用现代信息技术，实施数字化、网络化教学外，还开发利用了社会多种潜在的隐性资源，作为老年教育活动的载体和手段。由此可见，我国老年教育，在政府重视和支持下，在社会各界和老年教育界的努力下，已初步形成多类型、多层次、多形式、多手段的老年教育框架体系。

（四）国际交流和合作进一步推进，增强中国老年教育的国际影响力

我国自 20 世纪 90 年代以来，积极参与国际老年教育交流和合作。特别近几年来，我国实施国际议题、国内研究的“1+1”研讨模式，即针对国际老年大学协会每年的国际议题，在国内老年教育界组织专家学者先行研讨，把研究成果拿到当届国际会议上发表。该模式的确立，不仅使我国老年教育理论研究与国际关注问题能有效地交流互动，而且能有效地宣传中国老年教育的成就和经验，体现中国老年教育的学术水平。正如国际老年大学协会主席维拉斯教授给中国老年大学协会信中所写：“国际老年大学协会同中国老年大学协会之间的合作可以成为促进全世界老年大学发展的合作典范。”

第四节 我国老年教育公共服务发展趋势

一、我国老龄化发展趋势及特征

早在 20 世纪末我国就已进入老龄化社会，当前我国老年人口数量居世界首位。随着我国人口老龄化的加剧，如何应对老龄化带来的社会问题是一个值得深入研究的重要课题。党和政府历来十分重视老龄工作，习近平总书记曾在多种场合多次指出，有效满足老年人生活学习等需求，尽快突破和解决老龄化社会带来的相关问题，大力推进老龄事业全面协调可持续发展。未来我国人口老龄化发展将经历四个阶段，同时也具有其相应特征。

（一）我国人口老龄化发展将经历的四个阶段及特征

1. 我国人口老龄化发展将经历的四个阶段

第一阶段，老龄化快速发展阶段（2000—2022 年）。这一阶段国内老年人口由 1.31 亿人增加到 2.68 亿人，老龄化水平从 10.31%提高到 18.5%。这一阶段的典型特点是“底部老龄化”显著，儿童人口数量和比例不断减少，劳动力资源供给充足，社会抚养负担相对较轻。

第二阶段，老龄化急速发展阶段（2022—2036 年）。老年人口的数量将从 2.68 亿人增加到 4.23 亿人，老龄化程度将从 18.5%提升到 29.1%。这一阶段的典型特点是，随着生育率的不断走低，我国总人口规模将达到峰值，随即进入负增长，但是老年人口数将急剧增长，人口老龄化问题将井喷式显现。

第三阶段，老龄化深度发展阶段（2036—2053 年）。老年人口规模从 4.23 亿人增加到 4.87 亿人，人口老龄化程度将从 29.1%提高到 34.8%。这一阶段的典型特点是，人口总数一直呈现负增长且速度在加快，人口老龄化越发显著且呈现高龄化的现象，社会抚养比将达到最大值（103%）。

第四阶段，老龄化均衡发展阶段（2053—2100 年）。老年人口的增长将结束，老年人口数由 4.87 亿人减少到 3.83 亿人，此阶段儿童人口数、青年人口数和老年人口数将共同减少，且比例相对稳定，处于重度老龄化阶段。

2. 我国人口老龄化发展将呈现的特征

与先期进入人口老龄化社会的发达国家相比，我国人口老龄化具有明显的中国特色：

一是规模巨大。根据相关测算，到 2025 年我国老年人口将超过 3 亿人，到 2033 年则会超过 4 亿人，2053 年将达到人口老龄化的最高峰，老年人口达到 4.87 亿人，将占到届时全球老年人口总数的 1/4。

二是速度快。2000—2050 年，我国人口老龄化水平将从 10%提升到 34%，比世界平均速度快一倍多。这个速度在除日本外的人口大国发展史上前所未有。

三是差异大。我国人口老龄化与城镇化进程相伴随，农村老龄化程度深，超前于城镇。我国最早进入人口老龄化社会的上海和最迟进入人口老龄化社会的西藏，两者进入老龄化的时间间隔了 40 多年，我国人口老龄化的发展速度明显呈现东部放缓、中西部不断加快的态势。

四是任务重。我国社会抚养压力也持续增大，到 2053 年前后，我国老年人口规模（4.87 亿人）和比重（34.8%）、老年抚养比（70.8%）和社会抚养比（103%）相继达到峰值，加之我国老年人口健康水平普遍较低，这意味着 100 个劳动年龄人口要承担扶（抚）养 71 个老年人和 32 个少年儿童的沉重压力。

总之，人口老龄化将在我国短时期内集中爆发，呈现压缩型、复合型、共振型特点，对经济社会发展带来持续挑战，也带来创新机遇，这是必须始终把握的新的基本国情。

二、现代化老年教育公共服务体系构建挑战

国务院办公厅颁发的《老年教育发展规划（2016—2020 年）》中指出：“老年教育是我国教育事业和老龄事业的重要组成部分。发展老年教育，是积极应对人口老龄化、实现教育现代化、建设学习型社会的重要举措。”2020 年 11 月 15 日，为推动老年人更好地适应和融入当前各行各业智能技术广泛应用的智慧社会，国务院印发了《关于切实解决老年人运用智能技术困难的实施方案》。这些举措都为进一步开展好我国老年人事业奠定了坚实基础。尽管我国老年大学在不长的时间内已经取得了较为迅速的发展，但结合我国老年人口众多的现状，全国各地老年学校“一座难求”的现象仍然比较普遍。目前我国老年教育存在一些挑战。

（一）总量持续增长，数量分布不均

由中国老年大学协会编写的《中国老年教育发展报告（2019—2020）》（以下简称《报告》）显示，截至 2019 年 12 月底，我国共有老年大学（学校）76 296 所，在校学员数共计 1 088.2 万人。《报告》显示，在过去 5 年时间里，我国老年大学（学校）的数量累计增加 15 790 所，年均增长速度达 4.7%。我国每万名 65 岁以上老龄人口所拥有的老年大学（学校）平均数量为 4.3 所。老年大学(学校)总量持续增长，但数量分布不均，东部沿海省市占比较大；办学性质多元，以政府办学为主，办学层次以县级以下办学为主。

（二）政策、资源支持有待进一步完善

在老年大学的政策管理上，目前在国家层面尚未出台统一的法律法规，不同省、市地区的规章制度并不统一，涉及老年大学管理的相关内容分散在不同的纲要、决定和通知中，缺乏统一的操作标准，在实践中造成了一定的障碍和困难。而在老年大学的管理上，也同样存在不同地区主管部门不一的情况。比如，我国老年大学和老年学校管理归口不一，一些老年大学和老年学校分属文化局、老干部局、民政局等管理，而少数老年大学和老年学校在教育部门注册，造成行政管理不便和沟通不畅的情况。

（三）社会资本参与有待加强

当前国内老年大学主体模式主要依托政府、事业单位、高校等单位开展，以财政拨款作为运营基础，收费相对较低，对学员吸引力较强。政府部门财政资金的投入，使得依托政府部门运营的老年大学有较好的软硬件环境，且能够以低价学费开展运营，是当前市场的主体。而社会机构举办老年大学需自负盈亏，学费是其主要收入来源，在当前市场环境下，远低于同期市场培训机构收费水平的学费难以实现盈利，这就限制了社会力量的介入，即使进入该行业的，也是通过其他相关产品的运营来弥补亏损，或是出于企业社会责任等其他因素的考量，这不利于充分发挥社会力量的积极性。需进一步在政策上鼓励、支持引导多方参与老年教育的建设，为老年大学的进一步丰富发展提供基础，解决供需矛盾。

（四）教师管理团队需进一步规范化

与广大学员的热情需求相对比，老年大学教育资源相对匮乏，教师队伍有限，师资力量不足。有统计显示，目前我国老年大学的教师队伍仍以外聘兼职教师为主力。有学者对 215 所老年大学进行统计发现，教师总人数为 6 541 人，其中兼职外聘教师为 6 377 人，在教师总人数中的占比高达 97.5%。即使是在为数不多的拥有专职教师的老年大学，比如哈尔滨老年人大学，其专职教师占比也只有 1/10 左右。外聘、兼职教师为主要力量，是我国老年大学的一大特征。其中，以 40～60 岁的教师居多，退休人员居多，音美体舞医等专业教师居多，这是符合老年大学目前的课程设置的。但兼职教师队伍相对而言流动性较大、师资结构不稳定，难以形成有规模的教学模式，对课程设置的稳定结构带来一定的挑战，往往存在根据教师情况而非学生需求为主来进行课程设置，甚至出现一门课程因为教师无法继续授课而停办的情况，在一定程度上制约了老年大学的系统性发展。

三、中国特色老年教育公共服务发展趋势

随着中国特色社会主义进入新时代，特别是党的十九大有关 2035 年“基本实现社会主义现代化”，2050 年“把我国建成富强民主文明和谐美丽的社会主义现代化强国”战略目标的提出，加速推进我国从教育大国迈向教育强国的任务日益紧迫。建设中国特色、现代化的公共教育服务体系既是国家现代化对教育发展提出的客观要求，也是教育自身实现现代化的内在需要，是新时期我国教育改革发展面临的重大历史性任务。综合分析我国有关老年公共教育服务体系建设的理论研究与实践探索，可以看出当前和今后较长一段时间推进中国特色老年教育公共服务体系建设的关键，就是以习近平新时代中国特色社会主义思想为指导，全面贯彻党的教育方针，坚持中国特色社会主义老年教育发展道路，满足新时代我国老年教育发展需求，走一条具有时代特点、中国特色的老年教育现代化道路。老年教育公共服务未来将呈现政府部门日益重视、供给模式不断创新、内涵建设不断深入的发展趋势。

（一）政府部门日益重视老年教育公共服务

随着老龄化进程不断凸显，老年教育对于国家社会发展的积极意义日益表现出来，使得政府更加重视老年教育成为未来的发展趋势。首先，政府更加全面认识老年教育，完善相关法律法规体系。改革开放以来，党和政府颁布了一系列促进老年教育发展的相关制度，例如《中国老龄工作发展纲要（1994—2000）》《关于进一步推进社区教育发展的意见》（2016）、《老年教育发展规划（2016—2020 年）》，但至今还没有老年教育的专门立法。因此老年教育地位及作用、建设系统、服务系统等尚未形成完善的体系。但是一些地方也在积极进行探索尝试，例如天津最早制定了《天津市老年教育条例》，这是我国第一部关于老年教育的地方性法规，随着政府对老年教育的重视，制定完善的法律体系的呼声也日益高涨。其次，理顺老年教育管理体系，进行规范化管理。实践中，为避免老年教育的多头管理问题，政府应成立专门的老年教育管理机构，规范老年教育的管理。例如在国家层面，可由老龄委牵头，老干部局、教育部、

民政部、组织部、文化部等部门及社会专业组织参与成立全国老年教育工作委员会，负责各级各类老年教育事业的协调运作、权责分配、监督评估等；地方层面，省—市—县（市、区）—街道（乡镇）—社区（村）也成立相应的老年教育工作委员会或工作小组，负责老年教育的协调与管理，推进老年教育工作规范化、有序化运行。最后，政府应整合各方资源，加大对老年教育的投入。一方面，建立常态化的老年教育专项经费投入机制，将老年教育经费均列入年度预算，做到专款专用，不得挪作他用。另一方面，实行间接财政激励，采取政府购买服务的方式，由政府出资进行市场招标，以提高老年教育产品的供给质量，并激励民间更多的潜在生产者提供服务。同时可以鼓励社会多元主体参与老年教育建设，例如公办民营、基金会等运作方式，提升老年教育发展的内生动力。

（二）老年教育供给模式不断创新

供给不足仍然是制约我国老年教育公共服务发展的首要问题，为此要创新老年教育供给模式，丰富老年教育供给主体及结构，建立完善的老年教育公共服务体系。首先，应该鼓励和支持老年人自主教育，充分发挥老年人在老年教育中的主体性，充分挖掘老年人潜能，让老年人真正成为老年教育的发起者、实施者、受益者。其次，充分发挥高校资源优势开展老年教育，发挥其服务社会的功能。《老年教育发展规划（2016—2020 年）》指出“促进各级各类学校开展老年教育”，充分利用学校资源开展老年教育，有条件的高等学校，可设立老年教育专业，培养老年教育专业人才。例如举办老年大学（学院），开展学历教育和非学历教育、在线教育，与社区互动开展老年教育等。此外，植根社区，发挥社区在老年教育中的阵地作用。在贯彻落实规划提出的“建立健全县（市、区）—乡镇（街道）—村（居委会）三级社区老年教育网络”的基础上，在社区层面成立社区老年教育指导组织，加强老年教育统筹规划，建立老年教育与其他教育资源的共享机制，利用社区服务机构等公共服务资源为社区老年教育服务。同时，可以利用互联网、大数据等现代化平台提供老年教育服务，丰富老年教育形式。据统计，截至 2020 年 4 月底，我国 60 岁以上网民占比为 6.7%，互联网等新技术正在不断变革着人们的生活方式，并逐渐成为广大老年人终身学习的重要形式。毋庸置疑，远程老年教育将是未来的发展趋势，今后须大力发展老年远程教育。此外，充分利用现有资源平台，如图书馆、博物馆、文化馆等公共文化服务设施开展读书、讲座、参观、表演等多形式的教育活动内容，探索“医、养、教”老年服务模式也是未来老年教育的发展趋势。

（三）老年教育内涵建设不断深入

随着医疗技术水平不断提高，人们物质精神生活不断丰富，老年人的寿命不断延长。老年教育不能单纯地以完成任务为目标，老年教育应不断深化，丰富其内涵，走内涵建设发展之路，推动老年教育可持续发展。首先要完善老年教育课程体系建设。目前绝大多数老年大学沿用老年干部活动中心的组织形式，课程缺乏系统性且形式单一，难以满足老年群体日益增长的公共服务需要。因此，既要制定系统的、科学的、规范的课程体系，同时根据不同年龄段、职业、兴趣爱好等制定适合特定老年人的课程，丰富课程形式。其次，以文化自信和创新的思想定力，加快推进中国特色的老年教育学科建设。具体而言，以文化自信、学术自信为核心，引领老年教育学科的“学科体系”“学术体系”“话语体系”建设，为此，要加强老年教育的基础理论研究、政策研究、应用研究和国际比较研究。此外，提升老年教育师资队伍建设。我国老年教育教师的随意性比较强，规范性不足，教学质量参差不齐。因此，要整合社会人才资源，积极搭建教师发展平台，建立完善的人才发展及培养机制，此外，不断提升教师待遇，吸纳更多有志于投身老年教育事业的各类教师加入老年教育教学和管理队伍。

总之，老年教育的开展是一个迫切需要解决的新课题，关注民生、改善民生，为老年教育大发展带来难得的历史机遇。只要我们以一种时不我待的紧迫感和责任感，以与时俱进、开拓创新的精神，去克服前进道路上的困难，去解决工作中的问题，就一定能够把老年教育办出特色、办出水平、办出成果，为建设社会主义现代化强国，为实现党和国家的宏伟目标做出更大贡献。

思考题

1. 老年教育公共服务模式包含哪些类型？
2. 我国老年教育公共服务发展的趋势是什么？

第七章阅读材料

第八章

老年就业公共服务

本章要点

1. 掌握：老年就业公共服务体系的概念；老年就业公共服务体系机构组成。

2. 熟悉：老年就业公共服务的运行机制；老年人再就业特征及就业概况。

3. 了解：老年就业公共服务运行机制的优化策略。

本章课程思政目标

通过学习老年就业公共服务体系的概念和老年就业公共服务体系机构组成，加强学生社会责任感和职业道德的教育，使之成为热爱祖国、具有公共服务意识的人才；树立学生的社会主义核心价值观，使其成为具有健康管理专业知识和技术的社会主义建设者。

导入案例

少子老龄化是由出生率减少引起的“少子化”以及由老年人增加引起的“老龄化”这两个词汇组成的复合词汇，是孩子少且老年人多的一种影响社会可持续发展的社会状态。日本自1972—1974年第二次婴儿潮以来，出生率几乎每年都在下降，现在日本的人口出生率已低于1.5。少子化与老龄化是日本日益严重的两大社会问题，该问题亦是中国正在面临的现实问题。

在老龄化方面，日本政府也制定了诸多政策以积极纾解这一困境。

一是顶层设计制定老龄化社会大纲。1996年，日本政府根据老龄化社会基本法制定了老龄化社会大纲，2013年12月，根据老龄化社会推进的基本方针又重新制定了新的大纲。该大纲指出，战后出生人口数量巨大的世代进入老龄期，日本正式步入老龄社会，明确社会定位的同时也应推动政策发展。政策内容包括：重新审视老年人的精神面貌、健康状况，做好疾病预防工作，促进老年人参与社会活动，站在男女共同参与的视点制定规章政策以及医疗技术、通信技术对老年人的应用等方面。为建立适合少子老龄化社会的医疗体制，日本对医疗、保险制度做出了调整，旨在建立适合老年人的医疗体系和社会福祉。

二是日本政府还积极应对老龄化的困境，延迟退休，促进老年人就业。2013年，日本内阁会议通过的《老龄社会白皮书》指出，应促进企业面向老年人的雇佣、扩大老年人雇佣职业范畴，对于雇佣以及介绍老年人就业的企业和猎头公司进行支援，以解决老年人的就业问题，从而缓解劳动力不足的社会矛盾。根据《短时间劳动者的雇佣管理的改善》等相关法规确保短时间劳动者的待遇，促进雇佣形式的多样化。老龄化的持续，加大了国家财政压力，因此，政府推进了年金制度的改革以及退休金制度的改革。2017年制定的“工作方式改革实施计划”中，将促进老年人就业纳入一体，实施“修改雇佣保险法等相关法律”，将65岁以上的劳动者也视为雇佣保险的适用者，政府为老年人提供学习活动的支持，鼓励老龄人口就业，为老龄劳动者提供再就业、创业的机会。2019年，日本推出了“全世代社会保障制度”，规定工作年龄可以延迟到70岁，临时工的工作亦加入养老金制度。老龄人口的丰富工作经验是劳动力不足的日本企业的重要补充，在日本，延迟退休年龄正在成为一种趋势。日本总务省统计局公布的劳动力调查年报显示：2019年，日本的劳动力人口为6 886万人，比2018年增加56万人，已实现7年连续增长，其中15～64岁劳动力5 980万人，比2018年增长35万人；65岁以上老年人口为906万人，比2018年增长32万人。该数据说明日本促进就业的国家政策和法律法规起到了一定积极作用，针对老龄化和劳动力不足的严峻社会问题，鼓励老龄人口就业是较为积极有效的手段。

第一节 老年就业公共服务的概述

一、老年就业公共服务体系的概念内涵

（一）老年就业公共服务的概念

老年就业公共服务是以政府为主导，社会各方参与，通过就业服务机构，帮助劳动者获得就业岗位和提升就业能力，帮助用人单位寻找合格劳动力的一系列服务性工作的总称。就业公共服务具有公共产品的性质，特别是政府提供的就业公共服务，是政府履行公共事务所应当承担的责任。完善的就业公共服务，目的在于解决劳动力供给与劳动力需求双方的均衡协调，包括：提供就业信息服务、提供就业咨询服务、就业指导服务、职业介绍服务。

（二）老年就业公共服务体系的组成

老年就业公共服务体系主要由职业介绍、就业训练和创业指导、失业保险经办，以及街道社区劳动保障等工作机构组成。自 20 世纪 80 年代起，各级政府劳动行政部门开始设立就业公共服务机构，免费开展职业介绍、职业指导等服务项目，还接受劳动保障部门委托，具体承办失业登记、就业登记、录用备案、档案管理等管理事务。2002 年以来，按照中共中央、国务院的要求，就业公共服务机构向街道（乡镇）、社区延伸，普遍建立了街道（乡镇）、社区劳动保障工作平台，承担公益性岗位开发、劳动力资源管理、就业政策落实和困难人员就业援助等工作。目前，我国已经初步形成了省、市、区（县）就业服务机构和街道（乡镇）、社区基层劳动保障工作平台共同组成的就业公共服务体系。

二、老年就业公共服务的属性及外部性

（一）公共服务的界定

目前国内对于公共服务含义的界定，主要基于两个角度：一是从公共物品和公共服务的关系角度对公共服务的含义进行界定。从有形与无形角度来说，产品是有形的，服务是无形的，因此，公共服务是政府为民众提供的无形的消费服务；从公共物品角度来说，西方经济学从认为“公共服务就是为公众提供公共物品”到“公共服务不只是提供公共物品”。如：“公共服务是提供公共物品和服务，包括加强城乡基础设施建设，发展就业、社会保障服务和科技、教育、文化、卫生、体育等公共事业，发布公共信息等，为社会经济、政治、文化活动提供基本保障和创造条件。”二是从公共服务具备的特征进行界定，它是指为社会公众提供基本的、非营利性的服务，即公共服务是大众性、内容广泛性、非营利性的服务。公共服务服务的对象是广大人民群众，而

不是某个人；公共服务内容非常广泛，例如，城市里面的供水、供气、供电、公共道路、交通等，这些都是人们日常生活中重要的一些服务，当然也包括公共安全、医疗、教育、文化娱乐等，这些也属于基本服务的范畴；公共服务是一种非营利性的服务，是由政府和公共部门提供。公共产品与服务和企业提供的私人产品与服务不同，私人产品与服务的目的就是营利；政府提供的公共服务不是为了赚钱，而是一种为了满足社会利益的非营利性服务。综合以上两种角度，本书认为公共服务是指由政府机关为主的公共部门运用公共权力，通过多种机制和方式的灵活运用，为满足社会公共需要，以提供各种物质或非物质形态的公共产品为载体，以维护和促进公平为宗旨，以发展和维护公共利益为目标的公共行为的总称。

（二）公共服务的特征

公共服务的特征主要有四点：一是以公共利益为导向。为广大人民群众提供公共服务既是政府职能也是政府职责。政府要履行好职责必须以公共利益为导向。二是对象的非排他性。公共服务一定是以社会大众为服务对象，而不是服务于某个特定组织和个人。三是政府及公共部门是提供公共服务的主体。如果政府不提供而由市场提供，公共物品供给会出现市场失灵现象，因此，为避免市场失灵，必须由政府来提供公共物品。四是公共服务内容广泛并多样。公共服务是为社会大众服务，而大众广泛化和多样化的需求决定了公共服务的内容必须广泛且多样。

（三）就业公共服务体系含义

就业公共服务体系主要是指以政府为主导、社会广泛参与，以提供基本而有保障的公共产品为主要任务，以全体社会成员分享改革发展成果为基本目标的一系列制度安排。内容包括制定就业公共服务政策、制定就业公共服务制度、设置就业公共服务机构、就业公共服务信息化建设及就业公共服务职业培训和创业培训等。

三、老年就业公共服务的内容

老年就业公共服务的内容包括职业介绍、提供劳动力市场信息、进行职业指导、开展职业培训与教育、直接创造就业岗位、管理失业保险金等内容。职业介绍是就业公共服务的传统内容，包括登记求职者和岗位空缺，建立雇主和求职者之间的信息联系，为求职者提供帮助等。提供劳动力市场信息是就业公共服务机构收集整个国家、各产业、各行业、各地区的就业市场状况与发展趋势的信息，在研究与分析的基础上，向社会解释和发布。就业公共服务机构还要通过求职帮助、培训与教育计划、直接创造就业计划等干预劳动力市场，缓解失业或其他劳动力问题给社会造成的不利影响。管理失业保险金主要是管理失业保险和失业救济两种补贴，并与促进就业联系起来，如有的国家协助领取补贴的人重新就业、对领取补贴的人进行持续资格认证和求职认证等。

第二节　我国老年就业公共服务的运行机制

一、老年就业公共服务的运行机制

经过近 40 年的探索与尝试，中国老年就业公共服务运行机制不断调试、完善，以特定时空的经济社会结构性背景为基础，形成深具中国就业问题意识的制度安排。基本特征：一是以老年就业公共服务政策与就业促进法律的互动与统合为制度主线，形成法治化、社会化、市场化的制度框架；二是老年就业公共服务由政府垄断型就业公共服务供给机制转向政府主导、市场调节型就业公共服务供给机制，提供服务促进就业的主体从单一的政府组织发展为政府组织、市场组织和社会组织三元协同；三是老年就业公共服务的功能深化拓展，从职业介绍、就业训练、失业保险、生产自救发展为职业介绍、职业指导、职业教育培训、就业援助、创业指导、社区岗位开发等；四是老年就业公共服务对象范围扩大，由面向国有企业服务发展至面向全社会服务，不同时期确定重点服务对象并辅以政策扶持。

（一）就业公共服务的法律建构与政策推进

围绕就业促进和就业保障，中国已经逐渐形成了一个相对完备的劳动市场法制体系。《中华人民共和国宪法》第四十二条规定："中华人民共和国公民有劳动的权利和义务。国家通过各种途径，创造劳动就业条件，加强劳动保护，改善劳动条件，并在发展生产的基础上，提高劳动报酬和福利待遇。"1994 年通过的《中华人民共和国劳动法》，以部门法典的形式明确了组织劳动的劳动权内容，规定劳动者依法享有平等就业权和择业权、获得劳动报酬权、休息休假权、获得劳动安全卫生权、职业技能培训权、社会保险和福利权、提请劳动争议处理权、组织和参加工会权、参与民主管理权等。以《中华人民共和国宪法》为核心，我国还制定了《中华人民共和国劳动合同法》《中华人民共和国就业促进法》《中华人民共和国劳动争议调解仲裁法》《中华人民共和国矿山安全法》《中华人民共和国工会法》《中华人民共和国妇女权益保障法》《中华人民共和国老年人权益保障法》《中华人民共和国职业教育法》《中华人民共和国职业病防治法》等法律法规，对就业促进加以全面保障。在加强国内立法的同时，我国也遵循相关国际劳工标准，把国际劳工标准融入国内劳动立法和劳动政策中。目前，中国共批准 23 项国际劳工公约，其中 3 项核心劳工公约，即第 100 号、第 138 号和第 182 号公约。这些国际劳工公约构成就业促进的法律渊源，我国在批准的同时就承担起了相应义务，需要采取有效措施加以实施。综合言之，中国已经逐渐形成了相对完善的劳动法律体系。在众多的法律法规中，分散地规定了就业公共服务的内容，尤以《中华人民共和国就业促进法》为就业公共服务的主要法律规范。在制定法律完善就业促进制度的同时，我国先后出台了《职业介绍规定》《职业指导办法》《劳动力市场规定》

《就业服务与就业管理规定》等部门规章和一系列规范性文件，细化就业公共服务的服务方式、服务项目、服务内容等，推进就业公共服务的体系化建设。老年人的就业公共服务的法律建构主要体现在《中华人民共和国老年人权益保障法》，该法是保障老年人合法权益，发展老龄事业，弘扬中华民族敬老、养老、助老的美德而制定的法律。中华人民共和国老年人权益保障法是1996年8月29日八届全国人大常委会第21次会议通过。现行版本是2018年12月29日第十三届全国人民代表大会常务委员会第七次会议修正。其中，第七章参与社会发展中第六十九条规定："国家为老年人参与社会发展创造条件。根据社会需要和可能，鼓励老年人在自愿和量力的情况下，从事下列活动：（一）对青少年和儿童进行社会主义、爱国主义、集体主义和艰苦奋斗等优良传统教育；（二）传授文化和科技知识；（三）提供咨询服务；（四）依法参与科技开发和应用；（五）依法从事经营和生产活动；（六）参加志愿服务、兴办社会公益事业；（七）参与维护社会治安、协助调解民间纠纷；（八）参加其他社会活动。"第七章第七十条规定："老年人参加劳动的合法收入受法律保护。任何单位和个人不得安排老年人从事危害其身心健康的劳动或者危险作业。"

一定意义上，老年人公共政策在老年人就业公共服务运行机制的制度安排和变迁中发挥了更为重要的作用。

（二）就业公共服务的供给主体

按照《中华人民共和国就业促进法》《就业服务与就业管理规定》，就业公共服务的供给主体包括两类：一是就业公共服务机构，二是职业中介机构。就业公共服务机构是提供免费就业服务的主体，由县级以上人民政府设立，主要为老年劳动者免费提供就业政策法规咨询、就业信息发布、职业指导和职业介绍、就业援助、就业失业登记等就业服务，同时为用人单位提供招聘用人指导、代理招聘、跨地区人员招聘、企业人力资源管理咨询等专业性服务和劳动保障事务代理服务。《就业服务与就业管理规定》细化了就业公共服务机构的组织体系，县级以上就业公共服务机构建立综合性服务场所，集中为劳动者和用人单位提供一站式就业服务，街道、乡镇、社区就业公共服务机构建立基层服务窗口，开展以就业援助为重点的就业服务，实施劳动力资源调查统计。就业公共服务机构使用全国统一标识。目前，我国已形成省、市、县、街道（乡镇、社区）四级就业公共服务机构体系。职业中介机构是指由法人、其他组织和公民个人举办，为用人单位招用人员和劳动者求职提供中介服务以及其他相关服务的经营性组织。主要提供以下服务：为劳动者介绍用人单位，为用人单位和居民家庭推荐劳动者，开展职业指导，人力资源管理咨询服务，收集和发布职业供求信息，根据国家有关规定从事互联网职业信息服务，组织职业招聘洽谈会等。职业中介机构属于经营性组织，如果提供公益性就业服务，可以获得政府补贴。2016年底，全行业共有人力资源服务机构2.67万家，从业人员55.3万人，实现营业收入1.18亿元。2016年共为2 820万家（次）用人单位提供人力资源服务，帮助1.8亿劳动者实现了求职择业和流动服务。总体而言，就业公共服务供给主体呈现公私混合多元提供机制，就业公共服务机构的免费服务和职业中介机构的经营性服务，共同组成了政府责任的承担机制、社会组织的提供机制、公共财政的保障机制。但是对于老年人就业服务的研究数据非常稀少。

（三）就业公共服务的服务主体

“就业公共服务是在发达国家和转型国家普遍建立起来的提高劳动力市场搜寻匹配效率的公共制度。基本功能是劳动力匹配机制的职业介绍。”我国就业公共服务的基本职能同样是劳动力匹配机制的职业介绍，但在基本职能前提问题上区别于国际社会，进而在就业公共服务的服务对象上呈现出不同特质。首先，就业公共服务是国企改革的配套政策，其服务对象主要为国有企业职工。20 世纪 80 年代，劳动服务公司的创办与发展，初衷是解决城镇待业青年的就业问题。随着经济体制改革的深化，劳动服务公司很快成为国有企业改革的配套措施，成为社会劳动力的“蓄水池”。90 年代，国有企业先后开展“优化劳动组合”“转换经营机制，减员增效，下岗分流”等改革，就业公共服务的主要功能是为国有企业下岗失业人员提供职业介绍、职业培训、失业保险等就业服务。2005 年，政府对就业公共服务的职能定位虽有变化，但重点依然为国有企业改革服务，“就业再就业工作的重点仍是解决体制转轨遗留的下岗失业人员再就业问题和重组改制关闭破产企业职工安置问题。同时，也要继续做好高校毕业生、进城务工农村劳动者和被征地农民等的就业再就业工作。”同时，随着体制转轨失业压力的逐步缓解，城乡统筹就业压力提升，就业公共服务的服务对象向城乡劳动者倾斜。其次，就业公共服务承载全社会劳动力市场劳动力匹配功能，服务对象为全社会劳动力。2008 年，我国体制转轨遗留的下岗失业人员再就业问题已经基本解决，《中华人民共和国就业促进法》明确规定，各级人民政府统筹做好城镇新增劳动力就业、农业富余劳动力转移就业和失业人员就业工作，全社会一体化劳动力市场的构建成为法律和公共政策目标，就业公共服务的服务对象重点为高校毕业生、农村转移劳动力和城镇就业困难人员。就业公共服务的服务对象重点由解决体制转轨而出现的下岗失业人员转向三类主体，宣示就业公共服务功能定位的嬗变，就业公共服务成为社会劳动力市场的主要载体，不再局限于为国有企业改革配套政策。在分析和假设了未来各年龄组别劳动参与率的条件下，对未来劳动就业总量的变动进行了预测。预测揭示，未来我国劳动力供给和就业压力的高峰将出现在 2020 年前后，若不考虑 65 岁及以上的从业人员，高峰将在 2015 年达到 7.53 亿人，其后从业人员的规模将不断减少。随着人口老龄化的发展，到 21 世纪中叶，我国劳动力供给和从业人员规模将比现在大幅度降低，届时，15 ~ 64 岁的从业人员将仅有 6.30 亿人左右。考虑老年人就业不但可以扩大从业人员规模，而且还可以使得劳动力供给高峰推迟到来，使得从业人员不断缩小的态势推后到来。

（四）就业公共服务的财政保障机制

根据《中华人民共和国就业促进法》《就业服务与就业管理规定》《就业专项资金使用管理及有关问题的通知》等法律法规，就业公共服务的财政保障机制包括三个方面：一是资金来源。主要包括财政预算、专项资金、社会捐赠、中央转移支付、服务收费、失业保险基金等。财政预算是就业公共服务的主要资金来源，就业公共服务经费纳入同级财政预算。县级以上人民政府根据就业状况和就业工作目标，在财政预算中安排就业专项资金，用于职业介绍补贴、职业培训补贴、社会保险补贴、公益性岗位补贴、职业技能鉴定补贴、特定就业政策补助、小额贷款担保基金和小额担保贷款贴息，以及扶持就业公共服务等。就业公共服务机构接受社会各界提供的捐赠和资助，按照国家有关法律法规管理和使用。中央财政通过专项转移支付对地方给予一定补助，重点是对中西部地区和老工业基地给予补助。就业公共服务机构为求职者和用人单位提供免费就业服务的同时，经政府相关行政部门委托或批准，可以为用人单位和劳动者提供劳动保障事务代理服务、代理招聘服务等收费性服务，弥补就业公共服务经费。为了发挥失业保险基金的就业促进功能，地方政府扩大失业保险基金支出范围，用于就业公共服务基层平台建设、公共实训基地能力建设等。二是资金支出。公共就业服务机构的资金支出严格按照财政预算编制进行管理，每年就业公共服务机构依法编制年度预算，报经同级财政部门审批后执行。预算包括三部分经费：人员和日常办公经费；场所、信息系统和设施等建设经费；常规性专项经费。未纳入财政补助的就业公共服务机构，按职业中介机构申领职业介绍补贴的规定申请职业介绍补贴。由于地方财政实力的差异、就业公共服务机构是否为参公事业单位及其工作人员编制结构不同，一方面，就业公共服务机构财政经费有很大不同，另一方面，造成就业公共服务不均等的社会问题。三是资金管理。《就业专项资金使用管理及有关问题的通知》规定，县级以上财政可安排扶持就业公共服务资金，对下级就业公共服务机构用于加强其人力资源市场信息网络方面的支出给予必要支持。扶持就业公共服务资金作为就业专项资金的组成部分，单独安排，单独核算，单独管理，不得与其他就业专项资金相互调剂使用。

享有基本公共服务是每个公民的基本权利，保障人人享有基本公共服务是政府的重要职责。2021 年 3 月 30 日，经国务院批复同意，国家发展改革委联合 20 个部门印发了《国家基本公共服务标准（2021 年版）》（以下简称《国家标准 2021》），明确了现阶段国家提供基本公共服务项目的基础标准。

“制定出台国家基本公共服务标准是我国保障和改善民生的一次重大制度创新。”国家发展改革委秘书长、新闻发言人赵辰昕 4 月 21 日在国新办举行的新闻发布会上介绍称，《国家标准 2021》涵盖了幼有所育、学有所教、劳有所得、病有所医、老有所养、住有所居、弱有所扶等“七有”，以及优军服务保障、文化服务保障“两个保障”，共 9 个方面、22 大类、80 个服务项目。

《国家标准 2021》指出老年人福利补贴主要包括：一是为 65 岁以上老年人提供能力综合评估。二是为经济困难老年人提供养老服务补贴；为经认定生活不能自理的经济困难老年人提供护理补贴；为 80 岁以上老年人发放高龄津贴。具体认定评估办法和补贴标准由地方人民政府制定。在实践中，一些有条件的地方做了有益探索，逐步提高了补贴标准和扩大覆盖面。据不完全统计，截至 2020 年年底，全国共有 3 000 多万老年人享受了福利补贴、护理补贴和高龄津贴，有效缓解了部分老年人实际生活困难。

总体来看，目前中央财政和大多数省份的地方财政对城乡养老保险的支出在负担能力范围之内，按照当前补贴标准，未来一段时间，城乡养老保险的财政补贴占财政收入比重呈下降趋势，养老保险待遇水平有进一步提高的空间。但是按照近年来基本养老保险补贴的增长率，城乡居民养老保险的财政负担率将会逐渐提高，会给财政增加压力。另外，按照当前城乡居民养老保险的补贴标准，个别地方省份存在超出压力位的情况，需要通过调整财政支出结构、提高统筹层次等手段来进行改革。老年人就业可以很好地弥补财政的缺口，但是目前关于老年人就业服务的财政投入研究十分罕见。

二、老年就业公共服务供给机制的未来走向

（一）老年人再就业的特征

与青年人相比，老年人在就业目标、就业动机、就业形式等方面都有其独特的特点，概括说来主要表现在以下几个方面：

（1）老年人的就业形式十分灵活。再就业的老年人大多都是离开原有工作岗位，并不受任何就业合同约束的人。同时，老年人的子女都已经长大成人，并不需要他们的抚养，因此，他们的再就业大多可以完全根据自己的主观愿望灵活选择。因此，老年人就业可以根据他们的性格、爱好、身体状况、年龄大小等多方面因素灵活地选择就业岗位；同时，工作的时间和工作的形式也可以灵活选择，受到的束缚相对较小。

（2）老年人就业多以脑力劳动或服务业为主。选择再就业的老人虽然一般都是老年人中年龄相对较年轻且身体状况较好的人，但是和年轻人相比，身体条件还是限制了老年人在很多工作上的选择。因此，老年人在就业的选择上大多数选择一些体力负担较轻的工作或者服务业。此外，还有一些具有一定知识水平，或者是在某些技术领域工作多年，拥有丰富经验的老年人，他们在脑力劳动方面仍然具有一定的优势，因此，这类老年人主要根据自己所从事的专业，选择相应的脑力劳动工作。

（3）老年人就业以实现个人价值为主要目标选择。老年人在就业的选择上大多数选择一些体力负担较轻的工作或者服务业。此外，具有一定知识水平或者是在某些技术领域工作多年，拥有丰富经验的老年人，在脑力劳动方面仍然具有一定的优势，因此，这类老年人在原有工作岗位上操劳半生，退休后还选择继续就业的目标主要是实现个人价值。老年人的这种个人价值的实现，既包括个人的经济价值实现，

也包括个人的自我价值实现。也就是说，老年人通过自主选择再就业可以提高他们的物质生活水平，提高他们的自我保障能力，同时在工作的过程中，也给予他们心理上的满足。

（二）我国老年人再就业的状况

根据第七次全国人口普查公报，我国 65 岁以上老年人的数量已经达到 1.9 亿人，人口老龄化的问题越来越成为重大社会问题。在如此巨大的老年人群体中，拥有继续就业意愿的老年人的比重也是非常大的，很多老年人都希望可以继续参加工作发挥余热。我国政府也进一步加强了对老龄工作的领导，早在 1999 年就成立了全国老龄工作委员会，其办公室设在民政部，具体工作由中国老龄协会承担。在老年人就业方面，随着中国老龄化发展和国家的支持，越来越多的已退休人员被企事业单位返聘，继续发挥“余热”。在很多城镇，各级政府都采取了很多措施来促进老年人的再就业，如引导老年人参与咨询、培训类的工作，利用他们丰富的经验培养下一代年轻人。在农村，当地政府鼓励身体状况较好的老年人从事一些力所能及的种植或者养殖业。

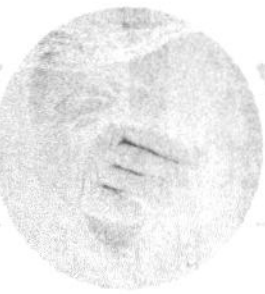

第三节　老年就业公共服务运行机制的优化策略与发展方向

自 2003 年以来，我国政府开始积极采取措施来促进老年人就业，特别是发挥老年知识分子的业务特长，中国政府组织了旨在支援欠发达地区的“银龄行动”，希望能利用老年知识分子的“余热”为社会做出贡献。在我国政府的引导和支持下，成立了各种老年性团体，如老年教授协会、老年工程师协会、老年法律志愿者协会等。目前，我国各类老年人协会已经达到几十万个，为社会的发展做出了积极的贡献。

尽管如此，我国老年人的再就业情况仍然是不理想的。《中国劳动统计年鉴》（2015）显示，多年来，中国老年人就业占全部就业比重一直处于较低水平，持续在 4%左右，最低年份甚至达到 1%，并且该数据近年来并未出现改善的迹象。

总之，尽管形式多样，但和发达国家相比，由于经济条件限制和缺少就业机会，我国的低龄老年人就业水平仍处于尚待发展的阶段。就业目的还是以补充家计为主，有专长的老年人并没有全部从事与原来专业相关的工作，劳动力市场没有提供足够的供老年人选择的岗位，挤占年轻人岗位的顾虑还是存在的。因此，为满足老龄社会中老有所为、老有所乐的需求，我们亟待总结和借鉴发达国家老年人就业的先进经验，结合我们的特殊国情，客观实际地促进低龄老年人的就业。

（一）老年就业公共服务运行机制的优化策略

1. 提升老年人就业能力，搭建老年人就业平台

根据老年人的特长和兴趣，推荐比较适合老年人的工作岗位，是开发老年人力资源的重要措施。老龄化程度较高的日本在这方面已经先走一步，为我们提供了可以参考的经验。1986 年，日本就在各大城市和市町村的社区中设立“银发人才中心”。银发人才中心是公益法人，职能是为辖区内愿意在社区内从事经济生产活动的老年人进行信息登记，并提供短期就业机会。银发人才中心还提供职业培训，让老年人掌握更多的技能，为再就业提供有利条件。在我国老龄化程度日益加重的现实条件下，有必要从现在开始，建立和完善老年人力资源信息数据库，组建老年职业介绍所，为老年人提供就业指导和培训，为老年人参与社会工作创造切实的便利。

2. 促进性别平等，提高女性老年群体的劳动参与率

目前，我国女性老年人口的劳动参与率显著低于男性，女性老年劳动力资源还有比较大的开发空间。其中有女性老年人口素质较低的因素，也有就业市场环境和社会文化意识的影响。促进性别平等，给予女性老年人参与工作的自由选择权，在促进人力资源开发层面和促进女性权利实现层面都有重要意义。

3. 大力发展第三产业，为老年人就业提供更多的岗位

我国老年人就业最为集中的产业为农业，除农业外，其他产业中老年人就业的比例均处于较低水平。第三产业中很多行业如商贸服务业等，比较适宜老年人特别是老年女性的就业，且这些行业有较大的劳动力需求。因此，促进第三产业发展，可以达到促进老年人口就业、开发老年人力资源的作用。

4. 完善相关法律法规，保障老年人就业的权利

当前，我国保障老年人就业的法律法规尚不健全，部分老年人在就业市场中受到歧视，其就业权利无法得到有效保护。为保障老年人的就业权利，有关部门应当规范《中华人民共和国劳动法》的执行，制定老年就业保护细则，完善相关法规体系，加强宣传力度，提高用人单位的法律意识，从制度上保障老年人就业的权利，使那些有就业意愿和就业能力的老年劳动力更好地参与社会劳动。

5. 环境建设上优化设计，更方便老年人就业与养老

我国在大规模城市化和社会硬件大规模建设过程中悄然快速迈入老龄社会，目前整个社会硬件设施体系基本上还是按照年轻社会的设计理念建设，难以满足日益快速增长的老年群体的客观需要，迫切需要花大力气进行适应性改造。针对这一严峻问题，规划放眼长远，立足当前，提出了一系列有力举措，强调推动设施无障碍建设和改造，严格执行无障碍环境建设相关法律法规，完善涉老工程建设标准规范体系，加强相关标准的实施与监督；关切加强与老年人自主安全地通行道路、出入相关建筑物、搭乘公共交通工具、交流信息、获得社区服务等密切相关的公共设施的无障碍设计与改造；强调加强居住区公共设施无障碍改造，重点对坡道、楼梯、电梯、扶手等公共建筑节点进行改造；特别强调探索鼓励市场主体参与无障碍设施建设和改造的政策措施；特

别关注加强养老服务设施节能宜居改造，要求将各类养老机构和城乡社区养老服务设施纳入绿色建筑行动重点扶持范围；重点指出支持多层老旧住宅加装电梯，引导、支持开发老年宜居住宅和代际亲情住宅；规划重申开展“老年友好型城市”和“老年宜居社区”建设示范行动，继续开展全国无障碍建设城市创建工作，以此带动“十四五”期末实现 60%以上城市社区达到老年宜居社区基本条件、40%以上农村具备老年宜居社区基本条件的目标。

（二）老年就业公共服务运行机制未来发展的方向

“十四五”时期，我国进入新发展阶段，这是我国全面建成小康社会、实现第一个百年奋斗目标之后，乘势而上开启全面建设社会主义现代化国家的新征程；是向第二个百年奋斗目标进军的第一个五年，也是积极应对人口老龄化的重要战略机会窗口期。贯彻落实习近平总书记“及时科学综合应对人口老龄化”的要求，需要准确把握“十四五”时期我国面临的新形势，切实转变战略理念，在“五位一体”总体布局下谋划积极应对的各项战略对策，不断开拓积极应对人口老龄化中国特色道路的新格局、新局面。

1. 发展方向一：刚性指标

我国人口老龄化体量巨大、发展迅猛、影响深远，应对人口老龄化的准备不足、短板显著、矛盾集中，必须全线作战、重拳出击、力争突破。为此，规划明确了社会保障、服务体系、健康支持、精神文化、社会参与、投入保障等领域的战略目标，并细化为 12 个具体硬性指标，确保战略主攻方向明晰化、底层操作有引领、任务落实可监测。其中，有些新设指标意义重大。例如护理型养老床位占比不低于 30%，体现了服务体系供给端紧密对接老年人需求端的发展导向；二级以上综合医院设老年病科比例达到 35%，体现了医疗体系转型适应老龄化客观需要的战略转向；65 岁以上老年人健康管理率达到 70%，体现了健康老龄化和积极老龄化战略、最大限度降低老年人疾病发病率和失能率的战略意图；福彩公益金用于养老服务业的比例达到 50%以上，体现了社会公益金制度适应老龄社会要求转型发展的战略安排。有了这一系列硬性指标，加上社会氛围等相应软性指标，从短期看，2030 年实现既定战略目标就有了具体抓手；从长远看，及时应对、科学应对、综合应对人口老龄化的社会基础将更加牢固。

2. 发展方向二：制度安排

现代社会运行主要靠依法治国，应对任何社会矛盾必须靠制度安排。人口老龄化过程中问题扎堆，风险环生，矛盾叠加，如何应对，关键在于理清头绪，搞好制度设计。从全体人民老年期生活预期来看，主要面临贫困、疾病和失能三大风险，为此，规划从养老保险、健康医疗保险、长期护理保险以及社会福利、社会救助和慈善公益等方面做出制度安排。值得一提的是，推进个人税收递延型商业养老保险试点、鼓励有条件的地方研究将基本治疗性康复辅助器具按规定逐步纳入基本医疗保险支付范围、鼓励发展补充医疗保险和商业健康保险、老年人意外伤害保险等政策设计，不仅有利于化解老龄化风险，而且更有助于带动老龄用品业、老龄金融业等未来新经济的稳步发展，从中可以看出，规划力图使用制度工具实现社会发展服务支撑经济发展的设计理念。突出的亮点是，规划要求开展长期护理保险试点的地区统筹施策，做好长期护理保险与重度残疾人护理补贴、经济困难失能老年人护理补贴等福利性护理补贴项目的整合衔接，鼓励商业保险公司开发适销对路的长期护理保险产品和服务等。这些制度设计的焦点在于弥补制度空白，并通过社会保险、商业保险和补贴制度的逐步建构，为全体人民应对老年期失能风险构筑安全网。同时，为了防止因老致贫、因病致贫这些未来老龄社会条件下的新生风险，规划还贯彻中央关于精准扶贫的精神，着重从社会福利、社会救助和公益慈善等方面做出制度安排，确保通过制度安排防范未来老龄化过程中的新生老年贫困风险。

3. 发展方向三：多元机制

我国人口老龄化最突出的特征是老年人口体量巨大，目前已突破 2.6 亿人，2053 年人口老龄化峰值时为 4.87 亿人。更惊人的是，经过测算，从 2013 年到 2053 年的 40 年间，我国老年人口的总流量将突破 10 亿大关。如此庞大的老人潮将带来诸多问题，如何解决，既要靠制度安排，也迫切需要创新发展机制。为此，规划厘清了政府、市场、社会、家庭和个人的责任边界，提出“党委领导、政府主导、社会参与、全民行动”，这既是发展老龄事业的方针，也是发展老龄事业的总机制，旨在动员全社会方方面面齐心协力，共同应对人口老龄化的挑战和压力；为保障面向老年人的基本公共服务供给，规划重申政府在保基本、兜底线职能作用的同时，还要转变职能，通过“放管服”等改革，提升政府老龄行政效能；规划高度重视市场化和产业化机制，强调坚持政府引导、市场驱动，加快形成统一开放、竞争有序的市场体系，培育老龄产业新业态；规划与时俱进，强调老龄事业必须走法治化、信息化、标准化、规范化的道路；规划还十分重视公益慈善以及家庭的作用，强调充分利用公益机制、家庭机制分散人口老龄化压力的重要作用。我们相信，通过以上多元有效机制，化解人口老龄化风险的渠道将全线打通，各社会主体的潜能动能作用必将得到有效发挥，不仅保证“十四五”时期内的战略目标能够实现，而且为推动老龄事业全面协调可持续发展奠定扎实基础。

4. 发展方向四：关口前移

我国是全球第一人口大国，也是全球带病人口大国。随着人口老龄化的快速推进，未来带病老年人口的体量和流量惊人，给健康保障和服务体系带来的挑战深重、压力巨大。为此，规划注重实施积极老龄化和健康老龄化战略，从做好全生命周期养老准备的长周期视角出发，积极适应健康转型，既重视年轻人口的健康准备，又重视老年人口的健康干预、常见病慢病治理和发展老年人体育健身事业，旨在减少疾病、失能风险发生，减少慢病急性发作，同时，针对带病老年人口，着力发展老年医疗与康复护理服务。规划强调增强老年人的自我保健意识和能力，提升老年人健康素养水平至 10%；关注健康管理落地操作，为 65 周岁以上老年人普遍建立健康档案，加强对老年人常见病、慢性病分病种进行健康指导和综合干预；面向老年人开展中医药健康管理服务项目；高度重视加强老年康复医院、护理院、临终关怀机构和综合医院老年病科建设，鼓励有条件的地区将部分公立医院转为康复、护理等机构，开展家庭医生签约服务，加强康复护理人才培养。通过这一系列举措，规划把应对人口老龄化的关口前移到了年轻人口和低龄老年人口，确保从根本上降低应对人口老龄化的成本。

5. 发展方向五：产业谋划

我国是老龄产业潜力最大的国家，老龄产业也是我国未来体量最大的新经济。规划贯彻落实中央关于“培育老龄产业新的增长点”的产业战略部署，立足老年消费市场，从供需两端协同发力，以养老服务为重点，以医养结合为核心，明确了一系列政策举措，旨在为将来带动老龄服务全面发展、牵引有利实体经济的老龄用品业和老龄房地产业持续发展、拉动有利资本经济的老龄金融业融合发展打牢基础。规划将养老服务置于老龄产业的突出地位，首次将医养结合纳入国家战略，强调建立健全医疗卫生机构与养老机构合作机制，建立养老机构内设医疗机构与合作医院间双向转诊绿色通道，支持养老机构按规定开办康复医院、护理院、临终关怀机构和医务室、护理站等，特别指出对养老机构设置的医疗机构，符合条件的要按规定纳入基本医疗保险定点范围；规划贯彻中央关于全面放开养老服务市场的要求，发重力采取措施健全养老服务体系，强调在建立支持家庭养老政策体系、通过政府购买服务推动专业化居家社区养老机构发展、实施“互联网+”养老工程的同时，加快推进具备向社会提供养老服务条件的公办养老机构转制为企业或开展公建民营，并扩大公建民营的范围，鼓励社会力量通过独资、合资、合作、联营、参股、租赁等方式参与公办养老机构改革，强调对民间资本和社会力量申请兴办养老机构进一步放宽准入条件，落实好相关扶持政策，要求全面提升养老机构服务质量；规划关注大力发展养老服务企业，培育一批龙头企业，加快形成产业链长、覆盖领域广、经济社会效益显著的养老服务产业集群；规划强调混业运营战略理念，支持养老服务产业与健康、养生、旅游、文化、健身、休闲等产业融合发展，鼓励金融、地产、互联网等企业进入养老服务产业；规划高度重视占领巨大老龄用品市场、发展老龄科技的战略制高点，特别关切提升老年用品科技含量，加强对老年用品产业共性技术的研发和创新以及成果转化应用，落实相关税收优惠政策。同时，要求增加老年用品供给，引导支持相关行业、企业围绕健康促进、健康监测可穿戴设备、慢性病治疗等重点领域，推进老年人适用产品、技术的研发和应用。规划还立意深远，重视实施中医药战略，强调大力开发中医药与养老服务相结合的系列服务产品，鼓励社会力量举办以中医药健康养老为主的护理院、疗养院，要求建设一批中医药特色医养结合示范基地。通过这一列举措，到“十四五”期末，老龄产业发展基础将会更加牢固，为今后迎来老龄产业黄金井喷期的准备将更加充分。

6. 发展方向六：文化引领

老龄问题归根结底是文化问题。全体人民晚年幸福生活既要有殷实的物质基础，更需要有高层次的文化引领。规划以社会主义核心价值为指导，要求把敬老养老助老纳入社会公德、职业道德、家庭美德、个人品德建设，纳入文明城市、文明村镇、文明单位、文明校园、文明家庭考评；规划强调落实老年教育发展规划，创新老年教育发展机制，优先发展城乡社区老年教育，特别关切支持鼓励各类社会力量举办或参与老年教育，实施老年教育机构基础能力提升计划，开展养教结合试点，要求“十四五”期末基本形成覆盖广泛、灵活多样、特色鲜明、规范有序的老年教育新格局；规划重视繁荣老年文化，完善覆盖城乡的公共文化设施网络，推动文化信息资源共享；提出广泛开展群众性老年文化活动，培育老年文化活动品牌；要求加强专业人才和业余爱好者相结合的老年文化队伍建设；规划非常关注健全老年人精神关爱、心理疏导、危机干预服务网络，要求家庭成员加强对老年人的情感关怀和心理沟通，鼓励支持社会力量开展形式多样的老年人关爱活动;规划的突出亮点之一是高度重视推进非本地户籍常住老年人与本地户籍老年人同等享受优待，要求“十四五”期末实现老年人优待制度普遍建立完善。

7. 发展方向七：自强自立

在老龄社会条件下，一个国家如何看待老年人、一个国家的老年人如何看待自己，不仅是这个国家文明进步的重要标志，而且是这个国家应对人口老龄化综合软实力的重要尺度。规划充分体现敬老爱老助老的传统文化，重视老年人的主人地位、关注老年人的主体作用，关切老年人的生命尊严，强调培育积极老龄观，引领老年人积极向上，引导全社会正确认识、积极接纳、大力支持老年人参与社会发展；规划将老年人才开发利用纳入各级人才队伍建设总体规划，鼓励各地制定老年人才开发利用专项规划；鼓励专业技术领域人才延长工作年限；要求用人单位与受聘老年人依法签订书面协议，依法保障老年人在生产劳动过程中的合法收入、安全和健康权益；强调支持老年人积极参与基层民主监督、社会治安、公益慈善、移风易俗、民事调解、文教卫生、全民健身等工作；关注推行志愿服务记录制度，鼓励老年人参加志愿服务；重视加强老年社会组织的培育扶持和登记管理，实施基层老年协会规范化建设工程，提出采取政府购买服务等措施加大对公益性、互助性、服务性、专业性基层老年社会组织的支持力度，“十四五”期末实现城乡社区基层老年协会覆盖率达到 90%以上；要求支持老年社会组织参加或承办政府有关人才培养、项目开发、课题研究、咨询服务等活动；规划还要求完善老龄事业法规政策体系，完善老年人权益保障配套法规，研究建立老年人监护制度，提出健全老年人权益保障机制。

8. 发展方向八：强力保障

好的规划的重要标志是能否保障落地变现。规划紧跟时代发展，提出充分利用现代互联网技术，着力推动各有关部门涉及老年人的人口、保障、服务、信用、财产等基础信息分类分级互联共享，搭建全国互联、上下贯通的老龄工作信息化平台，建立基于大数据的可信统计分析决策机制，这是老龄事业的大动作，也是应对人口老龄化的综合性平台，有利于政府、企业、社会三大部门协同应对老龄化风险；高度重视构建财政资金、社会资本、慈善基金等多元结合的投入机制；特别关切实施人才培养工程，实施养老护理人员培养培训计划，重视专业教育体系建设，要求建立以品德、能力和业绩为导向的职称评价和技能等级评价制度，推动各地保障和逐步提高养老服务从业人员薪酬待遇；规划高度重视加强基层工作，要求进一步完善老龄工作机制，提出探索建立工会、共青团、妇联、残联等群团组织参与老年人管理服务的常态化机制和制度化渠道；规划还提出加强科学研究和调查统计工作，要求完善老龄科学学科体系，设立一批老龄科学理论研究基地、老龄产业实践研究基地、老龄政策创制试点基地，组建高层次老龄问题智库，加强国家人口老龄化中长期应对策略研究；规划要求积极参与全球及地区老龄问题治理，加强与联合国有关机构、国际涉老组织和有关国家的交流与合作，推动中国老龄事业发展与落实 2030 年可持续发展议程相关目标有机对接；规划最重要的一个亮点是把老龄工作纳入党的统一领导，强调强化各级政府落实规划的主体责任，将本规划主要任务指标纳入政府工作议事日程和目标责任考核内容。

总体看，在“十三五”规划基础上，“十四五”老龄事业和养老体系建设规划更上一层楼，它的实施对于保障和改善民生，增强老年人参与感、获得感和幸福感，实现全面建成小康社会奋斗目标具有重要战略意义，也值得我们期待，更值得我们去努力奋斗。我们相信，我们离实现全体人民人人拥有幸福晚年生活的中国梦的宏伟目标更近!

思考题

1. 简述老年就业公共服务的概念。
2. 老年就业公共服务包含的内容有哪些？
3. 老年就业公共服务的运行机制包括哪些？
4. 老年就业公共服务的优化策略有哪些？
5. 对比日韩老年人的就业政策，中国的老年人就业政策应该汲取他们的哪些做法？

第八章阅读材料

第九章

老年公共服务发展趋势及展望

本章要点

1. 掌握：改革开放后我国老年公共服务的发展路径。

2. 熟悉：新时代背景下老年公共服务体系的发展状况。

3. 了解：我国老年公共服务体系的发展趋势；智慧养老产业的发展前景。

本章课程思政目标

通过学习“改革开放以来我国老年公共服务的发展路径”一节，让学生了解改革开放后国家在老年公共服务方面取得的成就，激发学生的民族自豪感；通过学习“新时代背景下老年公共服务体系的发展状况”一节，让学生了解老年公共服务方面存在的问题和不足，激发学生努力学习，使学生树立为国家和人民奋斗终生的共产主义理想；通过学习“大数据背景下老年公共服务体系的发展趋势”一节，让学生认识到党和国家在老年公共服务方面的主导地位和作用。

导入案例

为积极应对人口老龄化挑战，进一步加强养老保障工作，提高老年人抵御风险能力，2014 年 5 月，广东省民政厅、广东省老龄工作办公室联合中国人寿广东省分公司在全省开展老年人意外伤害综合保险，简称“银龄安康行动”。2016 年，广东省“银龄安康行动”参保人数（不含深圳市）超过 637 万人，覆盖率达 53%，保费超过 2.5 亿元，保障金额 1 062 亿元，覆盖率和保费规模位居全国第一。全省发生意外理赔案件 6 万多起，赔付金额超 1 亿元，有效提高了老年人抵御风险能力。

对此，广东省人民政府采取以下措施应对人口老龄化，服务老年人群。① 通过制度设计创新，助力社会公共服务均等化；② 通过保障功能创新，形成三大亮点弥补保障空白；③ 通过合作模式创新，构筑三大平台推动银龄事业发展；④ 通过统筹规划创新，强化“四个一、七步骤、五到位”落地；⑤ 通过服务方式创新，共塑为老服务的民生公益工程。通过以上措施，“银龄安康行动”的成功实施，对广东省健全养老保障体系、提高老年人抗风险能力、减轻老年人家庭负担、促进保险服务业发展起到了积极作用，也显著提升了老龄工作的社会关注度。

实践证明，实施“银龄安康行动”符合党和国家的战略部署，符合加强改善民生的要求，符合新时期老年人的多样化需求，是创新老年人优待工作的一项具体行动。

第一节 改革开放以来我国老年公共服务的发展路径

改革开放以来，我国社会日益呈现出多元化、个性化、异质化、去中心化、便捷化等特征，人口的年龄结构也发生了巨大变化，社会老年群体对公共服务的多样需求进入高速增长时期。为了满足老年群体需求，要发展经济、稳定社会运行。随着外部环境的变化，老年公共服务模式也不断进行着调整。基于老年公共服务主体和国家政策演变的关系，在形式上以时间维度为依据、内容上以政府政策演变为主线，大致可以分为三种模式。

一、“家庭为主、政府有限”服务模式的老年公共服务

20 世纪 90 年代以前，中国老年公共服务以及老年公共产品的供给受中国传统养老文化影响，家庭一直处于老年服务的核心地位，这一时期的老年服务主要体现为“家庭为主、政府有限”的服务模式，这与当时社会生产力发展水平相对较低相适应。这种服务模式主要体现在血缘和地缘两方面。家庭成员对上一代老年人提供衣、食、住、行及养老送终等一系列生活安排的伦理行为模式，这种服务模式有着深厚的经济、文

化和社会基础。同时，基于儒家“孝道”为核心的伦理文化的影响，老年人大多也愿意依赖自己的子女，不愿意接受或难以接受其他养老方式，如社会养老。尤其是农村地区，因观念守旧、思想固化保守，一时难以接受离开自己“栖息地”，更多愿意选择“落叶归根”。从新中国成立伊始到改革开放初期，国家百废待兴，政府、社会参与老年公共服务的能力有限。政府由于其自身的能力制约，政府职能转变较慢，一时间难以寻觅到有效的养老服务供给良方，导致其老年服务功能“不到位”，而经济发展水平较低、社会发展缓慢等因素扼制了社会组织的发展，也进一步阻碍了中国老年公共服务新机制的形成。比如《中华人民共和国老年人权益保障法》明确强调，我国老年人养老主要以居家养老为主，子女及其家庭成员必须给予老年人精神和物质方面的有效照料，对于经济困难、生活不能自理的老年人应该由当地政府给予救助或补贴。因当时社会状况下，养老保障制度主要覆盖的对象是机关事业单位退休人员和国有企业退休工人。与此同时，国家在老年公共服务和公共产品的供给上主要集中在提供企业退休人员保障、“三无”老人救助、农村“五保”老人救助等有限职能上。

进入 20 世纪 90 年代，中国经济进入高速发展阶段，传统计划经济时期的经济结构和管理方式不能适应社会、经济发展，改革原来陈旧的产业结构成为当务之急，政治改革也迫在眉睫。在改革开放前期，政治建设较为落后，国民经济发展水平不高，社会管理功能与内容还未革新，社会管理制度开始起步，城乡社会保障刚刚开始发展。政府并未完全提供基本服务，只是简单地履行财政职责，家庭提供并承担着老年需求的基本服务，以小农经济为基础的“家庭为主、政府有限”的服务模式适应当时社会发展需求。其实，早在 1993 年《关于加快发展社区服务业的意见》中就强调，社区部门应当为本社区老年人提供社会福利服务。但囿于社会状况以及公民社会服务意识不强，在 2000 年之前，中国老年公共服务供给主体发展备受限制。这种现状固化了家庭的老年服务功能，使家庭成为 20 世纪 90 年代以前老年服务提供的主体，同时也造成家庭养老负担。

由此可见，在 20 世纪 90 年代以前，中国老年服务的供给主体主要是家庭，政府仅提供有限的养老服务，被动地承担老年公共服务供给责任，其服务对象主要针对企事业单位退休人员、“五保”人员和“三无”人员提供人道主义救助，而城乡居民、农民、农民工、大学生等并未纳入国家保障体系，这一时期社会组织力量还没有参与到老年公共服务之中。

二、社区化与社会化模式的老年公共服务

世界范围内的新公共管理浪潮兴起，主张通过私人部门的商业化手段解决公共部门存在的官僚制问题成为世界各国政府的共识。中国政府对于社会组织自身努力发展也秉持一种认可和理解的态度，发展社会组织参与老年公共服务符合中国政府的“小政府，大社会”政策构想。与此同时，伴随着中国社会主义市场经济体制的建立，传统计划经济时代的单一福利供给主体机制难以满足社会需求，以家庭为主体、政府职

能有限的老年服务模式难以支撑社会经济发展需要，这就要求政府转变职能，积极发挥政府应有作用，创建新的老年公共服务模式。

在传统计划经济时期，原来以国有企业单位为主的供给机制和以家庭为主的福利供给存在着诸多问题。离退休人员过高的社会福利与生活保障，迫使国家各级财政支付高额的退休金。中国统计年鉴数据显示，国有单位退休人员退休金额从 1995 年的 807.8 亿元，增长到 1998 年的 1 400.5 亿元。国有企业退休员工过高的退休金及相关保险福利费对国有企业的转型和社会的发展带来了巨大的挑战。同时，随着国家经济的发展，社会结构由传统的农业社会向工业社会转变，使得我国家庭老年服务功能逐渐弱化。此外，长期以来的“单位人”以其独特的社会身份获得较高的社会福利和保障，这种高福利、高保障随着我国民主进程的推进以及公民意识的兴起，引起社会普遍不满。这种“社会福利不公”现象也逐渐成为制约中国社会发展的一大弊端。与此同时，长期坚持的计划生育政策导致家庭老年服务功能的弱化开始凸显出来，4－2－1 式的家庭结构已无法承受老年服务的需求之重，唯有社会力量的参与才能有效缓解中国人口老龄化带来的沉重负担。经济体制改革的深入推进，使非政府组织成为老年公共服务的新焦点。因为政府在公共事务处理中，难以做到“事事俱全，面面俱到”。社会问题复杂烦琐，单独依靠政府难以有效解决，而非政府组织的灵活性以及多样性正好能够弥补政府的不足，满足社会需求，老年公共服务领域同样如此。再者，改革开放的深入推进，为非政府组织的发展提供了良好的经济基础和社会条件。政府职能的中心也开始由政治领域、经济领域向社会管理领域转移，面对人民群众日益复杂的服务需求，政府只有还权于社会，建立起灵活的社会利益协调机制以及培养能够满足复杂利益需求的社会组织体系，才能适应社会发展需要。因此，老年公共服务社会化、社区化模式作为一种新兴的公共服务模式和重要的组织制度创新形式，既是社会发展到一定阶段的产物，也是实现政府和市场之间和谐发展的基本需要。

2000 年，11 个部委联合发布的《关于加快实现社会福利社会化意见》明确了中国社会福利社会化的基本概念，并强调中国已经进入老龄社会，老年人口基数大，增长快，特别是随着家庭小型化的发展，老年人的服务需求迅速增长，必须广泛动员和依靠社会力量，大力推进老年公共服务社会化；主张依靠政府支持，发挥政府政策主导作用，吸引公共企业、慈善组织、社会团体、社区等服务供给主体参与到老年公共服务供给中。同年，《中共中央　国务院关于加强老龄工作的决定》中明确指出，要坚持家庭老年服务与社会老年公共服务相结合的原则，逐步建立国家、社会、家庭和个人相结合的老年公共服务保障机制，确保老年人生活、医疗、心理、教育、文化等方面的基本需求。2001 年，民政部推广实施“社区老年福利服务星光计划”方案，在各级民政部门带领下，针对在农村和城市的乡镇敬老院和城市社区进行改造，以满足老年人基本生活需求。2005 年，民政部下发《关于支持社会力量兴办社会福利机构的意见》，进一步促进了老年公共服务事业的社会化发展。其中，主张民政部门充分发挥职能作用，制定好相关政策以及社会化发展的优惠政策，进一步落实“社会福利社会化”的基本思想。2008 年，全国老龄委办公室、发展改革委、教育部、民政部等 10 个部门联合下发《关于全面推进居家养老服务工作的意见》，提出居家养老服务是我国发展社区服务，建立老年公共服务体系的一项重要内容，标志着社区在老年公共服务方面发挥应有功能被提上日程。

在这一历史发展阶段，中国老年公共服务对象不断扩大，不再局限于 20 世纪 90 年代的“五保”老人、“三无”老人和国有企业退休职工，而是扩大至全体老年人。老年公共服务供给的主体也由以家庭为核心转变为以政府为主导，多元主体共同参与的格局，国家积极引导市场、社会组织和社区参与到老年公共服务中来，家庭在老年服务中的功能开始弱化，社会福利社会化意识开始形成。

三、多元化与普遍化模式的老年公共服务

在中国经济体制改革不断深化的过程中，“全能政府”的管理理念以及传统计划经济时期的管理方式和管理手段已不能适应社会发展的要求。从公共选择理论和政策分析理论来看，市场解决不好的问题政府也未必能解决得了。政府政策的失败、政府部门公共物品供给的失效、寻租及腐败、内部性扩张等都会导致“政府失灵”，并且“政府失灵”的危害远远大于市场失灵带来的危害。同时，人口老龄化问题成为困扰世界各国的世界性难题，世界各国为解决人口老龄化纷纷主张合作化治理，通过全球化合作、国际合作来成功解决这一世界性难题。为此，学者们纷纷主张合作网络化治理。如奥斯特罗姆主张多中心治理理论、萨瓦斯的民营化治理、萨拉蒙的第三部门合作治理理论等。国内学者也纷纷主张，新时期的政府部门应该转变官僚制职能，逐步实施政府放权，实现对公共事务管理和公共服务供给的多元化。

进入 21 世纪以来，我国政府开始积极主动地寻求老年公共服务提供主体的多元化和普遍化发展，并先后颁布了一系列针对政府、社会组织、社区、企业等共同参与老年公共服务的相关政策和法规，政府部门在老年公共服务供给中的导向作用和政策引导功能日益凸显。坚持政府主导作用，鼓励社会力量参与，实现多元主体参与老年公共服务供给，实现多元化老年公共服务模式成为我国现阶段老年服务的基本趋势。

进入 21 世纪，中国在经济、政治、社会各方面都得到了有效发展，人民生活水平显著提高。物质生活需求满足之后，精神生活的需求成为人们关注的焦点，人民群众的公共服务需求不断增长，这就要求政府部门适应社会发展要求，实时转变职能，实现政府的改革与治理，创建一个高效、廉洁、放权的政府；要求政府的改革应立足于多元化的供给主体，并使官僚制中的权力回归社区。如奥斯本和盖布勒在《改革政府》一书中所说，解决服务供给问题应该实现政府的授权功能，实现对社区内的相关服务专业化指导。

2009 年 8 月 27 日，中国全国人民代表大会常务委员会第十次会议修订《中华人民共和国老年人权益保障法》，强调了社区参与老年公共服务的功能。《中华人民共和国老年人权益保障法》明确提出，以社区为依托，加快中国老年公共服务事业的社会

化发展，强调重视家庭作用，要发挥居家养老和以社区为依托进行福利供给。《中华人民共和国老年人权益保障法》重新确立了社区在老年公共服务供给中的地位，坚持在重视家庭的养老功能下，要求在社区建立老年服务机构，社区老年服务功能以及供给责任也在不断被强化。同时，该法还积极鼓励社会力量参与老年公共服务，积极谋求政府之外的社会力量参与老年公共产品与服务供给，并对社会化老年服务整体发展规划、指导思想、筹资方式、运行模式、发展方式进行了制度性规定。在此基础上，2017年，国务院印发《关于“十三五”国家老龄事业发展和养老体系建设规划的通知》，从整体上对中国老年服务发展做了详细的统筹和规划，明确确立以居家为基础、以社区为依托、以机构为补充、医养相结合的多元化与普遍化养老服务体系。这种多元化与普遍化养老服务体系特征具体体现在四个方面：① 在功能定位上，明确指出家庭老年服务、社区老年服务和机构老年服务的定义，并对机构老年服务发展做出了详细的规划与安排，标志着机构老年公共服务供给体制的形成，也标志着中国政府在促进老年公共服务事业发展中从被动参与到主动参与的转变。此外，《国务院关于加快发展养老服务业的若干意见》对新时期中国老年服务的市场参与机制也做出规定，对加强与支持社会力量参与老年公共服务做出规划，明确中国老年服务发展的“社会福利社会化”的指导思想，主动积极谋求与社会力量的结合，提倡和主张市场肩负起老年服务的相关责任。② 在筹资方式上，政府部门利用市场筹资模式，积极拓宽融资渠道、改革运行模式和发展方式，吸引社会力量参与老年公共服务，发挥社会力量的老年服务供给能力。例如，2015年，民政部和国家开发银行发布《关于开发性金融支持社会养老服务体系建设的实施意见》，强调开展社会老年服务业务的组织可以申请银行贷款用以发展老年服务事业。同年，民政部、发展改革委等十部委印发《关于鼓励民间资本参与养老服务业发展的实施意见》，鼓励民间资本有效地参与到老年服务中来，落实优惠的税费政策并保障用地需求。③ 在运行模式上，采用“政府—市场”供给模式，政府向社会购买老年公共服务。2013年和2014年，国务院和财政部分别就购买家庭老年服务、社区老年服务、机构老年服务内容做出详细的规划，明细了中国政府以及社会力量在老年服务供给方面应当履行的基本责任，规定了政府可以通过购买的方式获得社会力量的参与老年服务供给。④ 在发展方式上，受全球信息化的冲击，从国家顶层设计到多元社会参与主体，都竭力主张实现老年服务发展的信息化与数字化。通过互联网、物联网等信息高科技手段实现中国老年服务从传统的人工护理的模式，向高新技术方式的转变。2014年，民政部、发改委联合下发《关于开展养老服务业综合改革试点工作的通知》，通知规定了中国老年公共服务社会化发展的综合试点地区工作章程。同年8月，在全国42个地区开始老年公共服务业综合改革试验。

改革开放以来，中国老年公共服务经历了“家庭为主、国家为辅”“国家、家庭、社会力量初现”“国家、家庭、社会力量加强”等阶段。进入21世纪，老年公共服务形成了政府、家庭、非政府组织、市场等多元主体的供给模式。尽管老年公共服务的多元化与普遍化模式在当前老年公共服务中发挥了重要作用，建构了政府引导、家庭为主、社会力量参与的多元主体合作供给格局，然而，从社会发展趋向上来看，此种模式也存在一些问题，有待进一步健全。

第二节 新时代背景下老年公共服务体系的发展状况

中国进入 21 世纪，社会经济发展进入新阶段，社会主要矛盾也随之发生变化，满足人民对美好生活的需求成为新时代社会改革与发展的根本动力。2000 年，中国步入老龄化社会之后，老年公共服务成为政府工作的重中之重，老年人公共服务需求日趋多样化。现阶段，随着国家社会保障制度的不断推广，保障力度的不断加大，不仅要更好地满足老年人的物质生活需要，还要满足精神生活需要。由于老年人生活环境各不相同，家庭情况各异，老年人在公共服务的具体需求上差异性也较大，要使老年人的多种需求得到满足，农村社区也必须向老年人提供多元化、多方位的公共产品，这就对社区乃至基层政府的工作提出了更高的要求，才能更好地满足农村社区老年人的需求。

一、以“美好生活”“美好社会”为核心的老年公共服务目标

党的十九大报告提出中国已经进入社会主义新时代，做出了社会主要矛盾已经发生转化的重要判断。这深刻地反映了我国社会发展的进步和发展阶段的提高，也决定了国家的全局和长远发展，对我国社会保障体系建设具有深远的意义，而老年公共服务是社会保障体系的重要内容和重要环节。

改革开放以来，中国的经济发展取得了举世瞩目的成就，被誉为“中国奇迹”。在老年公共服务方面，中国在市场经济体制转型过程中，在经济上获得持续快速增长的同时，仅用四十多年基本完成了以温饱和小康生活为核心的老年公共服务建构。进入 21 世纪，尤其是党的十九大以后，社会发展的目标由原来的温饱、小康提升为富裕，社会结构发展的形式开始转向逐步建设富裕型社会。党的十九大报告指出，随着中国特色社会主义进入到新时代，中国社会主要矛盾已经转化为人民日益增长的美好生活需要和不平衡不充分的发展之间的矛盾。中国共产党人的初心和使命，就是为中国人民谋幸福，为中华民族谋复兴。保障人民当家作主，过上好日子，共同建设一个美好的家园是我党对全国人民作出的庄严承诺。实现老年人的“美好生活”梦想成为新时期老年公共服务新目标，要求老年公共服务一方面包含了温饱和小康阶段所面对的问题和采取的措施，还要能够跳出原有的发展格局和路径；另一方面必须基于温饱和小康阶段所具有的老年服务发展动能，反思传统发展的限制，寻找新动能和新手段，以谋求未来中国老年公共服务发展的全局性突破。

1. 实现新时代老年公共服务发展战略的全面性，既要继续提升中国老年公共服务领域的再分配性，又要全面增强中国老年公共服务的投资性

（1）在实现经济发展和民生改善良性循环的条件下，增加老年公共服务的福利项目，不断提高老年公共服务水平，实现老年人的福祉。长期以来，中国坚持“高增长，低保障”的发展思路，没有理清经济增长与社会保障之间的相互关系，在经济优先增长战略下习惯将老年公共服务看成是经济发展的成本、看成是经济增长的负担。目前，中国已进入中上等收入国家行列，老年公共服务发展战略现代化的定位和选择就显得尤为重要，应当从“先增长，后福利”改变为实现经济发展和民生改善良性循环下探索“美好生活”的可持续发展道路。针对目前中国老年公共服务体系结构的缺陷进行分析，提升中国老年公共服务领域的再分配性，扩大老年人的社会福利项目，并增加面向老年人的社会福利项目，积极地回应人民群众对“美好生活”的需要；不断地提高面向老年人的社会保障、社会救助水平，实现中国老年公共服务制度的结构性升级，使其成为推动社会整体发展的有效系统。

（2）实施面向老年人社会保障的国民待遇改革，全面提高社会保障的全老年人共享水平。首先，要下决心实施国民基础年金制度改革，从根本上解决社会养老保险的“碎片化”问题。构建普惠、公平的国民基础年金制度作为我国社会养老保险制度改革的关键，打通机关事业单位退休养老制度、企业职工基本养老保险制度和城乡居民基本养老保险制度分设的“碎片化”格局，实现各类养老保险制度在国民基础年金制度上的统一和统筹，体现普惠公平和政府的有限责任。要确立社会养老保险制度的多层构造，针对几种不同的人群和职业推行各类职业年金制度，大力发展商业养老保险。进一步对个人账户与统筹账户进行剥离，将统筹账户转化为现收现付的国民基础年金，实行全国统筹。将目前基本养老保险个人账户纳入职业年金账户，推动职业年金制度的实行。其次，通过国民健康保险制度改革使老年人医疗保险待遇获得统一，以达到“有医无类”。实现老年人享受的医疗保险待遇统一和服务水平一致，充分体现社会医疗保险的公平性。推动社会保障国民待遇的改革就要面对我国社会保障“碎片化”和“打补丁”的现实问题，从根本上解决老年群体共享水平不能提高这一发展障碍。因此，只有实施社会保障的国民待遇改革，才能为中国“美好生活”发展奠定坚实的基础。

（3）全面加强对中国老年公共服务的投资。“美好社会”持续活力和持续发展来自资金投入。无论经济发展背景如何变化，都应优先考虑与老年公共服务相关的投资政策，要直接以提高家中有老年人的中低收入者的人力资本来设计整体的“美好社会”的政策取向。政府需要制定各种有关保障老年人及其家庭收入的法律和社会服务政策，包括现金帮助、工作福利、家庭服务等法律，帮助有老年人的家庭能够满足老年人的基本物质需要。

2. 实现新时代中国老年公共服务发展路径的多元性，既要不断完善社会保障体系建设，又要积极推动“社会服务国家”建设

近四十年来，为了配合社会主义市场经济体制，我国建立了较为完整的社会保障体系，并在社会保障体系中确立了老年公共服务的主干地位。但是，我国在社会保障体系长期实施过程中，却形成了“重现金给付、轻社会服务”的问题。与此相比，在发达国家，出现了老年公共服务社会化的趋势，不断把社会资源投入老年服务领域，已经从原来维持收入转向提供总体服务。其中赋能型的老年服务得到重视，使老年人群减少对国家福利的“硬依赖”，推动老年人依靠自身力量来提升保障能力和水平，全面提高对老年人的社会保障水平和效果，老年公共服务社会化成为发达国家提升老年人福祉的主要手段。发达国家的这些做法为我们提供了有益的参考和借鉴。针对我国社会保障中存在现金给付刚性上涨压力的问题，一方面，可以通过直接对老年人提供服务以减轻社会保障现金给付的压力，起到对现金给付的替代作用；另一方面，对其中有需要的老年人提供基本的、无差异性的社会服务，以减缓因老年公共服务制度“碎片化”所导致的分配差距扩大的问题，以提高老年人社会保障的再分配水平。因此，应当积极筹划并建立以老年服务为主线的“社会服务国家”计划，通过增加老年社会服务项目，提高老年社会服务质量，探索“社会服务＋现金给付”的新型给付结构，发挥老年服务和现金给付组合的优势，实现“美好社会”。

3. 实现新时代老年公共服务发展动能的可持续性，既要确立新的多元共责原则，又要倡导新型福利文化观

在“美好社会”中，老年公共服务体系通过多元分责的制度改革，不断调整政府、社会与家庭三者之间的责任关系，在家庭责任和社会责任相结合的基础上，确立以“美好生活”为核心的社会发展目标，从而激发家庭和社会的活力，形成新时代老年服务发展的新动能，实现公正平等的治理目标。

从长远的可持续发展来看，老年公共服务应当与中国传统文化相结合，以形成独具特色的中国老年服务文化。将老年服务放在整个中国社会文化转型的大背景之中，结合中国人特有的生命观、家庭观、疾病观、贫富观、财富观等，从“美好生活”的发展取向出发，建构适合中国社会自身特点的老年服务体系，从文化伦理、文化认同来促进家庭责任为先，用文化伦理、文化认同来维护、巩固新的多元共责原则，从而走向引领包容发展的“东方老年服务”模式。

二、“政府负责、市场负担、社会参与”的老年公共服务架构

随着经济社会的快速发展和人民生活水平的大幅提高，人们的利益诉求日益广泛多元，老年公共服务需求也呈现出广泛性、多样性、异质性的趋势，单纯依靠政府或市场主体供给公共服务，已然无法有效地契合民众日益增长的公共服务需求。这就决定了老年公共服务不仅需要政府、市场和社会的协同合作，而且这种多元主体协同合

作已然被视为紧迫复杂的社会问题解决之道。如何有效打破政府或市场一元化的老年公共服务模式，建立“政府负责、市场负担、社会参与”的老年公共服务架构，提升老年公共产品和服务供给绩效、增进民生福祉，就成为值得探索的课题。

从国家对内职能来看，老年基本公共服务应由政府承担，非基本公共服务可由市场和社会来运作，因此要处理好政府的主导作用、市场的资源配置作用和社会的补充作用三者之间的关系。在市场对资源优化配置发挥决定性作用的同时，充分发挥政府、社会在老年公共服务中的作用，努力形成政府、市场和社会三方协同互动的有效合作机制。

政府作为老年公共服务体系的组织者、管理者，其主要责任在于负责组织、监管老年服务产品的投资、生产、供给，制定保持老年公共服务体系正常运转的政策、法规，为保障老年服务和产品生产供给提供一个良好的制度环境。政府还要运用公共权力制定和实施老年公共服务的规则与标准，以实现对市场自发性和盲目性的规约，确保老年公共服务提高效率、保证公平。其次，在老年公共服务建设的投资上，政府是当然的投资主体。老年公共服务是关系到整体国民素质提高、国家软实力增强的利国利民的公益性事业，因此，在确立中央和地方各级政府对老年公共服务体系主体投入的同时，在某些老年服务设施等具体产品投资供给上，原则上凡是国家没有明文禁止和限制的老年公共服务领域，应允许和鼓励非公有制资本进入。再次，在老年公共服务和产品生产供给方面，政府与市场可以相互合作、优势互补。二者不是单纯的管理与被管理的关系，其合作方式主要有委托生产、合同外包、特许经营等。这三种生产供给合作方式是充分发挥政府与市场各自优势，确保老年公共服务公益性与效率性的有效手段。

老年公共服务是以政府为核心的公共部门以公共资源为依托，为一国老年群体提供的基本服务。政府老年公共服务供给单一中心模式是基于社会稳定与公正机制做出的制度性安排。这种基于社会公平正义基础上的公共服务供给由于成本考量的缺失和竞争机制的乏力，显露出其低效性的一面。为了克服政府在老年公共服务中的无效现象，出现老年公共服务的市场化倾向，其本质上是一种政府创造市场或依赖市场模式履行其职能的现实性抉择。

社会作为政府、市场的补充和平衡力量，在政府和市场都无法有效提供老年公共产品和服务方面，能够根据多样化的、快速变化的社会需求做出及时的反应，满足老年人多样化的社会需求。因此，老年公共服务建设也需要动员鼓励社会力量参与，充分发挥社会的积极作用。对此，政府应树立“官民合作共治”的治理理念，积极培育民间组织，并扶持其发展，使其有机会承担起老年公共服务的相关责任。同时，政府部门应主动寻求与社会组织在老年公共服务建设方面的合作，形成“优势互补、相得益彰”的发展格局，以弥补政府在老年公共服务管理职能方面的某些不足之处，寻求政府、市场、社会三者的优势互补、良性互动。

三、以老年需求为导向的“一主多元”老年公共服务供给模式

我国虽然改革开放四十多年了，经济建设飞速发展，城市化进程不断加快，城市人口在不断增加，但老龄化社会的状态已经形成。这决定了中国老年公共服务的核心和重点是满足老年群体需求，老年公共服务问题解决好了，就有利于中国社会的发展和稳定，这也是我们实现美好生活和建设美好社会十分必要且有效的途径。

在计划经济时期，我国老年公共服务主要由政府提供，供给渠道是垂直的和单向度的，供给方式具有非市场性和排他性。改革开放后，随着各种新型经济组织和社会组织的不断涌现，老年公共服务供给主体逐渐多元化，出现了“多中心治理”制度安排。多元意味着规则制定和规则执行权由多个管辖单位共同实施，多元模式有利于动员私人部门或非政府组织共同提供老年公共服务。这不仅可以缓解政府资金的不足，提高老年服务的效率，而且还可以调动社会公众参与热情，从而减少政府部门在老年服务中的寻租行为以及降低政府官员“不作为”的道德成本。在一些老年公共产品生产和服务上，多元化主体参与能够有效引入竞争机制，打破政府的垄断地位，弥补政府单中心供给模式的缺陷和不足，可以让老年人在享用产品和服务时拥有更多更好的选择机会，为老年人提供最好的品质服务。不过，老年公共服务供给的多元模式不是简单的公共服务市场化，它强调的是以老年需求为目标导向原则下的灵活性，市场只是配置资源的手段。具体来说，老年公共服务供给的多元模式是以老年人为对象实施的共有、共治、共享服务，公共性是其核心衡量标准。因此，老年公共服务的“一主多元”模式不是简单的分工和竞争，是根据其公共属性和政治属性要求，在强调不同主体联合的同时突出政府在公共服务中的主导地位而构建的一种新模式。换言之，“一主多元”模式是在“改进效率前提下更好地实现公平，并不意味着政府对传统价值观的放弃”。①

“一主多元”老年公共服务模式要求政府的职能、权力、规模、行为都受法律的明确限制和社会广泛监督。政府不能包揽所有的老年公共服务，应该自觉地从繁杂的日常事务和直接参与的经济活动中退出，专门履行调控经济、监管市场、提供公共服务和弥补市场失灵等职能。同时，还要求政府转变管理职能，改变以往大包大揽的做法，主动从老年公共服务的“直接提供者”“生产者”转变为“合作者”“促进者”，自觉维护社会公平和社会秩序。政府在老年公共服务中的供给责任仅仅限定在下列方面：第一，政府的职能应该集中在“掌舵”，而不是“划桨”，政府不能亲自生产老年公共产品和服务，应该充分发挥市场和民间社会的力量，采用合同招租形式把一些老年公共服务项目转给私人部门或第三部门，从而使有限的公共资源及公共投入产生最大的收益。第二，政府选择最有必要的老年公共服务，如在维护有关老年群体的社会公共秩序与公共安全、维护经济秩序和市场秩序、建立社会保障与救济体系、扶助老年弱势

① 崔义中，刘静波. 公共服务的多主体供给[J]. 生产力研究，2007（5）.

群体，以及提供老年公共设施和公共事业等方面为社会提供老年公共产品和服务。政府向社会提供的应该是能够满足老年需求的基本公共服务。各级政府要明确自己的职能定位，纠正政府职能在老年公共服务中的“缺位”“错位”与“越位”，将主要精力用于老年公共产品与服务供给的重点或薄弱环节上：市场能干的，政府一般不要干；市场能干的，但一时又干不好的，或者可能干坏的，政府要干；市场不能干的，政府一定要干。

第三节 大数据背景下老年公共服务体系的发展趋势

自进入 21 世纪以来，人口老龄化问题便成为我国社会发展最大的心病，最近几年愈加严重。第七次人口普查数据显示，60 岁以上人口达到 2.64 亿人，占 18.7%，与 2010 年相比，上升 5.44 个百分点。2020 年，80 岁及以上人口有 3 580 万人，占总人口的比重为 2.54%，比 2010 年增加 1 485 万人，比重提高了 0.98 个百分点。按目前的情况推算，中国人口老龄化将在 2050 年达到峰值：65 岁以上的人口占比高达 27.9%，接近 1/3（见图 9-1）。养老问题成为亟待解决的社会问题。当今社会是快速交互信息的互联网时代，中国当代家庭结构发生了很大变化，子女生活压力大、节奏快，子女与父母同住的情况越来越少，能够无微不至地给予父母贴心照顾已然不切实际，传统的以家庭为主的老年服务模式显然已不能适应当前老龄化社会现状。2015 年，国务院印发《关于积极推进“互联网+”行动的指导意见》，明确提出要“促进智慧健康老年服务产业发展”，首次正式提出了“智慧养老”的概念，自此，智慧养老便成为中国解决老年公共服务问题最主要、最科学的途径和方式。

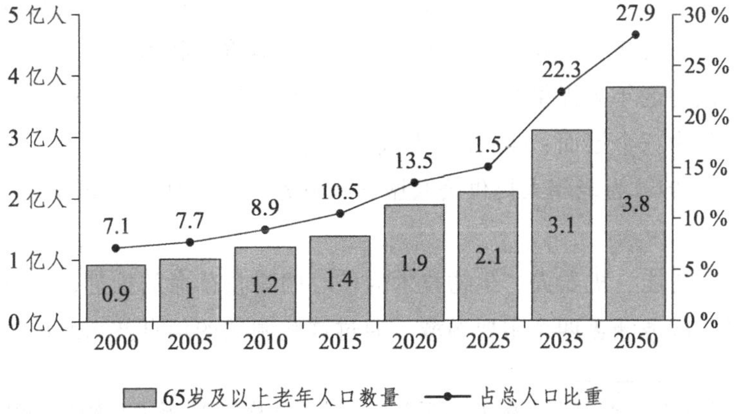

图 9-1 中国老龄人口数量变化及趋势测算

一、智能化老年公共服务

《中国发展报告 2020：中国人口老龄化的发展趋势和政策》指出，预计到 2022 年，中国社会将转变为老龄社会，65 岁以上的老龄人口将占总人口的 14%[①]。中国现行的“9073”老年服务模式，即 90%的老年人通过居家接受服务，7%的老年人通过社区接受服务，3%的老年人通过养老机构接受服务。这种老年服务结构模式尽管能够被老年人及家庭成员接受，然而，由于家庭结构变化，空巢老人、失能老人等比例增加，使得传统的服务模式很难适应现代老年人的生活需求。随着新兴技术的发展，如何利用互联网、大数据技术和人工智能来推动老年公共服务事业发展成为亟待解决的问题，我国“十四五”规划和“2035 年远景目标纲要”提出了医养康养相结合、居家社区机构相协调的智能化老年服务模式。

人工智能是研究、开发用于模拟、延伸和扩展人的智能的理论、方法、技术及应用系统的一门新的技术科学，它涉及图像、语音识别、机器学习、深度学习、自然语言处理等领域。将人工智能的技术属性和社会属性进行融合，并将其应用于教育、医疗、养老等各个领域，可以全面改善人们的生活质量。人工智能推动各领域向智能化加速发展，这也给老年服务行业带来了机遇。利用人工智能技术，以社区老年智慧服务模式的目标为导向，构建能够满足老年人基本需求的服务模型，对中国智能化老年服务有深远的影响。

智能化老年公共服务的理念最早由英国生命信托基金提出，也被称为全智能老年系统，即利用先进的互联网、云计算等新一代信息技术手段，构建面向家庭养老、社区居家养老和机构养老的物联网系统与信息平台，整合政府、社会及社区家庭的资源，为养老提供更便捷、高效、灵活的公共管理服务模式。2010 年，IBM 公司在纽约提出建设“智慧城市”的愿景，希望为世界城市发展贡献力量。在此背景下，智能化老年公共服务逐渐形成，它是以信息技术为支撑，借助互联网、物联网、大数据等技术搭建信息平台，联动家庭、社区、市场等多方资源，实现老年人多方面基本服务的一种智能化、专业化、现代化的新型老年服务模式。其本质是利用现代信息技术，结合居家养老的适用性为老年人提供个性化和精细化公共服务的模式。对智能化老年公共服务的理解可以分为三个层面：① 作用方式：基于新一代信息技术；② 作用主体：老年人；③ 作用内容：为老年人提供公共服务，服务主要包括照料服务、医疗服务、精神慰藉等。

随着以人工智能、机器人、生物技术为核心的科技革命的推进，以科技融合为基础的智能化老年服务涵盖四个主要领域，通过这些领域的信息技术改进将显著提高老

① 中国发展研究基金会. 中国发展报告 2020：中国人口老龄化的发展趋势和政策[EB/OL]. [2020-06-19]. https://www.cdrf.org.cn/jjhdt/5450.htm.

年人群体的生活质量。这四个领域包括：① 居住环境。利用现代科学技术为老年人提供满足基本需求、独立和安全的居住场所，进行住房电子信息化改造，充分体现居住适宜性。② 心理健康领域。利用现代科学技术改善老年人心理健康，减少慢性身体疾病的风险，并促进长寿。③ 社会联结领域。通过信息通信技术将老年人与远距离的亲戚、朋友或特定的共同兴趣群体联系起来，便于交流信息，实现如医疗、休闲、学习、社会服务、工作等方面的互动。④ 身体机能领域。当个人处于初老阶段时，利用现代智能辅助技术，让其更充分地参与社会活动或贡献自身价值和力量，获得较强的社会参与感；当个人处于高龄阶段时，利用现代智能辅助技术，满足老年人的保健需要，包括对慢性病的管理和日常生活活动的协助等（见图 9-2）。

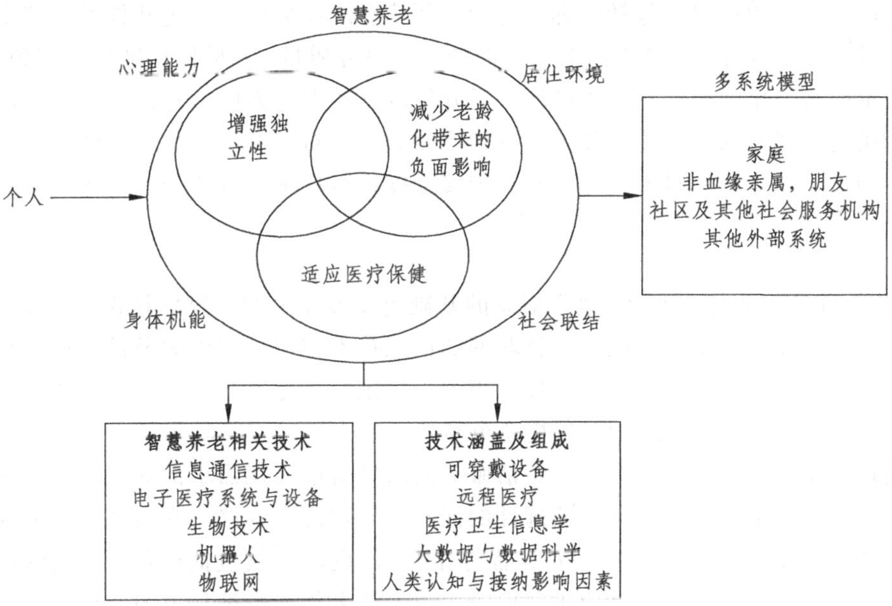

图 9-2　基于多系统互动的智慧养老分析模型

在新型的老龄化社会中，老年人通过智能技术作为媒介，与社会进行更深层次的联结，形成多系统互动模型，致力于构建一个整体框架，使智能化老年服务的发展变得更具目标性、更明晰：第 1 级是家庭系统，老年人可能与成年子女或直系亲属生活在一起，成年子女通过智能化老年服务辅助技术承担照顾老年人的主要责任；第 2 级是非血缘亲属或朋友系统，对不再与血亲直接接触的老年人尤其重要，可加强他们之间的联结；第 3 级是社区及其他社会服务，通过智能化服务平台可进一步加强老年人同这些机构部门的联系与沟通；第 4 级是其他外部系统，可能包括住宅护理设施、医疗服务提供者或行政管理机构等。该模型基于复杂数据，利用组织、计划和优先干预

① 童峰．多系统互动智慧养老服务体系的构建与应用对策[J]．南通大学学报（社会科学版），2021（2）．

等理论和概念，通过智能化老年服务技术，可将老年人与其家庭、医院等部门联结在一起，为老年人的起居生活提供技术辅助，满足老年人的基本需求以及解决老年人的照料问题。

如图 9-2 所示，智能化老年服务技术主要包含五个具体组成部分：① 信息通信技术：为了支持老年群体更好地进行社会交流和社会联结，如老年群体可以通过信息通信技术联系看护人或医生；② 电子医疗系统和设备：监测家中老年人的健康状况；③ 生物技术：改善生活系统和健康；④ 机器人技术：如使用护理机器人技术帮助老年人更好地生活；⑤ 物联网：连接电子世界和物理世界的高速通道，实现人、机、物的互联。智能化老年服务技术的组成部分包括可穿戴设备、远程医疗、医疗卫生信息学、大数据与数据科学以及人类认知等五个部分。通过可穿戴设备或远程医疗技术，均可收集使用者相关的数据，包括生理、行为、环境和成像数据；通过新技术对健康相关的数据进行搜集与分析，可提高老年人群的医疗服务质量，并提供精准化医疗和护理。目前大量的智能化老年服务技术已被广泛开发以支持老年人的医疗护理保健，但由于技术运用会对现有的生活安排和生产方式产生影响，对现有的社会和生活系统运行也会产生冲击，因此需要对人的因素和认知接受度进行仔细的分析与评估。

二、智慧养老产业的发展现状

“智慧养老”是在“智能养老”概念的基础上发展而来的。智慧养老进一步丰富了智能养老的内涵，从基于互联网、物联网的信息技术应用扩展到服务模式创新和业态融合发展，形成以养老为核心，医疗、康养、休闲、文化等全方位发展的产业集群。同时，“intelligent”到“smart”的概念革新将关注点进一步从技术层面转移到个体层面，助推老年人群体从医疗健康、生活服务需求到价值实现需求的深层变革。在老龄化社会的大背景下，人本主义价值理性的回归对于建设有尊严、有温度、有主观能动性的智慧养老新模式具有深远意义。“智慧养老”的内涵不仅包括适合老年人的科技的发展、老年产品市场开拓等物质生活保障，也关注老年人精神价值的实现，为老年人打造有个性、有尊严和有价值的晚年生活。

2012 年，全国老龄办提出“智能化养老”的理念，鼓励支持开展智慧养老的实践探索。自 2012 年始，全国各地也开始“智能养老”模式的尝试和理论的探讨。如 2013 年，北京召开全国智能化养老专家委员会；同年，上海举办第二届沪台健康城市论坛，分别尝试以智慧养老机构模式为主的“智慧养老”基地和以智慧养老的社区模式为主的“智慧养老社区”运行。全国各地城市的探索都表明了政府和业界已经初步开始推进智慧养老产业的发展。2015 年，国务院印发《关于积极推进“互联网+”行动的指导意见》，明确提出要“促进智慧健康养老产业发展”。2016，国务院办公厅出台《关于全面放开养老服务市场　提升养老服务质量的若干意见》，“智慧养老”在国家政策文件中首次出现。2018 年，工业和信息化部、国家发展改革委联合印发了《扩大和升级信息消费三年行动计划（2018—2020 年）》，指出要提升智能可穿戴设备、智能健康养老、虚拟/增强现实、超高清终端设备产品供给能力，均为智慧养老发展的题中要义。2019 年，国务院办公厅印发的《关于推进养老服务发展的意见》(国办发〔2019〕5 号）指出：要促进人工智能、物联网、云计算、大数据等新一代信息技术和智能硬件等产品在养老服务领域深度应用。在全国建设一批“智慧养老院”，推广物联网和远程智能安防监控技术，实现 24 小时安全自动值守，降低老年人意外风险，改善服务体验。

与智慧养老政策同步发展的是智慧养老的市场发展。智慧养老服务领域形成了包含慢性病管理、居家健康养老、个性化健康管理、互联网健康咨询、生活照护、信息化养老服务等在内的产业格局（见图 9-3）。

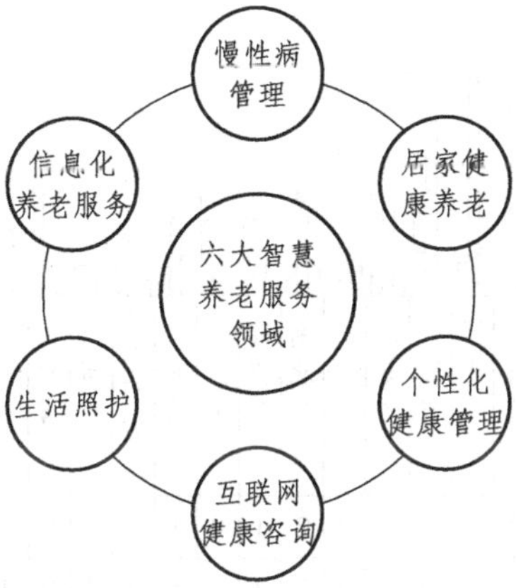

图 9-3　智慧健康养老产业格局（资料来源：智研咨询整理）

2019 年，工业和信息化部、民政部、国家卫生健康委联合印发《工业和信息化部办公厅民政部办公厅国家卫生健康委员会办公厅关于开展第三批智慧健康养老应用试点示范的通知》，内容包括三个方面：支持建设一批示范企业，包括能够提供成熟的智慧健康养老产品、服务、系统平台或整体解决方案的企业；支持建设一批示范街道（乡镇），包括应用多类智慧健康养老产品，利用信息化、智能化等技术手段，为辖区内居民提供智慧健康养老服务的街道或乡镇；支持建设一批示范基地，包括推广智慧健康养老产品和服务、形成产业集聚效应和示范带动作用的地级或县级行政区。截至 2019 年，卫健委累计发布三批智慧健康养老示范基地名单，我国智慧健康养老示范基地总数达到 52 个（见图 9-4、图 9-5）。2020 年 4 月，《工业和信息化部办公厅民政部办公厅国家卫生健康委员会办公厅关于开展第四批智慧健康养老应用试点示范的通知》要求示范企业条件：产品制造企业 2019 年度智慧健康养老相关业务收入不低于 1 000 万元，服务企业、软件企业、系统集成企业等 2019 年度智慧健康养老相关业务收入不低于 800 万元；具有清晰的商业推广模式和盈利模式。示范街道（乡镇）条件：已投入不少于 1 000 万元的资金，建设形成具有特色服务内容、贴近地区发展实际的智慧健康养老服务体系；采用不少于 5 类智慧健康养老产品和 5 类智慧健康养老服务，为不少于 10 000 人提供智慧健康养老服务；具备灵活的服务扩展能力，可为辖区内所有居民提供服务接入。示范基地条件：具备较好的智慧健康养老应用示范条件和产业基础；集聚了一批从事智慧健康养老产品制造和应用服务的骨干企业，并在本区域内开展了应用示范；智慧健康养老产品和服务已经在整个区域内得到规模化应用，已建设或同时申报了至少 3 个智慧健康养老示范街道（乡镇），研制了智慧健康养老服务的基地标准、地方标准或团体标准。

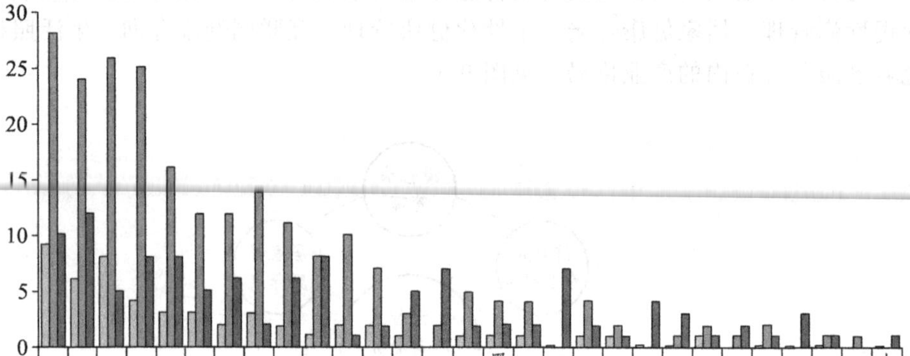

	浙江省	山东省	四川省	上海市	广东省	江宁省	安徽省	河南省	陕西省	江苏省	江西省	湖北省	湖南省	北京市	河北省	黑龙江省	云南省	福建省	甘肃省	新疆	重庆市	内蒙古	山西省	天津市	宁夏	吉林省	贵州省	广西	中央企业
示范基地	9	6	8	4	3	3	2	3	2	1	2	2	1	0	1	1	1	0	1	1	0	0	1	0	0	0	0	0	0
示范乡镇	28	24	26	25	16	12	12	14	11	8	10	7	3	2	5	4	4	0	4	2	0	1	2	1	2	0	1	1	0
示范企业	10	12	5	8	8	5	6	2	6	8	1	2	5	7	2	2	2	7	2	1	4	3	1	2	1	3	1	0	1

图 9-4　截至 2019 年各省市智慧健康养老应用试点示范项目分布（单位：个）

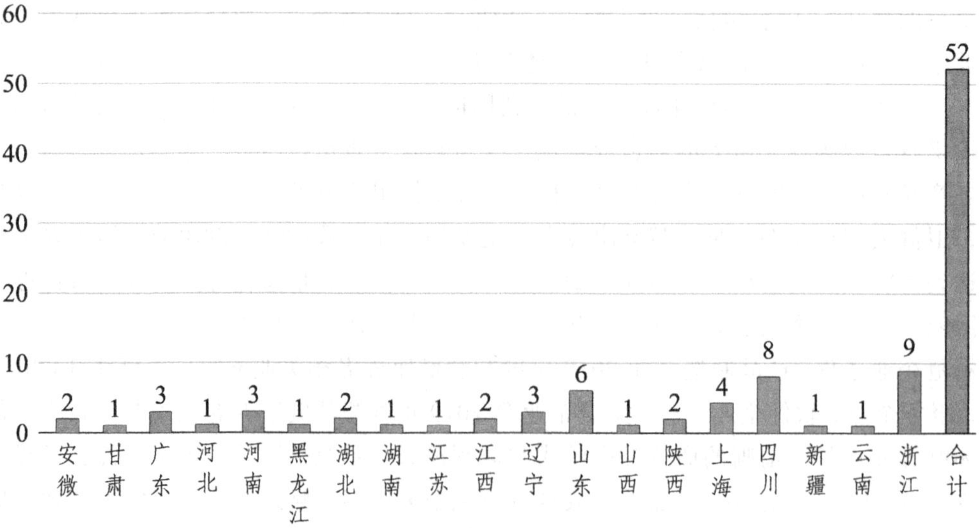

图 9-5　我国智慧健康养老示范基地区域分布格局（单位：个）

（资料来源：工业和信息化部、民政部、国家卫生健康委员会）

智研咨询发布的《2020—2026 年中国智慧养老行业市场调研分析及发展趋势研究报告》显示：近年来在国内信息技术产业与健康养老产业深度融合的促进和支持下，2019 年我国智慧健康养老产业市场规模为 3.22 万亿元（见图 9-6），预计未来 3 年我国智慧健康养老产业复合增长率将高达 30%左右，到 2022 年有望突破 5 万亿元。

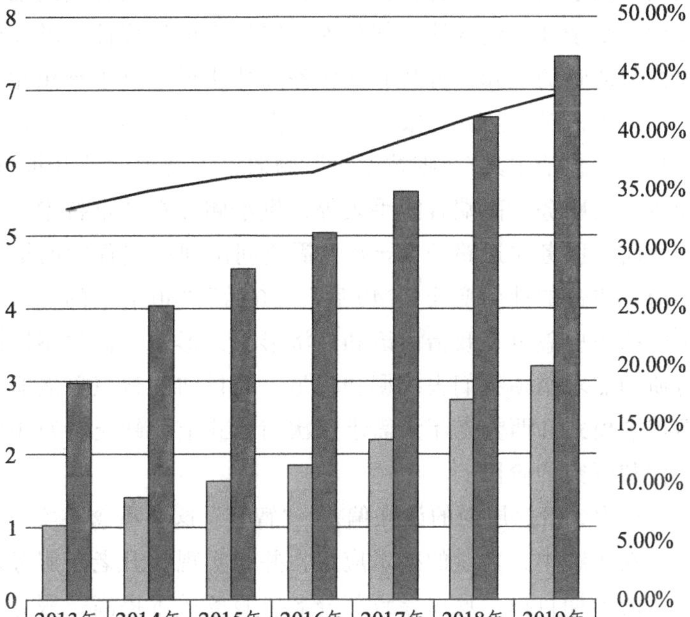

	2013年	2014年	2015年	2016年	2017年	2018年	2019年
智慧养老产业规模：万亿元	1.04	1.41	1.64	1.85	2.19	2.74	3.22
养老产业规模：万亿元	3.1	4.02	4.54	5.04	5.61	6.64	7.45
—— 智慧养老产业规模占比：%	33.55	35.07	36.12	36.71	39.04	41.27	43.22

图 9-6 2013—2019 年中国智慧健康养老产业市场规模及占比情况（资料来源：智研咨询整理）

当下社会需要智慧养老的出现，但并不代表智慧养老这一产业的发展就会一马平川，市场的开拓只是一个行业长久生存下去的因素之一。该产业在我国的发展正处于初级阶段，不足之处诸多，亟须解决，否则市场再广阔也会因为发展中的不足而逐渐被其他产业取代。总的来说，智慧养老产业已经具备了良好发展的条件，社会关注度足够，政府也正对这一产业逐渐加大补助，从传统的养老产业转向智慧养老产业还有一大段路要走，而未来的养老产业模式也未必就全是新型的智慧养老，一定会是一种多层次、多深度的结合型模式。因此，现在所能做的就是填补智慧养老发展中的不足，来展望更长远的未来。

三、智慧化老年公共服务面临的挑战

尽管中国的人口老龄化进程与信息技术的快速发展相同步，政府政策与市场发展为智慧化老年公共服务提供了坚实的基础。然而，以智慧养老为基础的老年公共服务体系尚未成形，智慧养老作为新兴业态仍处于初级探索阶段，其培育和发展仍面临诸多挑战。

1. 认知方面面临的挑战

首先，在智慧养老的效用层面。目前的政策宣传与社会构想过于夸大智慧养老的效用，似乎只要实现智慧养老，养老领域面临的各类问题就迎刃而解，对于养老的多元性、复杂性、流变性、部分人工服务不可替代性、城乡区域差异等方面缺乏充分的关注与清晰的认知，智慧养老服务的功能界定过于理想化和泛化。

其次，对智慧养老服务人群的需求存在认知偏差。目前，国内的智慧养老呈现出明显的“技治主义”“唯技术论”倾向，大规模宣传和推行各类高科技、智能化设备，如机器人服务、高端智能手表等，供给侧存在“重技术、轻需求”现象，缺乏以需求为导向的服务输送路径，导致供需之间出现一定程度的结构性偏差。40 多年来，中国经历了快速的社会变迁，“40 后”“50 后”“60 后”的老年人生命历程中所经历的全然不同的历史叙事、政治话语和经济形态，形塑了截然不同的老年群体，他们所独有的特质和需求亟须我们去挖掘和满足。而目前的智慧养老服务还停留在简单套用西方智慧养老模式和西方老年人需求层次与范式上，缺乏针对中国老年群体的特质与需求的关注和研究的阶段。

再次，概念层面的认知偏差。“智慧”这一概念在实践和理念层面存在张力。一方面，在实践中，大量的技术应用，并未实现提升老年服务水平和效率、降低老年服务成本的预期目标，反而导致部分老年服务成本提高，服务使用率低。另一方面，在理念层面将技术等同于智慧，将主体感受和服务体验放置在“智慧”与否的考量之外。

2. 以行政主导的市场环境挑战

目前，智慧养老由政府主导。养老作为老龄化时代最重要的民生工作之一，政府通过掌控老年服务领域的话语权和行动力，来保障和固化自身的行政权威。然而，权威式的管理路径导致行政力量持续渗入市场组织，致使市场与政府之间的边界模糊甚至混乱，市场难以明晰自身的角色与定位，难以通过市场化逻辑推动智慧养老产业的整体发展，而是形塑了一种行政支配下的“被动回应”发展模式。因此，市场在这种“被动回应式”的发展模式中难以通过竞争机制和价格机制发挥对社会资源的配置作用，也不能通过分工与集聚等方式优化产业结构以满足智慧养老产业发展需要。在统一的行政力量的管理之外，政府多部门之间养老政策的叠加和冲突，成为掣肘市场技术合作和市场拓展的重要原因。大量政策出台，一方面难以得到落实，更多停留在文字与话语层面，尚未实现市场发展空间的拓展与资源提供的增加；另一方面，行业的“政治化色彩”过浓，限制了行业的自由发展，增加了行业发展的行政交往与博弈成本。

同时，市场与政府在智慧养老服务领域存在明显的双重需求阻碍效应。一是需求替代效应，政府养老产品的提供是对市场服务的隐形驱逐，政府所提供的作为准公共产品的养老服务与市场化的养老服务产品之间部分重叠，从而导致政府养老服务对市场养老服务的挤压。二是福利依赖导致整个社会的养老服务消费观念难以形成，即政府过多地提供养老产品与服务导致社会形成对福利的过度依赖，老年人购买服务意识薄弱，甚至将养老服务作为天然的“免费”产品看待。同时，受农业社会的家庭传统养老观念与计划经济时期逐渐形成的“福利化养老”的认识误区影响，中国社会尚未形成“花钱买养老服务”的习惯，抑制了市场型养老服务需求的产生，束缚了养老服务社会化、产业化进程。因此，在养老市场发展被行政力量掣肘之下，亟须抉择中国究竟是以市场化、自由开放的范式推进智慧养老，还是以行政化、限制保守的范式来推进智慧化老年公共服务。更为根本的是，智慧养老未来的发展方向是作为具有明显的福利属性、非竞争化的准公共产品，还是作为市场化的产业和服务体系而存在。

3. 产业秩序与链条面临的挑战

首先，民间资本参与率低。目前，智慧养老多由政府主导，社会组织运营，市场组织参与率低。市场组织不愿意深度参与智慧养老服务市场的原因是多重的：一是智慧养老服务投资量大，老年群体消费能力有限，各类服务与产品的定价较低，进而导致资本回收期较长，投资风险高；二是智慧养老服务领域发展的福利提供责任与盈利目的捆绑，资本回报率低；三是投资的进入和退出机制尚不清晰，多数企业处于观望阶段，金融市场开放不足也在一定程度上阻碍了资本的进入。

其次，养老服务实体发展资源短缺。由于目前中国老年群体收入和消费水平不高、智能产品和服务使用率较低，养老经济的红利短期难以兑现。因此，企业集中于为养老服务供应商提供支撑型、平台型服务，进入养老服务实体领域意愿较低。这一现象一方面导致实体型养老服务组织缺乏，服务资源不足，难以实现养老服务业的线下整合与线上接入；另一方面，从事养老信息交互与服务平台建设的企业、政府与社会组织冗余，亟须进行整合与兼并重组，避免恶性竞争。

再次，市场公信力与规范不足。从智慧养老产品与服务来看，老人对智慧康养产品与服务的信息安全、产品和服务质量安全等方面存疑，不利于智慧养老产业发展。同时，智慧养老行业内部尚未建立标准化的行业监管体系和智慧养老效益厘定方法，缺乏制度保障。

4. 智慧养老服务使用面临的挑战

目前，智慧养老服务还停留在试点阶段，并未在全国范围内推广，试点地区的智慧养老服务以信息平台和图景建构为主。已有研究发现，老年用户对于新技术的接受程度低、参与意愿不高，智能产品的闲置率较高。其中，使用成本是阻碍老年人使用智慧养老服务的主要缘由，很多老年人既担心难以支付技术安装或维护费用，也担心技术产生的数据会给子女造成信息过载压力，老人不希望子女将大量精力花费在接受来自监控设施的数据上。

同时，养老智能产品缺乏“黏性”，“适老性”较差，老年人普遍难以顺利使用，智能化产品对老年人内外部控制力增能效果一般。在心理层面，囿于信息知识和技能缺乏，老年人面对种类繁多的智能产品和铺天盖地的网络信息，自我效能感反而下降，甚至出现挫折感、恐慌感与信息焦虑感。

由于智慧养老的产品与服务中“智慧”属性的“技治主义”取向，正在驱逐部分难以融入技术化、信息化社会的老年群体，对于日益增多的高龄老人而言，随着年龄增长，老年人一方面难以改变长期形成的生活习惯，对新鲜事物的好奇程度逐渐降低，另一方面由于学习能力下降，老年人接受新技术比年轻人更困难，需要更高的学习成本。因此，要求身体健康状态日益恶化、机能不断退化的老年人学习智能化技术，实则与市场需求导向的逻辑背道而驰。

四、智慧化老年公共服务发展的对策

针对智慧化老年公共服务存在的问题和面临的挑战，结合智慧养老产业未来的发展趋势，智慧化老年公共服务的发展对策如下：

1. 坚持需求为导向，确保智慧化老年公共服务的供给与需求之间动态匹配

智慧化老年公共服务体系的构建要体现以老年人需求为中心的理念，不能为智慧化而智慧化。一是做好前期需求调研，帮助解决老年人最急需、最棘手、最渴望解决的各种难题，如日常照料、医疗康复、娱乐、维权、精神抚慰等各个方面；二是充分了解老年人对新事物的了解程度、使用意愿、价格期望，避免政府投入资金搭建平台，出现设施闲置、智慧服务平台未真正发挥作用的现象，从而造成资源浪费；三是中后期对服务满意度进行调查，根据老年人评价及使用情况进行分析和调整，使平台的设计更具有针对性和完整性，真真正正地提高老年公共服务的效率、降低成本，促进老年人与家人、老年人之间的互动，提升老年人对服务的满意度和生活的幸福度。

2. 积极推进智慧化老年公共服务制度体系建设，加强政策扶持力度

政府部门首先要创造良好的智慧化老年公共服务运行的法律环境与政策环境，尽量立法先行，使运行过程有法可依，有规可循，法律法规内容要细化，切实保障政策的可操作性；二是加强顶层设计，制定并落实老年公共服务信息化规划，避免智慧化老年公共服务建设出现短期效应；三是在智慧化老年公共服务平台的建设和发展过程中建立科学完善、协调统一的行业标准；四是政府应加大财政等相关方面的扶持政策，对将信息技术应用到与老年服务相关的企业、个人或非营利性组织，给予税收减免、信贷优惠、政府补贴等方面政策照顾，积极鼓励、引导社会资源进入智慧化老年公共服务。

3. 优化智慧化老年公共服务平台设计，实现便捷高效

老年人能否接受智慧化老年公共服务这一新模式，很大程度上取决于其是否使用

方便、价格相对低廉和值得信赖，因此，必须不断完善和优化智慧化老年公共服务平台的设计。首先，通过政策引导，鼓励企业结合老年人生理特点、习惯以及认知因素等群体特征开发出更适合老年人应用的信息科技产品与服务，注重智慧化老年公共服务软件平台的性能稳定与界面友好，操作起来稳定、方便、快捷；其次，加强软件的日常运行维护，做好后期保障服务，不断提高和完善软件的兼容性、稳定性、安全性，解决好老年人关心的隐私保护问题；同时，智慧化老年服务内容注重功能全面，既要包含家政服务、医疗护理、精神慰藉等常规性服务，还要有针对性地提供个性化服务，如针对低龄老人要更加关注精神文化生活方面，中高龄老人侧重于医疗保健。通过建立完善的老年服务信息服务平台，便携式的老年服务终端，完善的老年服务热线、老年服务求助系统和救援系统、老年服务反馈评估系统，让老年人能够充分感受到通过智慧化老年服务平台提供的服务更有助于提高自己晚年的幸福指数，从而得到老年人的信赖和认可，提高设备的利用率和普及率。

4. 注重智慧化老年服务宣传，加大优质示范项目的推广力度

政府应加大智慧化老年服务的宣传与推广力度：一方面，要根据老年人认知特点进行信息技术入户宣传和指导，通过多种方式，营造智慧化老年服务模式的环境氛围。借助老年人活动中心等非正式团体，或通过家属亲朋的宣传，间接影响老年人用户对智慧化老年服务的接受和使用，或通过开办免费培训班等方式，提升其信息素质和上网能力，化解老年人因科技恐惧症而带来的智慧化老年服务适应不良。另一方面，针对目前已开发出来的部分优质智慧化老年服务项目受益覆盖面窄，并没有得到有效利用的情况，主管部门要就各地试点的运行模式、成效、经验等方面进行总结和评判，推出一些成功典型范例，通过新闻媒介给予宣传，为其他地方发展智慧化老年服务提供参考和借鉴。智慧化老年服务模式的建立和完善是一个渐进式发展的过程，前期的宣传推广非常重要。

5. 注重人才培养，化解智慧化老年公共服务人力资源瓶颈

目前，我国无论是老年服务的管理队伍还是服务队伍，与日益发展的老年服务业相比，问题重重，尤其是人力资源的短缺已经成为限制智慧化老年公共服务模式推广的一大瓶颈。一方面，政府要强化老年服务职业教育，以“产教社政企行融合、教研用教育导一体”的现代老年服务职业教育理念，积极推行现代学徒制，提升其专业化程度、职业化程度、工作标准化程度；同时充分挖掘中低年龄健康老年人的人力资源，建立“服务储蓄账户”，低龄健康老年人提供的服务可以折算成服务值存储在服务储蓄账户中，待自己需要服务时可根据服务储蓄账户免费为其提供服务；另一方面，政府应发挥好主导、引领作用，提高老年服务人员待遇，留住当前我国智慧化老年服务中极度缺乏的既懂老年医学、护理心理、营养等方面的专业技能，又懂信息数据分析统计的复合型人才。智慧化老年服务平台的一个明显的优势就体现在通过专业化人才对老年人日常监测数据进行深度挖掘处理，进而为老年人主动提供服务。但是目前，由

于人才的制约，对这些数据进行整合分析工作还远远不够。

思考题

1. 改革开放后我国老年公共服务历经了哪些发展路径？
2. 新时期，我国老年公共服务目标是什么？
3. 试述如何满足我国农村老年公共服务的需求。
4. 试述我国智慧养老产业的发展状况。
5. 试述我国智慧化老年公共服务面临的挑战。

第九章阅读材料

参考文献

[1] （法）莱昂·狄骥. 公法的变迁：法律与国家[M]. 沈阳：辽海出版社，1999.
[2] 牛文光. 美国社会保障制度的发展[M]. 3 版. 北京：中国劳动社会保障出版社，2004.
[3] （英）R.A.W 罗兹. 理解治理——政策网络、治理、反思与问责[M]. 丁煌，丁方达，译. 北京：中国人民大学出版社，2020.
[4] 郁建兴. 中国公共服务体系：发展历程、社会政策与体制机制[J]. 学术月刊，2011，43（3）：5-17.
[5] 达尔默·D. 霍斯金斯. 21 世纪初的社会保障[M]. 北京：中国劳动社会保障出版社，2004.
[6] 曹煌玲. 中国城市养老服务体系研究[D]. 大连：东北财经大学，2011.
[7] 成芳. 城市空巢老人孤独感与社会支持研究[D]. 南京：南京大学，2016.
[8] 党俊武. 老龄化社会引论[M]. 北京：华龄出版社，2004.
[9] 伏威. 政府与公益性社会组织合作供给城市养老服务研究[D]. 长春：吉林大学，2014.
[10] 侯冰. 城市老年人社区居家养老服务需求层次及其满足策略研究[D]. 上海：华东师范大学，2018.
[11] 焦晓娜. 瑞典和中国居家养老服务的比较研究[D]. 济南：山东大学，2017.
[12] 解静. 福利国家模式变迁的历史比较研究[D]. 沈阳：辽宁大学，2013.
[13] 鞠连和. 论新公共管理及其对中国的适用性[D]. 长春：吉林大学，2008.
[14] 李萌. 支持我国养老服务体系发展的财税政策研究[D]. 北京：中国财政科学研究所，2015.
[15] 李小兰. 我国民营养老服务业发展研究[D]. 福州：福建师范大学，2016.
[16] 刘华伟. 老龄化背景下中日韩家庭养老研究[D]. 长春：吉林大学，2017.
[17] 刘岚. 南京地区虚拟养老院的问题及对策研究[D]. 南京：南京师范大学，2018.
[18] 孟娣娟. 城市中老年人居住偏好及居家养老服务需求分析[D]. 南京：南京中医药大学，2017.
[19] 日本经济新闻社. 老龄化社会——无形的革命[M]. 冯朝阳，王晓民，译. 北京：新华出版社，1987.
[20] 邹沧萍. 社会老年学[M]. 北京：中国人民大学出版社，1999.
[21] 王先菊. 养老服务供给研究[D]. 北京：中共中央党校，2018.
[22] 新平. 医疗保障制度的效率分析：OECD 国家的经验和启示[D]. 天津：南开大

学，2013.
[23] 熊必俊. 人口老龄化与可持续发展[M]. 北京：中国大百科全书出版社，2002.
[24] 熊冶探. 我国城市社区养老服务面临的困境与对策[D]. 湘潭：湘潭大学，2017.
[25] 修宏方. 社区服务支持下的居家养老服务研究[D]. 天津：南开大学，2013.
[26] 徐宏伟. 中国养老保障制度改革研究[D]. 北京：中共中央党校，2009.
[27] 杨翠迎. 国际社会保障动态社会养老服务体系建设[M]. 上海：上海人民出版社，2014.
[28] 杨翠迎，郑春荣. 国际社会保障动态[M]. 上海：上海人民出版社，2014.
[29] 杨涛. 我国养老服务补贴制度的优化与设计[D]. 成都：西南财经大学，2016.
[30] 崔炜. 老年政策与法规[M]. 北京：中央广播电视大学出版社，2017.
[31] （美）戴维·L. 韦默，（加）艾丹·R. 瓦伊宁. 公共政策分析：理论与实践[M]. 4版. 刘伟，译. 北京：中国人民大学出版社，2013.
[32] （美）约翰·W. 金登. 议程、备选方案与公共政策（中文修订版）[M]. 2版. 北京：中国人民大学出版社，2017.
[33] 陈跃. 公共文化服务政策与实践研究[M]. 重庆:西南师范大学出版社，2019.
[34] （美）阿玛蒂亚·森. 以自由看待发展[M]. 任赜，于真，译. 北京：中国人民大学出版社，2002.
[35] （美）马克·赫特尔. 变动中的家庭——跨文化的透视[M]. 杭州：浙江人民出版社，1988.
[36] （意）斯奇巴尼选编. 婚姻、家庭和遗产[M]. 费安玲，译. 北京：中国政法大学出版社，2001.
[37] 张海川. 西方家庭养老的时代演进及其启示[J]. 人口与发展，2008（2）.
[38] 秦勃. 我国居家养老服务体系建设的难点及其突破[J]. 中南林业科技大学学报（社会科学），2012（6）.
[39] 黄少宽. 我国城市社区养老服务模式创新研究综述[J]. 城市观察，2018（4）.
[40] 朱晓卓. 宁波模式:社区居家养老服务的发展路径研究[J]. 老龄科学研究，2016（6）.
[41] 吴玉韶，王莉莉，孔伟，等. 中国养老机构发展研究[J]. 老龄科学研究，2015（8）.
[42] 王成利，王洪娜. 医养融合养老：供给途径、实践困境与政府责任——基于公共产品理论的视角[J]. 东岳论丛，2017，38（10）.
[43] 任泽平，熊柴，周哲. 中国人口老龄化的特征与趋势[N]. 中国老年报，2020-09-02（4）.
[44] 刘东生. 养老公共服务供给侧改革——主要短板与策略选择[J]. 天津行政学院学报，2018，20（3）.
[45] 徐宏，商倩. 中国养老服务资金缺口测算及 PPP 破解路径研究[J]. 宏观经济研究，2019（2）.

[46] 郭林. 中国养老服务 70 年（1949—2019）：演变脉络、政策评估、未来思路[J]. 社会保障评论，2019，3（3）.
[47] 秦芳菊. 居家养老服务的模式选择与优化——以公共产品理论为视角[J]. 税务与经济，2019（4）.
[48] 刘晓梅，张莹. 我国医养结合面临的问题与政策建议[J]. 中国社会保障学会民生专报，2017（3）.
[49] 刘艺，范世明. 公共产品理论指引下建构农村养老服务供给主体支持体系研究——基于不平衡不充分的视角[J]. 湖南社会科学，2018（3）.
[50] 孟兆敏，李振. 养老机构分类标准及分类管理研究[J]. 江苏大学学报（社会科学版），2018，20（1）.
[51] 林淑周，魏梅霜. 健康老龄化视角下提高基层医疗机构服务能力探讨[J]. 福州党校学报，2013，4：28-32.
[52] 杜文津，陈晋文，徐巍. 美国老年医学教育对我国老年医学教育的启示[J]. 医学与社会，2012，25（1）：94-95.
[53] 李刚. 欧洲老年医学教学现状的启示[J]. 临床和实验医学杂志，2013，12（3）：231-232.
[54] 黄丽，傅静. 养老院老年病患者临终关怀服务的研究进展[J]. 流行病学调查，2015，29（2）：80-81.
[55] 刘明. 新时代如何打造老年健康服务体系[N]. 健康报，2020-01-22（老年健康）.
[56] 黄叶莉，韩金凤，李书梅. 我国老年中期照护模式的发展前景及展望[J]. 中华现代护理杂志，2013，19（16）：1861-1863.
[57] 葛延风，等. 以政策完善和产业发展双轮驱动，推进中国实现健康老龄化[N]. 中国经济时报，2019-12-20（智库）.
[58] 郑函，王梦苑，赵育新. 我国“医养结合”养老模式发展现状、问题及对策分析[J]. 中国公共卫生，2019，35（4）：512-515.
[59] 孙继艳，郝晓宁，薄涛，等. 我国健康养老服务发展现状及建议[J]. 中国公共卫生，2016，11：13-15.
[60] 宋岳涛，陈峥峥，王进堂. 老年医疗卫生服务模式研究[J]. 老龄化研究，2014，1：23-28.
[61] 黎健. 老年健康管理和医疗保健的发展重点与服务模式[C]. 第五届世界养生大会论文集.
[62] 程学敏，张为，杨泽，等. 老年健康服务模式及医疗卫生服务机构体系建设[J]. 中国老年保健医学，2020，18（6）：9-11.
[63] 梔子寒. 全球十个医养结合成功案例[J]. 建筑志，2020，4（20）.
[64] 叶忠海. 中国当代老年教育发展研究[M]. 上海：华东师范大学出版社，2019.
[65] 马伟娜，戎庭伟. 中国老年教育新论[M]. 杭州：浙江大学出版社，2019.
[66] 叶忠海. 老年教育学通论[M]. 上海：同济大学出版社，2014.

[67] 顾秀莲. 中国老年教育的国际背景研究[M]. 北京：中国妇女出版社，2009.
[68] 丁红玲，张婷. 老年教育服务体系：内涵、价值意义及构建策略[J]. 中国成人教育，2020（12）：12-16.
[69] 叶忠海. 国际老年教育发展的特点、模式和未来取向[J]. 当代继续教育. 2017，35（198）:45-49.
[70] 李学书. 中外老年教育发展和研究的反思与借鉴[J]. 比较教育研究，2014（11）：54-59.
[71] 叶忠海. 老年教育若干基本理论问题[J]. 现代远程教育研究，2013（6）:11-12.
[72] 谢虔. 国外老年教育比较研究与经验启示[J]. 财经研究，2015（12）:14-16.
[73] 熊必俊，郑亚丽. “动态人口红利”促进老龄化与经济社会协调发展[M]. 北京：社会科学文献出版社，2018.
[74] 杜鹏，陆杰华，何文炯. 新时代积极应对人口老龄化发展报告 2018[M]. 北京：华龄出版社，2018.
[75] 卢守亭，贾金玲，等. 人口老龄化与养老服务体系建设[M]. 北京：社会科学文献出版社，2018.
[76] 董剑峰，康书隆. 老年人就业、延迟退休与青年人生育抑制[J]. 东北财经大学学报，2020（1）：71-79.
[77] 邹华康，翟振武. 养老保障对老年人就业的影响及其城乡差异研究[J]. 老龄科学研究，2019，7（9）：3-18.
[78] 同春芬，丁芬. 国外典型国家老年人再就业实践经验及启示[J]. 老龄科学研究，2019，7（4）：69-80.
[79] 姜茗予. 日本养老金与老年人就业的衔接:走向多元化的弹性退休制社会[J]. 老龄科学研究，2017，5（5）：69-78.
[80] 李绪莹. 人口老龄化趋势下老年人就业问题研究——日韩比较研究及启示[J]. 劳动保障世界，2017（2）：6-7+9.
[81] 李德滨. 老年社会学[M]. 北京：人民出版社，1988.
[82] 陈红霞. 社会福利思想[M]. 北京：社会科学文献出版社，2002.
[83] 俞可平. 权利政治与公益政治[M]. 北京：社会科学文献出版社，2003.
[84] 张彦，陈红霞. 社会保障概论[M]. 南京：南京大学出版社，1999.
[85] 李珍. 社会保障理论[M]. 北京：中国劳动与社会保障出版社，2001.
[86] 科林·吉列恩，约翰·特纳，克利夫·贝雷，等. 全球养老保障——改革与发展（Social Security Pensions——Development and Reform）[M]. 杨燕绥，等，译. 北京：中国劳动与社会保障出版社，2002.
[87] 罗淳. 从老龄化到高龄化[M]. 北京：中国社会科学出版社，2001.
[88] 刘燕生. 社会保障的起源、发展和道路选择[M]. 北京：法律出版社，2001.
[89] 姜守明，耿亮. 西方社会保障制度概论[M]. 北京：科学出版社，2002.
[90] 郑秉文，和春雷. 社会保障分析导论[M]. 北京：法律出版社，2001.

[91] 韩大伟，励放，吴家亨. 养老金体制——国际比较、改革思路、发展对策[M]. 北京：经济科学出版社，2000.
[92] 王东进. 中国社会保障制度的改革与发展[M]. 北京：法律出版社，2001.
[93] 陈克冀. 老龄化中国——问题与对策[M]. 北京：中国协和医科大学出版社，2001.
[94] 王梦奎. 中国社会保障体制改革[M]. 北京：中国发展出版社，2001.
[95] 时正新，廖鸿，朱勇，等. 中国社会福利与社会进步报告（2001）[M]. 北京：社会科学文献出版社，2001.
[96] 朱勇，潘屹. 社会福利的变奏——中国社会保障问题[M]. 北京：中共中央党校出版社，1995.